JAHRBUCH FÜR GESCHICHTSDIDAKTIK

1993/94

Jahrbuch für Geschichtsdidaktik (JfGd)

herausgegeben
von
Bodo von Borries
Renate Fricke-Finkelnburg
Klaus Fröhlich
Hans-Jürgen Pandel
Jörn Rüsen
Irmgard Wilharm

Band 4
1993/94

Zur Genese historischer Denkformen

Qualitative und quantitative empirische Zugänge

herausgegeben von
Bodo von Borries
und Hans-Jürgen Pandel

Centaurus-Verlagsgesellschaft
Pfaffenweiler 1994

Die Deutsche Bibliothek – CIP-Einheitsaufnahme

Jahrbuch für Geschichtsdidaktik. – Pfaffenweiler : Centaurus-Verl.-Ges.
Früher Schriftenreihe

Bd. 4. Zur Genese historischer Denkformen. – 1994

Zur Genese historischer Denkformen : qualitative und quantitative empirische Zugänge / hrsg. von Bodo von Borries und Hans-Jürgen Pandel. – Pfaffenweiler : Centaurus-Verl.-Ges., 1994
(Jahrbuch für Geschichtsdidaktik ; Bd. 4)
ISBN 3-89085-915-1
NE: Borries, Bodo von [Hrsg.]

ISSN 0933-114X

Umschlagentwurf: Wilfried Gebhard, Maulbronn
Satz: Centaurus Verlag
Druck: Difo-Druck GmbH, Bamberg

Inhalt

Vorbemerkung

Die Erkenntnis, daß Geschichtsbewußtsein zu den zentralen kulturellen Merkmalen und Leistungen einer Gesellschaft gehört, ist in den letzten Jahren gewachsen. Die weiterhin anschwellende, gelegentlich kritikbedürftige Konjunktur des Begriffes »Identität« (besonders »historische Identität«) mag dafür ein Beleg sein. Seit der deutschen Vereinigung, seit den Widerständen gegen die europäische Integration, seit den Bürgerkriegen in den ehemaligen südost- und osteuropäischen Bundesstaaten und seit dem Versinken einer Reihe von Staaten der Dritten Welt in Selbstauflösung und Anomie ist die unbewußt-zwanghafte Geprägtheit durch Geschichte und die ausdrücklich-legitimatorische Berufung auf Geschichte in den Loyalitäten und Identifikationen wieder einmal unübersehbar geworden.

Zugleich verdienen mindestens zwei wissenschaftliche Diskurse öffentliche Aufmerksamkeit. Zum einen haben Politologen und Soziologen in großem Umfang die empirische Erforschung der mentalen Befindlichkeiten zu Geschichte, Nation und Demokratie begonnen. Die aufwendigen Unternehmen von Werner Weidenfeld und seiner Mainzer Gruppe sind dafür nur ein besonders prominentes Beispiel. Offenkundig einschlägig sind auch die Untersuchungen der Bielefelder Gruppe um Heitmeyer, der Gießener Gruppe um Schmidt, des Deutschen Jugendinstituts in München mit seiner Außenstelle in Leipzig und der Deutschen Shell (Zinnecker u.a.).

Zum anderen müssen verstärkt kulturwissenschaftliche Ergebnisse im In- und Ausland wahrgenommen werden. Kunsthistoriker, Philologen, Volkskundler, Psychoanalytiker, Religionswissenschaftler, Museumsfachleute, Psychologen und nicht zuletzt Historiker haben sich mit Orten und Formen der Erinnerung bereits seit Jahren vertieft auseinandergesetzt. Man braucht – unter Ausklammerung aller deutschen Beteiligten – nur die Namen Pierre Nora, Jacques le Goff, Mario Erdheim und Marc Ferro zu nennen. Diese Bestrebungen werden nun auch im Heidelberger Interdisziplinären Gesprächskreis für Kulturanalyse, am Kulturwissenschaftlichen Institut in Essen und am ZiF in Bielefeld (wahrscheinlich auch anderswo!) aufgegriffen und vertieft.

Die Geschichtsdidaktik – ohnehin nicht gerade mit öffentlicher Aufmerksamkeit überschüttet – sieht sich dadurch in ihrem engsten Zuständigkeitsgebiet – theoretisch wie empirisch – einer Konkurrenz ausgesetzt, die zwar intellektuell höchst anregend, zugleich aber auch erstaunlich einseitig ausfällt. Denn sowohl Soziologen/Politologen wie Kulturwissenschaftler pflegen das geschichtsdidaktische Schrifttum allenfalls am Rande zu bemerken und zu rezipieren, oft nicht einmal das. Diese Situation kompliziert die Aufgabe der Geschichtsdidaktik; diese *muß*

- die empirische Erkundung und theoretische Analyse von Geschichtsbewußtsein fortsetzen und differenzieren,

- die eigenen Beiträge stärker nach außen tragen und auf dem »Markt« der Wissenschaft und der Öffentlichkeit »verkaufen«,
- die Theorie- und Empiriebeiträge anderer Wissenschaftstraditionen aufarbeiten und für Geschichtslernen fruchtbar machen,
- ihre eigene Besonderheit und spezifische Position in einem inzwischen auch von anderen Fächern beanspruchten oder ausgebeuteten »Claim« präzisieren (vermutlich doch durch besonderen Rückgriff auf intentionale Lernprozesse, d.h. Lehren, und auf Rationalitätsansprüche, d.h. Wissenschaftsorientierung).

Für den verhältnismäßig kleinen Kreis der empirisch arbeitenden Geschichtsdidaktiker ist das ein schwer zu lösendes Aufgabenpaket. Der vorliegende Band beschäftigt sich nur mit der ersten der vier Teilaufgaben. Bereits sie verlangt nebeneinander qualitative und quantitative Untersuchungen, Arbeiten zur Produktionsseite (Medien) und zur Rezeptionsseite (Unterricht und andere Lernorte) sowie Studien zur »Entwicklungslogik« und Studien zum »Kulturvergleich«.

Die Herausgeber der Reihe »Geschichtsdidaktik. Studien, Materialien. Neue Folge« bemühen sich, möglichst eine Übersicht und einen Kommunikationszusammenhang der geschichtsdidaktischen Empiriezugänge herzustellen. Im vorliegenden vierten Jahrbuch sollen die erreichbaren neuen Studien zusammengefaßt werden, die auf »Denkoperationen des Geschichtsbewußtseins« ausgerichtet sind. Dabei sind verständlicherweise Probleme der »Entwicklungslogik« in verschiedenen psychologischen Traditionen (Noack, Pandel, Klose) stark im Vordergrund. Aber auch Fragen der Schülerinteressen und -zugänge (Herzberg, Pohl) und der elementaren Einstellungen und Deutungsmuster in verschiedenen Lebensaltern/Bildungsstufen (v. Borries) werden einbezogen.

Wenn Geschichtsbewußtsein vor allem aus seiner erkenntnislogischen und lebenspraktischen Funktion zu erklären ist, dann sind »Kulturvergleiche« des Geschichtsbewußtseins nicht nur pragmatisch von höchstem Interesse (solche Studien könnten eine Art Frühwarnsystem bilden!), sondern auch grundlagentheoretisch (Spiegelung der jeweiligen Gesellschaftsstruktur in ihrer Geschichtskultur, Sozialisationsabhängigkeit von Geschichtsbewußtsein). Die beiden ersten bekanntgewordenen Untersuchungen dieses Typs erschienen soeben als Band 9 der Reihe »Geschichtsdidaktik. Studien, Materialien. Neue Folge«: Bodo v. Borries, Jörn Rüsen u.a.: Geschichtsbewußtsein im interkulturellen Vergleich. Zwei empirische Pilotstudien.

Bodo v. Borries

Stufen der Ich-Entwicklung und Geschichtsbewußtsein

Christian Noack

1 Problemstellung

Von H.-J. Pandel, B. von Borries und J. Rüsen sind vor kurzem drei Ansätze, Geschichtsbewußtsein empirisch zu untersuchen, vorgelegt worden.[1] Sie sind darauf konzentriert, Fähigkeiten und elementare Ausdruckweisen, die Geschichtsbewußtsein von anderen Bewußtseinsarten unterscheiden, herauszuarbeiten. Borries und Rüsen haben auch versucht, traditionales, exemplarisches, kritisches und genetisches Geschichtsbewußtsein als vier aufeinander aufbauende Strukturstufen empirisch nachzuweisen. Im folgenden soll ein Beitrag zur inhaltlichen Formulierung und Differenzierung entwicklungspsychologischer Strukturstufen des Geschichtsbewußtseins geleistet werden. Ich werde dabei auf die Stufentheorien zur Ich-Entwicklung und Sinnbildung zurückgreifen, die vom genetischen Strukturalismus Piagets angeregt sind.

Aus der Perspektive dieser Theorien können die in der Geschichtsdidaktik bisher noch offenen Fragen, wie sich das Geschichtsbewußtsein eines Menschen in sein Gesamtbewußtsein einordnet und welcher Zusammenhang zwischen Geschichtsbewußtsein und Ich-Entwicklung besteht, angegangen werden. Sie helfen, die Entwicklung des Geschichtsbewußtseins in den weiteren Rahmen der strukturellen Sinnbildungsprozesse und der Ich-Entwicklung zu stellen.[2]

In der Religionspädagogik und Religionspsychologie hat man sich einer analogen Aufgabe schon länger zugewandt. So sind in den letzten Jahren einige Entwürfe vorgelegt worden, in denen Ich-Entwicklung, Lebenslauf und religiöse Sinnbildung mit Hilfe genetischer Strukturtheorien in Beziehung gesetzt wurden.[3]

Als ich Rüsens Typen der historischen Sinnbildung kennenlernte,[4] fiel mir sofort eine gewisse Parallelität zu den »Glaubensstufen« James Fowlers auf. Fowlers Interesse gilt der Entwicklung der Sinnbildungsstrukturen[5] des Ichs im Lebenslauf. Er orientierte sich bei der Herausarbeitung seiner Theorie an den Stufen Piagets und Kohlbergs. In Anlehnung an die sechs moralischen Stufen Kohlbergs konstruierte er sechs Stufen des Glaubens. Mit »Faith« meint er sehr umfassend »Lebensglauben«, also die Sinnkonstrukte, mit denen Menschen Erfahrung sinnvoll im Horizont des »Ultimaten« Gestalt geben. Fowler ist dabei weniger an den Inhalten, als an den Strukturen dieser Sinnkonstrukte interessiert. Neuerdings setzt er diese Sinnbildungsstufen auch in Beziehung zu Entwicklungsstufen des Selbst, die R. Kegan – ebenfalls in Anschluß an Piaget und Kohlberg – entwickelt hat.[6] Die Theorie Fowlers kann heute als eine hochdifferenzierte, relativ umfassende strukturelle Persönlichkeitstheorie interpretiert werden, die nicht nur kognitive, sondern auch emotionale und psychodynamische Anteile der Persönlichkeitsentwicklung berücksichtigt.[7]

Ich will also versuchen, von dieser kognitiv-strukturellen Persönlichkeitstheorie her die Entwicklung des Geschichtsbewußtseins zu beleuchten und in den Prozeß der Ich-Entwicklung zu integrieren. Ich werde dabei bereits bestehende theoretische und empirische Einsichten zum Geschichtsbewußtsein aufgreifen und sie aus der Perspektive der oben genannten Persönlichkeitstheorie betrachten.

2 Kurzer Abriß zur Geschichte der genetisch-strukturellen Entwicklungstheorien

Es muß nun zunächst begründet werden, warum gerade die Theorie Fowlers aufgenommen werden soll. Ich will dies anhand einiger Hinweise auf die Forschungsgeschichte des genetischen Strukturalismus tun.

Ihr Vater ist J. Piaget. Erkenntnistheoretisch interessiert, untersuchte er, wie sich bei Kindern die Denkstrukturen entwickeln. Er stellte 4 Ebenen fest: Die Ebene der sensumotorischen Intelligenz (0-2 Jahre); die Ebene des intuitiven präoperationalen Denkens (2-5 Jahre), auf der konkrete Denkoperationen im Sinne einer logischen Reziprozität bzw. Reversibilität noch nicht möglich sind; dann die Ebene des konkret-operationalen Denkens (6-10 Jahre), auf der durch Anschauung unterstützte kausale Denkoperationen vollzogen werden; und schließlich die Ebene des formal-operativen Denkens, auf der hypothetisches, abstraktes, vom Einzelfall absehbares Denken stattfindet.[8] Im Zusammenhang mit diesen Untersuchungen erforschte er auch die Entwicklung moralischer Argumentationsstrukturen von Kindern.[9]

Piagets Lernbegriff kann als »konstruktivistisch« bezeichnet werden. Lernen findet danach weder durch Stimulus und Reaktion statt (Behaviorismus), noch durch Einprägung von Abbildern der Wirklichkeit (Sensualismus), sondern dadurch, daß der Mensch im Prozeß der Wahrnehmung als aktiv Handelnder die Wirklichkeit konstruiert. Dies geschieht zum einen durch Assimilation: Wahrnehmungen werden in eine bestehende innere Struktur eingebaut. Dieser Einbauprozeß verändert gleichzeitig die innere Struktur, die sich wiederum der Wirklichkeit mehr und mehr anpaßt. Piaget nennt diesen umgekehrten Anpassungsvorgang Akkomodation. In diesem wechselseitigen Prozeß beobachtete Piaget ausgeprägte Gleichgewichtsphasen und interpretierte diese als Ebenen oder Stufen. Lernen wird von Piaget also als schöpferischer und dynamischer Prozeß verstanden.[10] Die Forschungsstrategie Piagets und ihre philosophischen Grundannahmen können auch als »genetischer Strukturalismus« bezeichnet werden,[11] da die Stufen oder Ebenen nicht Inhalte, sondern Denkstrukturen beschreiben.

Ende der fünfziger Jahre entdeckte Kohlberg die Untersuchungen Piagets. Er interessierte sich dafür, ob sich bei Erwachsenen die Strukturen des moralischen

Urteils weiterentwickeln. Seine Beobachtungen integrierte er in ein sechsstufiges Modell, das er bis zu seinem Tod 1987 immer wieder korrigierte.[12] Er entwickelte ein umfangreiches Manual, mit dessen Hilfe Aussagen zu moralischen Dilemmageschichten den jeweiligen Stufen zugeordnet werden können. Empirisch konnten bisher Antworten der Stufen 1 bis 5 nachgewiesen werden.[13]

Kohlberg hat maßgeblich die Forschungen von Robert Selman, Robert Kegan, James W. Fowler und anderen angeregt. Selman untersuchte die sich entwickelnde Fähigkeit zur sozialen Rollen- und Perspektivenübernahme. Kegan postulierte fünf Stufen der Selbst-Entwicklung, die parallel zu den Stufen Kohlbergs entwickelt sind[14].

Diese relativ jungen Theorien stehen im Prozeß der Ausdifferenzierung. Neue empirische Ergebnisse, veränderte Analysemethoden bei der Beurteilung von Befragungen und grundsätzliche hermeneutische Anfragen führen zu Korrekturen. Das etwas grob gestrickte Muster von 5 oder 6 Stufen verflüssigt sich immer mehr in Neben- und Zwischenstufen. Auch versucht man man verstärkt, die Beziehung der Theorien zueinander zu klären und mögliche Komplementaritäten mit anderen Persönlichkeitstheorien festzustellen (vor allem zu Erikson, Freud, Levinson).[15]

Offen ist z. B. die Frage, ob die verschiedenen Segmente des Selbst von einem zentralen Selbst aus simultan strukturiert werden und von daher kaum unterscheidbar sind oder ob es unterschiedliche Linien der Entwicklung innerhalb eines vielschichtigen Selbst gibt. Die Segmente stehen dann in einem asysmetrischen Verhältnis zueinander, d. h. einige Segmente sind Bedingung für die Entwicklung anderer. So wäre z.B. die kognitive Entwicklung eine notwendige Bedingung für die Entwicklung des moralischen Urteils.

Verschiedene Auffassungen gibt es auch darüber, wie sich die unterschiedlichen Bereiche des Selbst zuordnen lassen. Für Kegan sind die physischen (Piaget), moralischen (Kohlberg), interpersonalen (Selman) und theologischen (Fowler) Konstruktionswelten Stränge innerhalb der grundlegenderen Aktivität und Psychologik der Selbst-Andere-Differenzierung.[16] Fowler wiederum ordnet Kegans Stufen des Selbst Selmans Stufen der Rollenübernahme zu und interpretiert sie als Klärung und Vertiefung dieser Stufen.[17]

Diese Widersprüche sind für mich Indiz dafür, daß eine völlig klare Unterscheidung der Segmente und Zugangsweisen zum Ich nicht möglich ist. Diese sogenannten Segmente überschneiden sich und lassen sich nicht scharf voneinander trennen.

In meinen Augen ist es Fowler recht gut geglückt, verschiedene Segmente oder Aspekte menschlicher Sinnbildung mit Hilfe der Vorstellung eines »Lebensglaubens« in Beziehung zu setzen. Eine besondere Hilfe liegt im »Manual für Faith Development Research«[18] vor, in dem die Merkmale der einzelnen Stufen und Aspekte analysiert und operationalisiert vorliegen.

Weil sich Fowler dafür interessiert, wie Menschen die Welt als Sinnganzes zu erfassen suchen, enthalten seine Beschreibungen der Stufen immer wieder Beobachtungen zur Ausbildung von Geschichtsbewußtsein. Das Merkmal seiner höheren Stufen ist gerade die Einbeziehung der eigenen Geschichtlichkeit und der Geschichtlichkeit der Welt in die umfassende Sinnbildung des Selbst. Um die Strukturstufen zu charakterisieren, kommt er also ohne Hinweise auf historische Sinnbildung nicht aus.

3 Darstellung der Stufen Fowlers mit Anmerkungen zur entsprechenden Entwicklung des Geschichtsbewußtseins

Um die Sinnbildungsprozesse in der menschlichen Entwicklung zu erfassen, untersucht Fowler sieben Aspekte. Er greift dabei auf mehrere bereits erforschte Segmente der Ich-Entwicklung zurück:

A. Form der Logik (teilweise nach Piaget)
B. Rollenübernahme (teilweise nach Selman)
C. Form des moralischen Urteils (nach Kohlberg)
D. Grenzen des sozialen Bewußtseins
E. Verortung von Autorität
F. Form des Weltzusammenhangs
G. Symbolfunktion

Bei der Darstellung der Stufen werde ich vor allem auf die operationalisierten Auswertungshinweise im »Manual for Faith Development Research« zurückgreifen. Das Manual stellt zunächst eine Stufe im Zusammenhang vor und analysiert anschließend die sieben Aspekte dieser Stufe. Ich orientiere mich an diesem Aufbau: Ich werde die Charakterisierung der einzelnen Stufen und die Analyse der einzelnen Aspekte, wie sie bei Fowler vorliegen[19], gerafft zusammenfassen. Ich versuche dann, für jeden Aspekt dessen Bedeutung für die Entwicklung von Geschichtsbewußtsein herauszuarbeiten. Durch dieses Verfahren soll verdeutlicht werden, welche Rolle die anderen Segmente der Ich-Entwicklung bei der geschichtlichen Sinnbildung spielen. Offen ist es, wie Geschichtsbewußtsein umgekehrt auch den Wachsstumsprozeß anderer Segmente fördert. Nach diesem Durchgang durch die Stufen Fowlers werde ich zusammenfassend parallel zu den Stufen Fowlers Stufen des Geschichtsbewußtseins formulieren. Bei diesen Stufen des Geschichtsbewußtseins und ihrer Parallelisierung mit Stufen der Ich-Entwicklung handelt es sich m. E. um eine plausible Hypothese, die empirisch weiter erforscht werden muß.[20]

Stufe 1:

Fowler nennt diese Stufe »intuitiv-projektiv«. In westlichen Gesellschaften findet sie sich vor allem bei Kindern von 2-6 Jahren. Phantasie und Realität werden nicht streng getrennt. Zwischen dem Objekt und der Art seiner Erscheinung wird nicht unterschieden. So besteht ein Teil der Welt des Kindes aus numinosen Projektionen und Phantasien, die die Welt magisch und unberechenbar machen. Die Weltwahrnehmung ist episodisch, d.h. Phänomene werden noch nicht verglichen und in Beziehung gesetzt. Das Kind ist z. B. durchaus an ausführlichen Geschichten interessiert, ist aber noch nicht fähig, diese nachzuerzählen. Einzeleindrücke, Symbole und Figuren können hingegen eine überwältigende Wirkung auf das Kind ausüben. Körper und Gestik spielen noch eine wichtigere Rolle bei Interaktionen als Sprache.

A. Form der Logik: Aussagen von Kindern auf der präoperationalen Ebene der Logik haben episodischen und assoziativen Charakter. Zwei Wahrnehmungen können noch nicht verglichen werden. Von Erwachsenen wird dies als unlogisches Springen von einer Aussage zur anderen empfunden. Phantasie und Realität werden dabei nicht voneinander geschieden.

Geschichtsbewußtsein: Da kausale Vorstellungen von Raum und Zeit fehlen, entwickelt das Kind noch kein klares Vergangenheitsbewußtsein. Zwischen historischen Personen und Phantasiegestalten wird kaum unterschieden. Entscheidend ist, welchen Eindruck eine Erscheinung auf das Kind ausübt. Das Kind ist völlig auf das Hier-und-Jetzt konzentriert. Im Übergangsstadium von Stufe 1 zu Stufe 2 kann an konkreten Erfahrungen »früher« und »heute« unterschieden werden.[21]

B. Rollenübernahme: Die Perspektive anderer kann noch nicht eingenommen werden; alles wird aus der eigenen Perspektive – egozentrisch – wahrgenommen. Das liegt daran, daß das Kind bisher nur die eigene Erfahrung kennt und noch keine Vergleichskategorien entwickelt hat. Das heißt nicht, daß Kinder in diesem Alter keine Empathie und Sorge für andere zeigen. Aber sie ist situativ und noch nicht konstant.

Kegan spricht von einem »impulsiven Selbst«. Das Kind hat die Fähigkeit erlangt, seine Reflexe zu steuern, ist jetzt aber von seinen gefühlsmäßigen Impulsen bestimmt, d. h. es kann den Konflikt zwischen zwei unterschiedlichen Impulsen noch nicht steuern und kontrollieren. So »hat« z.B. ein Vierjähriger keinen Wutanfall, sondern der Wutanfall »hat« ihn.

Geschichtsbewußtsein: Das »impulsive Ich« *hat* noch keine Erinnerungen, Gefühle und Wahrnehmungen. Es *ist* sie.

C. Form des moralischen Urteils: Falsch ist, was von einer höheren Autorität mit physischen Sanktionen geahndet werden kann. Intentionen und Motive werden bei der Einschätzung von »gut« und »böse« nicht berücksichtigt.

Geschichtsbewußtsein: Kinder unterscheiden deutlich zwischen »gut« und »böse« bei der Bewertung von historischen Personen und Ereignissen. Harte körperliche Strafmaßnahmen als Konsequenz für Bösewichter werden durchaus für gut geheißen. Bei der moralischen Beurteilung von Taten kann jedoch auch argumentiert werden: »Wenn er sich nicht erwischen läßt ... Wenn ihn keiner bestrafen kann, dann war es richtig, es zu tun.«

D. Grenzen des sozialen Bewußtseins: Die Welt des Kindes besteht vor allem aus der Familie oder dem primären Versorger. Andere Personen können zwar benannt, aber noch nicht eingeordnet werden.

Geschichtsbewußtsein: Das Kind nimmt episodisch Familiengeschichten wahr und behält davon bleibende Eindrücke.

E. Verortung von Autorität: Kinder auf Stufe 1 orientieren sich an Größe, Macht oder anderen konkreten Ausdrucksweisen von Autorität. Die wichtigste und höchste Autorität sind die Eltern oder primären Versorger, die als allmächtig eingeschätzt werden.

Geschichtsbewußtsein: Was die Eltern sagen und berichten, auch von der Vergangenheit, gilt als absolut wahr und wird kritiklos geglaubt. Ganz bestimmte von den Eltern her geprägte Eindrücke und Episoden der Vergangenheit können so maßgeblich die spätere Geschichtswahrnehmung, besonders der jüngeren Vergangenheit, prägen. Diese Eindrücke sind extrem tendenziell, weil die Bedeutsamkeit der Eltern bei diesen Ereignissen vom Kind auf dieser Stufe noch gesteigert wird.

F. Form des Weltzusammenhangs: Welt und Selbst sind noch nicht klar voneinander getrennt. Ereignisse im eigenen Leben werden nicht miteinander verknüpft, sondern stehen unverbunden nebeneinander, bleiben Episoden. Wenn sie verknüpft werden, dann durch Assoziation, nicht durch kausale Ketten. Raum und Zeit können noch nicht aufeinander bezogen werden, und Ereignisse werden noch nicht durch diese Kategorien geordnet. Dingen werden Absichten und Personalität unterstellt (sog. Animismus).

Geschichtsbewußtsein: Geschichten werden nur als unverbundene, aber unter Umständen sehr eindrückliche Episoden assimiliert.

G. Symbolfunktion: Das Kind unterscheidet noch nicht zwischen dem Symbol und dessen, was es repräsentiert. Symbole erhalten eine umfassende und numinose Qualität.

Geschichtsbewußtsein: Religiöse und politische Symbole können emotional kraftvoll erfahren werden.

Stufe 2:

Fowler nennt diese Stufe »mythisch-literal«. Ihr besonderes Kennzeichen ist die Fähigkeit, die eigene Erfahrung in Erzählform zu bringen. Sie hängt mit der Entwicklung der »konkret-operationalen Logik« im Alter von 6-8 Jahren zusammen. Objekte und Ereignisse können jetzt verglichen und kausal verbunden werden. Die Welt erhält dadurch Ordnung und Kohärenz. So kann Erfahrung narrativ strukturiert werden. Menschen auf dieser Stufe teilen daher durch das Erzählen von Geschichten anderen mit, wer sie sind. Die Welt wird mit Hilfe von Gründungsgeschichten (Mythen) erklärt. Diese Sinnbildungsstufe findet sich nicht nur bei Kindern zwischen 6-12 Jahren, sondern auch bei manchen Jugendlichen und Erwachsenen.

A. Form der Logik: Mit Hilfe von anschaulichem Material kann der Mensch kausal und reversibel denken, Klassifikationsregeln erfinden, arithmetische Operationen durchführen und vor allem die Kategorien Raum und Zeit konstruieren. Entwicklungen können in narrativer Form nachgezeichnet werden. Eine Serie von Ereignissen kann kausal verknüpft werden. Phantasie und Realität werden klar getrennt. Das Kind kann daher als »junger Empiriker« charakterisiert werden, der an den physischen Eigenschaften der Dinge und konkreten Verbindungen zwischen Dingen und Ereignissen interessiert ist. Dennoch spielt die Phantasie noch immer eine große Rolle, vor allem im Spiel.

Geschichtsbewußtsein: Gegenwart und Vergangenheit werden klar unterschieden. Die Vergangenheit wird durch einfache Ereignisketten in eine zeitliche Ordnung gebracht. Wenn Menschen auf Stufe 2 mit Begriffen konfrontiert werden, dann verstehen sie sie nur anhand konkreter Vorstellungen. »Geschichte« z.B. ist ein abstrakter und komplexer Begriff, der noch nicht verstanden wird.[22]

B. Rollenübernahme: Die Perspektive anderer kann konstruiert werden. Dies zeigt sich z.B. in der Fähigkeit, einen Brief zu schreiben, was voraussetzt, sich die Gedanken einer nicht anwesenden Person vorzustellen. Das Innenleben anderer und dessen Unterschiedenheit vom eigenen Innenleben bleibt aber noch verschlossen. Unterstellt wird, daß andere die gleichen Bedürfnisse wie man selbst hat. Auf dieser Basis ist man bereit, auf die Interessen anderer einzugehen, solange Gleichheit gewahrt bleibt. Die Urteile über andere sind klar, eindeutig und krass stereotyp. Sie können kaum begründet werden.

Kegan spricht vom souveränen Selbst: das Kind erkennt, daß es Impulse und Wahrnehmungen hat und kann diese kontrollieren und koordinieren. Es kann Rollen übernehmen. Es ist jetzt z. B. bewußt »Kind« der Eltern. Mit der Fähigkeit, die eigenen Impulse zu kontrollieren, gewinnt das Kind ein neues Gefühl der Freiheit und Unabhängigkeit und die Fähigkeit, in die Wirklichkeit bewußt einzugreifen. Die Grenzen dieses Selbst sind, daß das Kind in seine Interessen und Bedürfnisse eingebunden ist. Es sieht andere als solche, die zur Befriedigung der eigenen Bedürfnisse und Wünschen beitragen oder nicht. Das souveräne Ich instrumentalisiert und manipuliert die Wirklichkeit.

Geschichtsbewußtsein: Es besteht die Fähigkeit, in eine Geschichte voll einzusteigen und sich konstant mit einer Person zu identifizieren oder ihre Perspektive zu übernehmen. Historische Personen werden nach ihren Taten und Handlungen, nicht nach ihren inneren Einstellungen eingeschätzt.

C. Form des moralischen Urteils: Grundprinzip dieser Moral ist die instrumentelle Reziprozität: »Ich tue für dich das, was du für mich tust.« Sie ist an eine konkrete individualistische Perspektive gebunden und noch nicht durch Gruppenidentifikationen vermittelt. Im konkreten Austausch zwischen Personen geht es darum, daß jeder die gleiche Menge erhält. Dabei hat jeder vor allem für seine eigenen Interessen zu sorgen.

Geschichtsbewußtsein: Reziproke Fairness spielt eine entscheidende Rolle bei der Beurteilung von Verhaltensweisen. Von Personen wird verlangt, daß sie für ihre Interessen sorgen.[23] Urteile über historische Personen oder Ereignisse haben apodiktischen und stereotypen Charakter. Sie werden stark von den Normen, Regeln und Wertvorstellungen beeinflußt, die für die Person auf Stufe 2 verbindlich sind. Sie laufen Information und kognitiver Verarbeitung voraus.[24] Historisches Verstehen ist dadurch nicht möglich. Ein Fortschritt gegenüber Stufe 2 scheint der »jugendliche Historismus« zu sein, der mit Aussagen wie »Damals war das halt üblich« fremdartiges Verhalten legitimiert. Dieser moralische Relativismus ist m. E. ein Indiz für den Prozeß von Stufe 2 zu Stufe 3 und geht mit einem erhöhten historischen Bewußtsein einher.[25]

D. Grenzen des sozialen Bewußtseins: Jenseits der Familie werden Lehrer, Freunde, Vereinsmitglieder als konkrete Einzelpersonen wahrgenommen. Sympathie und Antipathie werden vor allem an äußeren Merkmalen festgemacht. Die Wahrnehmung von Einzelpersonen und Gruppen ist wenig differenziert und stereotyp. Die klare Unterscheidung in Gruppen »wie wir« und »nicht wie wir«, führt dazu, daß kaum Empathie für Gruppen außerhalb des »wie wir« entwickelt wird.

Geschichtsbewußtsein: In Geschichten aus der Geschichte werden vor allem anschaulich gezeigte Einzelpersonen wahrgenommen. Ihre Einzelschicksale treiben den Erzählprozeß voran. Gruppen oder Ereignisse bilden höchstens den Hintergrund einer Bühne, auf der Einzelpersonen agieren. Fremdverstehen gelingt kaum. Historische Figuren werden entweder als vertraut und damit leicht erklärbar oder als fremd und damit gleichgültig wahrgenommen. Dennoch: »Lebensgeschichten und Geschichten großer Abenteuer – wahr oder realistisch fiktional – gefallen wegen des ihnen innewohnenden Interesses, aber sie finden auch Anklang, weil sie Medien werden für die Erfahrung und des Lebensverständnisses des Kindes«.[26] Soziale Unterschiede wie arm und reich, oben und unten werden stereotyp vertreten. Weil Identität noch nicht aus der Zugehörigkeit zu größeren Gruppen gezogen wird, gibt es noch kein konformistisches Nationalbewußtsein. Andererseits gilt: »Die Fähigkeit zur und das Interesse an der Erzählung macht das Schulkind insbesondere aufmerksam für solche «stories», die die Ursprünge und die prägenden Erfahrungen der familialen und kommunalen Gruppen bewahren, zu denen es gehört.«[27]

E. Verortung von Autorität: Autorität muß ihre Forderungen begründen. Mit einer Autorität wird um ein bestmögliches Arrangement verhandelt. Autorität steigt durch Nähe und persönliche Verbindung. Konventionelle Anstecker und Symbole der Autorität machen großen Eindruck auf Stufe 2.

Geschichtsbewußtsein: Lehrer und Eltern werden als Autoritäten für die Geschichtsüberlieferung anerkannt, wenn die Geschichten über die Vergangenheit »realistisch« und »glaubwürdig« sind. Kinder sind bereit, die geschichtlichen Personen, die die Erzieher als Vorbild darstellen, zu akzeptieren. Das Eingreifen von übernatürlichen Kräften kann durchaus als glaubwürdig empfunden werden, wenn eine Geschichte sonst Realismus ausstrahlt. Christlich erzogene Kinder empfinden darum die Wundergeschichten der Bibel als glaubwürdig, weil ihre Form »realistisch« ist. Diese Orientierung an der Realität ist also nicht mit derjenigen der traditionskritischen Stufe 4 zu vergleichen. Familiengeschichten werden jetzt lebhaft nachvollzogen und bilden eine wichtigen Beitrag zu narrativen Identität.

F. Form des Weltzusammenhangs: Die Welt wird linear, geordnet und kohärent. Die Wahrnehmung bleibt aber am Konkreten hängen, d. h. an Geschichten, die die Welt erzählen. Es kann noch nicht darüber reflektiert werden, daß die Erzählung eine Konstruktion ist. Der Erzählende lebt in der Geschichte. Er versucht noch nicht, Geschichten in abstrakte, allgemeine Aussagen überzuführen und auf den Begriff zu bringen.

Geschichtsbewußtsein: Besonderes Kennzeichen des Geschichtsbewußtseins der Stufe 2 ist die narrative Geschichtswahrnehmung, ein »Geschichtenbewußtsein«. Menschen auf Stufe 2 sind noch nicht fähig, aus dem Fluß der Geschichten auszusteigen und ihn von außen zu betrachten: »Statt Schlußfolgerungen aus vergangenen Taten und Leiden zu ziehen (›Lernen aus der Geschichte‹) werden noch ausgewählte und fremdbestimmte Erzählungen fiktionalen wie faktischen Charakters rezipiert (›Lernen von Geschichten‹).«[28]

G. Symbolfunktion: Zwischen Symbol und dem, was es symbolisiert, kann unterschieden werden. Diese Beziehung ist eindimensional und genau definiert. Symbole rufen aber noch keine starken Zuneigungsgefühle hervor. Symbole und Ereignisse werden zu Geschichten komponiert. Es besteht ein starkes Interesse an Mythen und Geschichten, besonders an handlungsreichen, abenteuerlichen Geschichten voller symbolischer Handlungen. Die Handlungsträger von kosmischen »stories« sind anthropomorph.

Geschichtsbewußtsein: Phantasiegestalten und reale geschichtliche Personen werden unterschieden. Geschichtliche Personen können aber symbolträchtige Figuren sein, die tief betroffen machen. Heldinnen und Helden üben eine besondere Anziehungskraft aus.

Stufe 3:

Fowler nennt diese Stufe »synthetisch-konventionell«. Der Mensch ist nun fähig, aus dem Fluß der Geschichten auszusteigen und über die Erzählungen nachzudenken, eine Lehre aus ihnen zu ziehen, sie auf den Begriff zu bringen, eine synthetische Metastory zu erzählen.

Er schafft eine Synthese der Werte, Glaubensinhalte und Bindungen, die für den Erhalt der Identität notwendig sind. Dabei ist die Orientierung an interpersonalen Beziehungen grundlegend. Man verhält sich harmonisch und konform, um den konventionellen Erwartungen wichtiger Bezugspersonen oder Gruppen zu entsprechen. Die meisten Jugendlichen erreichen im Verlauf der Pubertät diese Stufe. Ein großer Teil von ihnen bleibt auch als Erwachsener auf dieser Stufe. Die jugendliche und erwachsene Variante dieser Stufe sind aber zu unterscheiden.

A. Form der Logik: Formale Operationen können durchgeführt werden, weil sich die Fähigkeit zum hypothetischen Denken entwickelt hat. Formale Schlußfolgerungen und Systeme werden nun nachvollzogen, können aber noch nicht selbständig konstruiert werden. Aus den beobachtbaren Ergebnissen eines Experiments werden Deduktionen gezogen. Man kann eine einzelne Variable isolieren und richtige Ergebnisse in einem Experiment finden, kann aber die entscheidenden Variablen nicht isolieren, wenn sie in Kombination vorgelegt werden. Grund dafür ist das fehlende systemische Denken, das vom Ganzen ausgeht. Hypothesen werden deshalb noch keinem strengen Testverfahren unterzogen. Von Fakten und Ereignissen wird auf allgemeinere Gesetze und Regeln geschlossen, aber diese werden noch nicht mit Hilfe rein abstrakter Denkprozesse hervorgerufen. Das liegt daran, daß ihr Modellcharakter noch nicht gesehen wird. Die entwickelten Theorien werden für die Wirklichkeit selbst gehalten. Von anderen erlernte Systeme werden deswegen stereotyp und absolut repräsentiert. Stufe 3 reflektiert über das Leben, über konkrete Erfahrungen, aber nicht über die Prozesse des Denkens selbst. Geschichten können jetzt bewußt konstruiert werden und sind nicht mehr so eindimensional wie auf Stufe 2. Erzählungen haben jetzt eine stark emotionale Seite mit Äußerungen über innere Gefühle. Das erworbene abstrakte Denken läßt über den gegenwärtigen Augenblick hinaus denken und führt dazu, sich Entwicklungsmöglichkeiten oder Idealzustände vorzustellen.

Geschichtsbewußtsein: Das formale Denken ermöglicht es jetzt, die Vergangenheit von der Gegenwart deutlich abzusetzen und Entwicklungen zu beobachten. Auch kann man jetzt zwei historische Ereignisse in Beziehung setzen und vergleichen. So können Vergangenheit und Gegenwart verglichen werden. Konkretheit und Anschaulichkeit sind für ein gelungenes Verständnis der Vergangenheit noch sehr wichtig. Es besteht die Neigung, aus Ereignissen allgemeine Regeln zu formulieren und sich ein kompetentes Regelwissen aufzubauen, das allerdings noch stereotypen Charakter hat und noch nicht streng überprüft wird. Abstraktionsleistungen, die auch einfachere Zeitleisten erfordern, werden jetzt erbracht. Schüler können systemische historische Entwürfe nachvollziehen, aber nicht kritisch überprüfen oder gar produzieren. Vor allem gelingt es ihnen noch nicht, gesamtgesellschaftliche Prozesse in ihrer Wechselwirkung zu begreifen. Wie eine Variable die andere beeinflußt und welche Variablen den geschichtlichen Prozeß in besonderer Weise vorantreiben, für solche Operationen fehlt das systemische Denken. Andererseits gilt schon: »Formal-operationales Denken kann ideale Wesenszüge von Menschen, Gemeinschaften oder Zuständen denken«.[29]

B. Rollenübernahme: Mit Hilfe einer formalen Operation ist man nun zur interpersonalen Rollenübernahme fähig: Ich kann hypothetische Bilder sowohl meiner selbst, wie mich andere sehen, als auch anderer, wie sie sich von anderen eingeschätzt sehen, entwerfen. Dabei wird das Innenleben anderer wahrgenommen, d. h. ihre Gefühle und Empfindungen, Motive und Absichten, aber nur in einer eher stereotypen Art und Weise. Denn vieles wird in die andere Person hineinprojiziert. Phantasie und Projektion verzerren die angemessene Wahrnehmung des anderen.

Kegan spricht vom »interpersonalen Selbst«. Das Selbst ist in seine sozialen Beziehungen eingebettet, es definiert sich unbewußt durch wichtige Bezugspersonen. Sie werden noch nicht bewußt ausgesucht, sondern der soziale Kontext bestimmt, wer wichtig werden kann. Die Meinungen anderer werden eher unkritisch übernommen ohne echten Vergleich und freier Entscheidung. Wenn kritisch argumentiert wird, dann wenig systematisch und differenziert. Es gibt noch keine Theorie der Beziehungen, sie werden noch nicht reflektiert. Die eigene Identität ist abgeleitet. Sie entspricht Rollenerwartungen oder imitiert Rollenideale von Subkulturen (z.B. Kleidungsstil und Sprachstil einer Jugendkultur, die nach außen abgrenzend wirken, nach innen aber einen konformistischen Druck erzeugen).

Geschichtsbewußtsein: Es besteht eine Aufgeschlossenheit für das Einfühlen in die inneren Motive von konkret handelnden geschichtlichen Personen. Menschen der Stufe 3 neigen zum historischen Roman, der Emotionalität und hohe Identifikation ermöglicht. Geschichtliche Personen können so zu wichtigen Vorbildern und Idealen oder Projektionsflächen eigener Ideen und Wünsche werden. Historische Sachverhalte werden noch immer eher stereotyp betrachtet. Echtes Fremdverstehen dürfte kaum gelingen, da historischen Personen die eigene Emotionalität unterstellt wird. Ihre Wahrnehmung ist anachronistisch. Grund dafür ist, daß historische Strukturen, die Mentalität bestimmen und prägen, noch nicht erkannt werden.

C. Form des moralischen Urteils: Richtig ist, was interpersonale Übereinstimmung fördert. Man hat den Erwartungen anderer zu entsprechen und Rollenerwartungen zu erfüllen. Fremde werden auf zwei Weisen betrachtet: Entweder werden in sie die Gefühle und Wünsche der Eigengruppe hineinprojiziert, oder sie werden als abweichend erlebt und können daher keinen moralischen Anspruch erheben. Die Urteile über Fremdgruppen und Personen können sehr hart und stereotyp sein. Die »Law-and-Order« Mentalität der Stufe 3 liegt dann vor, wenn die Gesellschaft nicht als abstraktes System von Regeln und Rollen verstanden wird, sondern unter der Perspektive der Werte der Eigengruppe oder -klasse.

Geschichtsbewußtsein: Bei der Bewertung von Handlungen wird nach den Motiven der historischen Personen gefragt. Dabei werden konventionell übernommene, gegenwärtige Normen und Wertvorstellungen an historische Personen und

Gesellschaften herangetragen. So werden Urteile über abweichende moralische Handlungen mitunter hart sein. Die Fähigkeit zum Fremdverstehen ist noch gering.[30]

D. Grenzen des sozialen Bewußtseins: Sie bilden Personen und Gruppen, mit denen die Person unmittelbar zu tun hat. In unserer Medienkultur kann dieser Horizont relativ weit gesteckt sein. Grenzen werden deutlich und stereotyp gezogen. Wichtig sind Peergroups, denen man sich zugehörig fühlt. Werte und Gefühle der eigenen Gruppe werden auf andere projiziert.

Geschichtsbewußtsein: Die Geschichte, nicht nur Geschichten, der wichtigen Herkunftsgruppen (Kirche, Land-Volk-Nation u.a.) eignet man sich konventionell, d.h. unkritisch an. Grenzen zu anderen Gruppen werden unreflektiert, stereotyp-vorurteilshaft gezogen. Es besteht ein eher geringes Interesse, sich mit ihrer Geschichte auseinanderzusetzen. Es hat noch keine Funktion für die eigene Identität (das ändert sich auf Stufe 4). Es kann ein konformistisches, völkisches Nationalbewußtseins entstehen und rigide vertreten werden.

E. Verortung von Autorität: Die Autorität einer geschätzen Gruppe wirkt mächtig auf Personen dieser Stufe ein. Sie fühlen sich an soziale Konventionen und Gruppenkodizes gebunden. Charismatische Führungsfiguren haben die Macht, Gehorsam und Loyalität hervorzurufen. Man reagiert gefühlsmäßig und unreflektiert auf ihr Charisma. Objekte des Vertrauens und der Autorität werden dann gewählt, wenn sie von wichtigen Bezugspersonen und Gruppen akzeptiert sind. Dabei besteht die Gefahr, dauerhaft von diesen Autoritäten abhängig zu werden.

Geschichtsbewußtsein: Bei der Akzeptanz von Geschichtsüberlieferung spielt das Charisma des Lehrenden eine nicht unwichtige Rolle. Man eignet sich Geschichte an, um sozial anerkannt zu sein, »richtig« in den Augen anderer zu denken. Bei der Geschichtsaneignung werden Autorität und Macht personalistisch begriffen. So wird z.B. Politikern eine übergroße geschichtsbestimmende Rolle eingeräumt.[31]

F. Form des Weltzusammenhangs: Die Welt wird »tacit« (stillschweigend) und nicht explizit und bewußt konstruiert. Die Gedanken sind zwar Elemente eines zusammenhängenden Systems, aber die Person ist sich noch nicht darüber im klaren, daß sie ein System besitzt. Sie hat darüber nicht reflektiert. Legitimiert wird die eigene Weltsicht durch Berufung auf Autoritäten, nicht auf rationale Argumentation an sich. Man denkt nicht analytisch, sondern setzt Ideen, Einstellungen und Glaubensinhalte zu einem kohärenten System unbewußt zusammen. Widersprüche zu dieser Weltsicht werden geleugnet oder verdrängt. Die Welt wird interpersonal erfaßt, oft mit einem romantischen Anstrich, wobei man selbst eine heroische Rolle spielt. Phantasie und Realität sind wieder wie auf Stufe 1 vermischt, obwohl die Phantasie kohärenter, differenzierter und absichtsvoller eingesetzt wird.
Geschichtsbewußtsein: Es besteht noch kein Bewußtsein für »Geschichtsbilder«,

weil eine kritische Auseinandersetzung mit dem eigenen Verständnis der Vergangenheit noch fehlt. Erworbenes Regelwissen wird, weil es für allgemeingültig gehalten wird, auf historische Tatbestände angewendet (z.B. Sündenbocktheorie).

F. Symbolfunktion: Symbole werden vielschichtig wahrgenommen. Die emotionale Kraft von Symbolen wird erspürt. Es besteht aber kein Bewußtsein dafür, wie ein Symbol diese Emotionalität hervorruft. Sie werden nicht durch Analyse entmythologisiert. Diese vorkritische Offenheit für Symbole läßt sich als »erste Naivität« bezeichnen.

Geschichtsbewußtsein: Wenn das Volk als wichtige Bezugsgruppe erlebt wird, werden völkische Symbole (oder nationale Symbole, die völkisch interpretiert werden[32]) eine starke Ausstrahlungskraft ausüben und den Weltzusammenhang im Sinne einer »civil religion« stiften (Fahne, Nationalhymne, Orden, Uniform). Personen auf Stufe 4 werden dies als »Ideologisierung« charakterisieren.

Stufe 4:

Der Übergang zu Stufe 4 wird meist durch Begegnung mit Gruppen oder Personen provoziert, die anders sind als diejenigen, die auf Stufe 3 Sicherheit gaben. Ortswechsel durch Studium, Arbeitsplatzwechsel sind solche äußeren Anlässe. Sie geben die Chance, »die eigene Identität zu finden«, eine eigene Lebensphilosophie. Es entsteht der »individuierend-reflektierende Glaube«. Individuation geschieht im Prozeß der inneren oder äußeren kritischen Distanzierung von den bisherigen sozialen Beziehungen, die die abgeleitete Identität der Stufe 3 formten. Mit dem Vertrauen auf externe Formen der Autorität wird gebrochen. Der Persönlichkeitsstil wird dadurch individueller und persönlicher. Das Individuum spricht davon, daß es eine Identität und Lebensphilosophie *hat.* Beziehungen zu Personen und Gruppen werden nun bewußt gewählt und gepflegt. Werte und Normen dieser Personen und Gruppen werden kritisch reflektiert. Die Weltanschauung der Bezugsgruppe kann in explizite Systeme und Konzepte übergeführt werden.[33]

A. Form der Logik: Man ist fähig zu vollen formalen Operationen. Systeme können konstruiert und vielschichtige Probleme analysiert werden. Formale Operationen dienen als »Antizipationsschema«, so daß Hypothesen und deduktive Voraussagen gebildet und kritisch überprüft werden können. Systematische Gedankenprozesse werden wichtig und können analysiert werden. Spannungen in einer Theorie werden hierarchisch aufgelöst. Die Grenzen eines Systems werden genau definiert und von anderen Systemen kritisch abgegrenzt. Oft kommt es dabei zu Entweder/Oder-Klassifikationen. Es geht um die logische Verteidigung des eigenen Standpunktes. Es besteht die Neigung zum geschlossenen, universalen System.

Geschichtsbewußtsein: Es besteht die Fähigkeit, systemisch zu denken, also die gegenseitige Abhängigkeit und Beeinflussung verschiedener Variablen und den Charakter ihres Kräftespiels einzuschätzen. Die Person kann die großen Geschichtsentwürfe der Vergangenheit und Gegenwart kritisch nachvollziehen und versucht, einen eigenen Standpunkt zu gewinnen. Es werden historisch-kritische Methoden angewandt, um zu kritisch überprüften Aussagen über die Vergangenheit zu gelangen, um zu erfahren »wie es tatsächlich gewesen ist«. Quellen werden dabei kritisch auf ihre Absichten hin befragt.

B. Rollenübernahme: Die Fähigkeit, den anderen zu begreifen, steigt weiter. Man sieht den anderen als einzigartiges Individuum mit speziellen Weltbild und individueller Geschichte. Gleichzeitig kann man ihn in ein bestimmtes Beziehungsgeflecht einbetten und einordnen. Man ist daran interessiert, seine eigene Weltsicht mit der Weltsicht anderer zu vergleichen und dabei die eigene zu rechtfertigen und aufrechtzuerhalten. Das Innenleben des Anderen wird konzeptuell erschlossen, meist mit Hilfe von Persönlichkeitstheorien oder einer reflektierten Ideologie. Das Selbst ist fähig, sich von seinen Beziehungen zu distanzieren. Man sagt: »Ich *habe* eine Beziehung zu x« oder »Ich wählte diese Beziehung«. Der Andere wird durch den Filter der eigenen Konzepte gesehen. Kritische Distanzierung und Reflexion der Beziehungen ist die Stärke dieser Stufe. Die Schwäche ist die Überobjektivität und die Wahrnehmung des anderen durch das selbstgewählte Ideensystem, die die Komplexität des anderen reduziert.

Kegan spricht vom »institutionellen Selbst«: Identität wird jetzt jenseits der personalen Verbindungen gefunden. Man *hat* nun Beziehungen und Rollen. Das Ich koordiniert und reflektiert die Beziehungen, in die es eingebunden ist. Man weiß, daß man Rollen spielt, aber das eigene Ich nicht mit ihnen zusammenfällt. Man ist bewußt Autor des eigenen Lebens. Wichtig sind Abgrenzungen gegenüber anderen; man will sich nicht vereinnahmen lassen. Die Grenze dieses Selbst ist die Unfähigkeit, die eigene Ideologie zu relativieren, ist der innere »Absolutismus«.

Geschichtsbewußtsein: Geschichtliche Personen können in ihre Zeit und in die sie bestimmende Gesellschaftsstruktur einordnet werden. Die eigene Lebensgeschichte und die anderer Menschen können aus einer Perspektive, die sich der sozialen Systeme und Institutionen voll bewußt ist, rekonstruiert werden. Es besteht ein Interesse, sich selbst geschichtlich zu verorten. Weltanschauungen können nachvollzogen werden. Man steht allerdings in der Gefahr, den geschichtlichen Personen zu unterstellen, sie hätten ebenso individualistisch gedacht wie man selbst. Die eigene Rationalität und Eigenständigkeit wird auf geschichtliche Personen, besonders Politiker projiziert. N.Elias kritisiert diese Art der Geschichtsbetrachtung: »Für Menschen, denen die Vorstellung als selbstverständlich erscheint, daß ihr eigenes Selbst, ihr Ego, ihr ›Ich‹ oder wie immer man es nennen mag, sozusagen in ihrem ›Inneren‹ von allen anderen Menschen abgeschlossen und ganz für sich existiert, ist es schwer, allen jenen Tatsachen Bedeutung zuzuschreiben, die darauf hinweisen, daß Individuen von klein auf in Interdependenz mit anderen leben; es ist schwer für sie, sich Menschen als relativ, nicht als absolut autonome, als relativ, nicht als absolut unabhängige Individuen vorzustellen . . .«[34]

C. Moralisches Urteil: Mit Erwerb des systemischen Denkens wird als gut bewertet, was die Ordnung einer Institution aufrecht erhält. Moralische Urteile werden aus der Perspektive der Institution gefällt. Richtig ist es, seine Pflicht zum Erhalt des Systems zu tun.

Geschichtsbewußtsein: Bei der Bewertung historischer Ereignisse oder politischer Entscheidungen wird man besonders darüber reflektieren, inwiefern sie zum Erhalt der jeweils betrachteten Institution (Stamm, Volk, Nation, Wirtschaft, Kirche, Partei u.a.) beigetragen haben. Führungspersonen werden an ihrem Erfolg gemessen, ein System aufrechtzuerhalten oder zu fördern. Dies ist die moralische Position des Historismus, bei der nicht konventionelle Werte an historische Gesellschaften herangetragen werden (Stufe 3) oder diese aus der Perspektive von Grundwerten einschätzt werden (Stufe 5), sondern nach der funktionserhaltenden Wirkung von Handlungen für ein System gefragt wird.

D. Grenzen des sozialen Bewußtseins: Die eigene Gruppenzugehörigkeit wird ideologisch gerechtfertigt. Andere Personen und Gemeinschaften, die eine gewisse ideologische Kompatibilität zur eigenen Weltanschauung haben, werden positiv wahrgenommen. Mitglieder von Systemen, die mit dem eigenen, selbstgewählten System nicht übereinstimmen, werden kritisch-ablehnend und dabei vereinfacht und reduziert wahrgenommen. Freund und Feind werden ideologisch definiert. Viele Standpunkte können eingenommen werden, aber normalerweise um die eigene Perspektive zu erhalten.

Geschichtsbewußtsein: Besonderes Interesse gilt der Geschichte der selbstgewählten Ideologie und der dazugehörigen Gruppe. Mit dieser Vergangenheit erklärt man sich solidarisch und interpretiert Geschichte aus ihrer Sicht entweder in herrschaftskritischer oder herrschaftserhaltender Sicht. Man schafft auch historisch ein gruppenorientiertes Geschichtsbild, ein System, das für jeweils eine Gruppe, Klasse, Nation, Kirche oder einen Geschlechtsstyp gilt.[35] Über die eigene Herkunft wird gleichzeitig historisch-kritisch reflektiert. Sie kann sozial verortet und geschichtlich eingeordnet werden. Zugehörigkeit zur Nation, zum Volk wird ideologisch und rational begründet.

E. Ort der Autorität: Zunächst einmal ist die Fähigkeit festzuhalten, Autorität gesellschaftlich zu orten und aufzudecken. Das Verhältnis zu selbstgewählten Autoritäten wird bewußt und rational gestaltet. Autorität ist aufgrund einer selbstgewählten weltanschaulichen Perspektive internalisiert. Autorität können Personen, Gesetze oder Traditionen haben, die kritisch angeeignet worden sind. Autorität muß sich rational legitmieren können.

Geschichtsbewußtsein: Historiker werden als Autoritäten anerkannt, aber ihre Darstellungen kritisch hinterfragt und in Rückbindung an Quellen geprüft. Dadurch steigt die Selbständigkeit des eigenen historischen Urteils. Macht wird nicht mehr nur personalistisch gesehen, sondern in Strukturen aufgedeckt. Wirtschaft und soziale Bewegungen werden als wichtige gesellschaftliche Machtfaktoren erkannt.

Die Eingebundenheit von Politikern in Sachzwänge und Interessenkonflikte wird herausgestellt.

F. Form des Weltzusammenhangs: Es besteht ein Bewußtsein für die eigene Weltsicht als explizites System und der Wille, diese konsistent, kohärent und umfassend zu gestalten. Personen auf Stufe 4 neigen zu Ideologien, die sie gründlich untersucht und und geprüft haben. Ein großer Aufwand wird betrieben, um das errungene System aufrechtzuerhalten. Differenzen zu anderen Modellen werden stark hervorgehoben. Ideologische Reinheit und Konsistenz werden angestrebt. Relativität wird als Bedrohung empfunden. Wichtig ist die Verteidigung der eigenen Weltanschauung. Es besteht das Bedürfnis, ein System zu entwickeln, das die gesamte Realität einschließt. Das Selbst definiert sich sehr stark über die eigene Weltanschauung, ja kann mit ihr völlig verschmelzen.[36]

Geschichtsbewußtsein: Man strebt danach, eine eigenständige oder kritisch geprüfte konsistente Geschichtstheorie zu entwickeln. Diese Geschichtbild wird dann für besonders authentisch gehalten. Es wird deutlich von anderen Interpretationsansätzen abgegrenzt.

G. Symbolfunktion: Symbole werden vereindeutigt und in Begriffe und Konzepte übersetzt. Ihre Bedeutung wird also entschlüsselt und zwar meist zugunsten *einer* richtigen Deutung. Stufe 4 ist deutlich eine entmythologisierende Phase, in der mit Hilfe einer »reduktiven« Hermeneutik Symbole in den systematischen Rahmen des eigenen Weltbildes eingepaßt werden. Außerdem werden Symbole in ihrer Wirkung auf soziale Gruppen und Systeme untersucht.

Geschichtsbewußtsein: Historische Symbole aus Religion, Kultur und Politik werden entmythologisiert: Die Funktion von Symbolen in bestimmten historischen Situationen und für bestimmte Personen und Gruppen wird bestimmt. Die historische Kritik entkleidet sie auf diese Weise ihrer symbolischen Kraft, vor allem ihrer affirmativen Bedeutung. Als Entmythologisierung zeigt historische Kritik ihre destruktive Kraft, die im Dienst aufklärerischer Vernunft steht. Herrschaftsverschleierung durch Symbole wird durchschaut.

Stufe 5:

Diese Stufe läßt sich nach Fowler am besten mit dem Schlagwort »dialogisch« charakterisieren. Der Prozeß der Sinnbildung besteht in einem andauernden Dialog mit der Realität, der offen ist und am gegenseitigen Austausch interessiert ist. Auffällig ist das Fehlen von klaren Grenzziehungen, die für Stufe 4 typisch sind. Denn nun ist das Bewußtsein voll ausgebildet, daß man innerhalb einer Pluralität von Sinnsystemen lebt. Diese Pluralität wird positiv gewertet. Sie wird als Chance gesehen, die Welt tiefer zu verstehen. Es entwickelt sich ein Gefühl dafür, daß menschliches Verstehen vermittelt ist, Realität nicht direkt repräsentiert und ein Werkzeug ist, um Realität in seiner eigenen Sprache zu präsentieren. Schließlich ist sich die Person auf Stufe 5 der Tatsache bewußt, daß sie in eine bestimmte Kultur, Tradition und historischen Epoche eingebunden ist und berücksichtigt dies, wenn sie die Gedanken und Handlungen anderer interpretiert. Dieser Stufe geht eine relativistische Phase oder Stufe 4-5 voraus, in der die eigene Position radikal relativiert wird und gleichzeitig die jetzt sensibler wahrgenommenen alternativen Sinnsysteme »gleichwertig« betrachtet werden, wobei geschlußfolgert wird, daß es keine grundlegenden Werte oder Prinzipien gibt. Auf Stufe 5 findet man dann zu Werten oder Prinzipien, die einschließenden und universalen Charakter haben und den Dialog nicht behindern.

A. Form der Logik: Der Stil der Logik ist nun dialektisch oder dialogisch.[37] Spannungen und Polaritäten werden sensibel wahrgenommen und als Potential zum tieferen Verständis gewürdigt. Stufe 5 ist sich der Grenzen formaler Systeme bewußt und begrenzt sich nicht auf ein Denksystem. Eine Person auf Stufe 5 hat die Fähigkeit, unterschiedliche Aspekte eines Phänomens gleichzeitig zu sehen und unterschiedliche Analysenarten einzusetzen. Sie hat ein Gespür für die Grenzen geschlossener Systeme. Sie beobachtet das Zusammenspiel zwischen verschiedenen Perspektiven oder Zugängen, um Einsicht in ein Problem zu erhalten. Die Ambiguität mancher komplexen Phänomene und die Grenzen menschlicher Einsicht und Erklärungsfähigkeit werden zugegeben. Es besteht ein Interesse, Phänomene in ihrer ganzen Komplexität zu erkennen. Dabei ist man sich der historisch-zeitlichen Natur dieser Phänomene bewußt und ihrer besonderen Partikularität, ihrer Eingebundenheit in eine Geschichte oder Tradition. Weitere Merkmale dieser Logik sind eine stärkere Orientierung an Prozessen statt an Systemen und ein inkludierendes, multisystemisches und multidimensionales Denken, das Paradoxe im Gleichgewicht hält und sieht, wie Dinge organisch aufeinander bezogen sind.

Geschichtsbewußtsein: Man entwickelt die Fähigkeit, verschiedene Aspekte eines historischen Phänomens gleichzeitig zu sehen, und die Erkenntnis, daß unterschiedliche Arten der Analyse notwendig sind, um sich diesem Ereignis anzunähern. Die Komplexität historischer Entwicklungen wird einem voll bewußt und die begrenzte Fähigkeit, diese Prozesse zu verstehen. Historische Phänomene (Personen, Ereignisse) werden nicht »erklärt«, sondern im Verlangen, das Fremde in seiner Komplexität zu verstehen, einfühlsam nachvollzogen. Die Grenzen des Erklärens werden begriffen. Spannungen und Polaritäten bei der Analyse von historischen Ereignissen werden nicht beseitigt, sondern ihr Potential zum tieferen Verstehen wird berücksichtigt. Ein vielschichtiges Instrumentarium zur Entschlüsselung der Vergangenheit wird eingesetzt. Man ist sich der historisch-zeitlichen Natur von Phänomenen und ihrer Besonderheit voll bewußt, gerade auch des eigenen Denkens. Dem Prozeßcharakter der Geschichte, dem Gewordensein der Gegenwart und ihrer Bedingtheit durch die Vergangenheit wird besondere Aufmerksamkeit geschenkt. Auch unbewußte Dimensionen der eigenen Geschichtsbetrachtung werden in Rechnung gestellt.

B. Rollenübernahme: Personen werden multiperspektivisch wahrgenommen. Man ist bereit, mit den eigenen Vorstellungen und Gefühlen zu brechen, um von der Perspektive des anderen her zu »sehen«. Damit ist ein selbstkritischer Umgang verbunden. So entsteht eine mutuale Perspektivenübernahme im vollen Sinne.

Kegan spricht vom »inter-individuellen Selbst«: Die Person ist nicht mehr in das institutionelle Ich eingebettet, sie *hat* vielmehr ein Ich. Sie durchschaut die Relativität des eigenen Standpunktes und der eigenen »Ideologie«, ohne allerdings in einen Relativismus zu verfallen. Die eigenen Leistungen, die Karriere und Berufslaufbahn sind nicht mehr die eigene Identität. Man hat eine Laufbahn, anstatt seine Laufbahn zu sein. Das überindividuelle Selbst kann sich völlig auf die Lebensentwürfe anderer Menschen einlassen, ohne die eigenen Identität zu verlieren, wie das noch auf Stufe 3 geschehen würde, und ist insofern zu vertiefter Intimität und Solidarität fähig. Die Partner verschmelzen nicht miteinander in einer Beziehung (Stufe 3), sondern können ihre Identität in ihr wahren.

Geschichtsbewußtsein: Die Komplexität der bewußten und unbewußten Motive historischer Personen wird überschaut. Ihr Handeln und Denken wird historisch-situativ eingebettet. Dies geschieht, um sie zu verstehen. Der Historiker tritt dabei in einen echten Dialog mit der historischen Person ein. Er erklärt sie nicht nur, um sich dabei von ihr zu distanzieren, sondern im Verstehensprozeß stellt er sich selbst in Frage. Er ist fähig, aus der historischen Perspektive die eigene Gegenwart und Person zu hinterfragen und zu relativieren. Das eigene Selbst will in der Begegnung mit der historischen Person zu höherer Selbstwahrnehmung gelangen, was das Eingeständnis der eigenen Partikularität und eigener Grenzen miteinschließt. Man empfindet eine tiefe Verbundenheit mit den früheren Generationen, und entwickelt ein historisch vertieftes Weltbürgertum. Stufe 5 ist fähig, unterschiedlichste Weltentwürfe der Vergangenheit zu würdigen und ist dabei offen, sich in der Begegnung mit ihnen zu wandeln. Perspektiven, die radikal von der eigenen Weltwahrnehmung unterschieden sind, werden klar verstanden und weder reduziert noch unterdrückt. Die Würde gerade auch der unterdrückten und verschwiegenen Stimmen der Vergangenheit wird »gerettet«.

C. Form des moralischen Urteils: Stufe 5 nimmt eine der Gesellschaft vorgeordnete Perspektive ein und fragt nach den Prinzipien der Gerechtigkeit, auf die eine Gesellschaft gegründet werden kann. Bei der Stellungnahme zu moralischen Dilemmata werden dialektische Gedankenprozesse entfaltet, um konkurrierende Ansprüche in Spannung zu halten und Prinzipien zu finden, die die Spannung auflösen. Man ist sich bewußt, daß Werte in Beziehung zu Kulturen und historischen Augenblicken stehen. Einige Regeln werden aber für universal und für jede Gesellschaft verbindlich betrachtet.

Geschichtsbewußtsein: Werte werden in ihrer historischen Genese erkannt. Dennoch werden sie nicht völlig relativiert. Es gibt Grundwerte wie z.B. die Menschenwürde, die für das Selbst elementar sind, die universale Bedeutung haben, und von denen bei der Analyse geschichtlicher Phänomene nicht abgesehen werden kann. Man weiß, daß diese Werte in einem historischen Prozeß gewachsen sind und bei der Beurteilung früherer Kulturen und Personen nicht anachronistisch angewendet werden dürfen. Man ist fähig, Moralismus und Historismus in Balance zu halten und diese Spannung für die Einschätzung historischer Ereignisse fruchtbar zu machen.

D. Grenzen der sozialen Bewußtseins: Stufe 5 ist aktiv an der Begegnung mit fremden Gruppen und Klassen interessiert. Der Weltsicht und Meinung des anderen wird genausoviel Raum gegeben wie der eigenen und man versucht, Dissonanzen durch Bezug auf gemeinsame Grundprinzipien zu reduzieren. Die Identifikation mit einer Gruppe ist prinzipienorientiert, d.h. auf der Basis der Prinzipien, die eine Gruppe repräsentiert. Außerdem ist einem am Einzelnen als Individuum nicht als Teil einer Gruppe oder eines Systems gelegen.

Geschichtsbewußtsein: Die Beschäftigung mit Gruppen, die außerhalb des eigenen Lebensbereiches liegen, d.h. historisches Interesse an allen Kulturen der Welt, wird nicht zur Profilierung der eigenen Weltwahrnehmung benutzt (kultureller Kolonialismus), sondern zum Verstehen der Weltgeschichte der *einen* Menschheit und dem damit verknüpften Wunsch nach echter Begegnung und echten Selbstverstehens. Stufe 5 zeigt darum eine Offenheit für die Werte und den Lebensstil anderer Kulturen. Pluralismus wird als bereicherndes Phänomen angesehen – auch was Forschungsansätze betrifft.

E. Verortung von Autorität: Der Zugang zu jeder Form von Autorität (z. B. Autoritätsfiguren) ist spannungsgeladen und indirekt aufgrund der Fähigkeit zur multiplen Perspektivenübernahme. Autorität wird aus der Perspektive universalisierbarer Prinzipien beurteilt. Autorität ist voll internalisiert und entwickelt sich in der Dialektik der Multiperspektivität. Personen auf Stufe 5 sind auch bereit, gewachsene Traditionen bei der Auswahl von Autoritäten zu berücksichtigen.

Geschichtsbewußtsein: Das interdisziplinäre Gespräch zwischen verschiedenen Historikern und der Prozeß der gemeinsamen Wahrheitsfindung wird geschätzt. Autorität hat dieser Prozeß selbst, nicht eine Theorie eines Einzelnen. Bei der Anlehnung an eine bestimmte Theorie behält man eine »ironische« Selbstdistanz. Geschichtliche Personen als wichtige Traditionsträger werden echte Gesprächspartner, durch die man sich im Prozeß der aktiven Auseinandersetzung verändern läßt.

F. Form des Weltzusammenhangs: Der Rahmen des Weltzusammenhangs ist pluralistisch, darf aber nicht mit einem relativistischen Pluralismus verwechselt werden, der alles vergleichgültigt. Die pluralistische Weltwahrnehmung beruht auf der Beobachtung, daß die Welt vielschichtig und äußerst komplex ist. Widersprüche und Antinomien weisen auf den dialektischen Charakter der Wirklichkeit hin.[38]

Geschichtsbewußtsein: Es gibt kein einzelnes System, das die Geschichte aufschließt. Es gibt unterschiedliche Zugangsweisen und deren Ergebnisse und Methoden können sich durchaus widersprechen. Verschiedene Methoden eruieren unterschiedliche Aspekte. Aber es gibt kein Supersystem, das diese wiederum vereinigt. Die Zugangsweisen bleiben in Spannung zueinander.

G. Symbolfunktion: Im Umgang mit Symbolen zeigt sich eine »zweite Naivität« (P. Ricoeur). Eine neue Aufgeschlossenheit gegenüber der evokativen Kraft von Symbolen entwickelt sich. Ihre ganze Vielfalt wird erkannt. Symbole werden ernst, aber nicht wörtlich genommen. Man ist sich im Gegensatz zu Stufe 3 symbolischer Prozesse bewußt, reduziert das Symbol aber nicht auf Aussagen.

Geschichtsbewußtsein: Symbole werden als wesenhaft dem Menschen zugehörig erkannt. Sie werden nicht nur kritisch analysiert. Ihr Gebrauch in der Geschichte wird verstehend nachvollzogen. Kriterium für den rechten Gebrauch von Symbolen sind die Grundwerte, die für Stufe 5 verbindlich sind. Man läßt sich nur auf Symbole ein, die mit ihnen in Einklang stehen (z.B. Nation als Überwindung von partikularistischen Eigeninteressen oder Verfassung als Überwindung eines völkischen Nationenbegriffs).[39]

Stufe 6:

Fowler hat auch eine Stufe 6, den universalisierenden Glauben, konstruiert, konnte sie aber empirisch noch nicht nachweisen. Er hält sie für eine logische und teleologische Verlängerung der Theorie, die sich aus den Spannungen der Stufe 5 ergeben: Sie schließt eine Überwindung der Paradoxien von Stufe 5 ein. Während eine Person auf Stufe 5 vom Konflikt, von den Grenzen der Erkenntnis und von den Schwierigkeiten einer balancierten Ich-Identität her denkt, lebt eine Person der Stufe 6 mit einem dezentrierten Selbst von einer allumfassenden Vision des Guten her. Es ist ein im Sein (in Gott) gegründetes Selbst. Als historische Beispiele unseres Jahrhunderts nennt Fowler Gandhi, Martin Luther King in den letzten Jahren seines Lebens, Mutter Theresa, Dag Hammarskjöld, Dietrich Bonhoeffer, Abraham Heschel und Thomas Merton. Sie sind eine disziplinierte, aktivistische Inkarnation der Imperative der absoluten Liebe und Gerechtigkeit. Sie haben die Vision einer universalen Gemeinschaft. Sie besitzen eine trans-narzißtische Liebe zur menschlichen Zukunft: »Sie sind insofern ›ansteckend‹, als sie Zonen der Befreiung aus den sozialen, politischen, ökonomischen und ideologischen Fesseln schafffen, die wir der menschlichen Zukunft anlegen und an ihr ertragen. Da sie aus einer lebendig empfundenen Teilnahme an der Macht leben, die die Welt einigt und verwandelt, werden solche Universalisierer oft als Menschen empfunden, die die Strukturen (die religiösen Strukturen eingeschlossen) untergraben, mit deren Hilfe wir unser individuelles und kollektives Überleben, unsere Sicherheit und Bedeutung aufrechterhalten.« Auffällig ist, welche zentrale Bedeutung ein universales Geschichtsbewußtsein für diese konstruierte und darum für unsere Zwecke nicht weiter auswertbare Stufe 6 hat.

4 Stufen des Geschichtsbewußtseins in Anschluß an die Stufen Fowlers

Diese Stufen sind, anders als die Typen, die Jörn Rüsen durch historiographische Analysen gewonnen hat, entwicklungspsychologisch konzipiert. Ich glaube aber, daß sich Rüsens Typen mit gewissen Einschränkungen den Entwicklungsstufen 2-5 zuordnen lassen. Ich habe darauf verzichtet, die hier vorgestellten Stufen auf *einen* Begriff zu bringen. Die Typenbezeichnungen »traditional«, »exemplarisch«, »kritisch« und »genetisch« sind prägnant und decken auch einen Teil der hier vorgestellten entwicklungspsychologischen Stufen 2-5 ab.

Stufe 1:

Intuitiv-projektiv: Von Geschichtsbewußtsein läßt sich auf dieser Stufe noch nicht sprechen. Auch Geschichten werden noch nicht logisch stringent wahrgenommen. Dennoch kann in diesem Alter schon eine starke emotionale und phantasiegeladene Bindung an historische Personen und Symbole stattfinden. Wichtige Eindrücke gehen ganz im Egozentrismus des Kindes auf und verschmelzen mit ihm. Viele Märchen vermitteln eindrückliche Bilder von Königen, Prinzen und Prinzessinen, einfachen Bürgern, Räubern, Knechten, guten Feen und bösen Hexen, die im späteren Alter als Klischees ihre Wirkung behalten. Auch ursprüngliche Familiengeschichten prägen später weiterhin die emotionale Wahrnehmung der Vergangenheit.

Stufe 2:

Konkret-narrativ: Besonderes Kennzeichen des Geschichtsbewußtseins der Stufe 2 ist die narrative Geschichtswahrnehmung, ein »Geschichtenbewußtsein«. Erzählend wird der Welt Gestalt und Kohärenz gegeben. Vergangenheit und Gegenwart werden dabei unterschieden, aber es fehlt ein ausgeprägtes Historizitätsbewußtsein. Darum werden Entwicklungen vom Einfachen zum Komplexen nicht wahrgenommen. Faszination geht von den Handlungen und Leistungen starker, großer Persönlichkeiten aus. Ebenso fasziniert das Älteste, Entfernteste, Unheimlichste, Größte und Unerklärlichste.

Stufe 3:

Konventionell-affirmativ: Geschichtskenntnisse dienen der bewußten Eingliederung in maßgebliche Herkunftsgruppen. Die Gruppenidentität wird affirmativ und unkritisch nachvollzogen. Postkonventionelle Werte werden konformistisch assimiliert. Das eigene »Geschichtsbild« wird noch nicht bewußt wahrgenommen.

Exemplarisch: Das Phänomen »Lernen aus der Geschichte« dominiert hier ganz stark. Die Vergangenheit wird zu einem Geschichtenpool, aus dem allgemeine

Verhaltensregeln erschlossen werden können. Geschichtliche Ereignisse werden zum Absprungbrett für Handlungskompetenz in der Gegenwart.

Synthetisch-interpersonal: Man orientiert sich an Ereignisgeschichten und narrativen Ketten, die in einen logischen Zusammenhang gebracht worden sind. Geschichtliche Ereignisse werden überwiegend personalisiert, um verstanden zu werden. Es besteht die Fähigkeit, sich in historische Personen und Ereignisse emotional einzufühlen. Dabei wird die Vergangenheit »mit den gleichen Triebkräften qualifiziert wie die Gegenwart«.[40]

Stufe 4:

Kritisch-reflektierend: Das stillschweigende Geschichtbild wird reflektiert und affirmative Geschichtsdarstellungen, vor allem diejenigen, die in maßgeblichen Herkunftsgruppen herrschen, werden der Kritik unterworfen. Mit historischen Deutungsmustern und Theorieansätzen findet eine kritische Auseinandersetzung statt, die zur Entwicklung eines eigenständigen Theorieansatzes führt.

Historistisch-individualisierend: Der soziale Horizont der eigenen Herkunftsgruppe wird erkannt. Die Eingebundenheit in eine bestimmte Zeit wird wahrgenommen. Die eigene Eingebundenheit in den geschichtlichen Prozeß wird genetisch vollzogen. Dies hilft, die eigene Identität geschichtlich zu erklären und festzumachen. Die eigene Individualität gewinnt dadurch an Profil bei gleichzeitiger Wahrnehmung fremder Individualität und Originalität. Dennoch ist das Fremdverstehen noch eingeschränkt, da der andere durch die Brille der eigenen Weltanschauung betrachtet wird.

Genetisch-systemisch: Mit der Fähigkeit, Gesellschaft systemisch wahrzunehmen wird auch die wichtige Rolle von sozialen und wirtschaftlichen Prozessen erkannt. Herrschaft wird nicht mehr personalistisch, sondern strukturell wahrgenommen. Orientierung an Systemen bedeutet in moralischer Hinsicht Interesse an der Funktionsfähigkeit von Institutionen. Gesetzeswissen ist jetzt stärker an Strukturen orientiert. Komplexere Modelle erkären die Geschichte. Wandel und Änderung, Entwicklung und Fortschritt werden jetzt aufgrund der Fähigkeit, strukturell zu denken, deutlich erkannt und explizit zum Thema gemacht. Quellen werden historisch-kritisch hinterfragt. Im Vordergrund steht das kontrollierende Erklären der Vergangenheit und ihrer Veränderung.

Stufe 5:

Selbstreflektiv-verbindend: Man erkennt, daß Geschichte immer nur durch Geschichtsbilder wahrgenommen wird. Das eigene System wird als *ein* Bild der Vergangenheit, nicht als *das* Bild von der Vergangenheit durchschaut. Der Modellcharakter aller Wirklichkeitswahrnehmung wird erkannt. Die Pluralität von Geschichtstheorien und -bildern wird als Bereicherung empfunden. Man ist bereit, sich im Dialog mit der Vergangenheit zu verändern. Jeder Zeitepoche und Zivilisation wird ihre eigene Würde gelassen. Die Stimmen der Benachteiligten und Vergessenen der Geschichte werden wiedererweckt.

Historistisch-universal: Durch eine universale, weltgeschichtliche Orientierung tritt gleichzeitig die Einzigartigartigkeit der eigenen Individualität zum Vorschein. Es besteht das Bedürfnis, seine eigene Identität an der Gattungsgeschichte zu orientieren. Das Fremdverstehen ist jetzt voll entwickelt. Die universalen Werte der Moderne werden universal *und* partikular erfahren, weil ihre geschichtliche Genese erkannt ist.

Genetisch-Prozessual: Das genetische Verstehen der Stufe 4 wird noch einmal radikalisiert. Das eigentliche Interesse gilt den Prozessen, die nicht nur die Geschichte, sondern auch die eigene Identität ständig wandeln. »Das Geschichtsbewußtsein vergegenwärtigt die Vergangenheit in der Form prozeßhafter Vorgänge, in denen die Veränderung das Entscheidende, das eigenlich Sinnhafte und Bedeutungsvolle ausmacht«[41]Den Prozessen, die Gesellschaften evolutionär verändern, wird besondere Beachtung geschenkt.

5 Einige Schlußfolgerungen für die Geschichtsdidaktik:

Ich möchte zunächst eine Einschätzung geben, auf welchen Stufen sich Jugendliche in der Zeit ihres Geschichtsunterrichtes in der Schule befinden und einige didaktische Konsequenzen deutlich machen:

11–13 Jahre: Kognitiv sind viele, aber nicht alle Schüler ab der 6. Klasse zu frühen formalen Operationen fähig. In der Ich-Entwicklung befinden sie sich mit Beginn der Pubertät zumeist im Übergang von Stufe 2 auf Stufe 3. Diese Kinder haben eine Vorliebe für spannende Erzählungen, die sich auf der Ebene konkret-operationalistischen Denkens bewegen. Gleichzeitig wächst das Bedürfnis nach klarem, eindeutigem Regelwissen, daß für Stufe 3 typisch ist,[42] wie auch die Orientierung an Vorbildern, die beeindrucken.

14–16 Jahre: Die Schüler lösen sich von Stufe 2 ab, was oft mit motivationalen Blockierungen einhergeht. Im Vordergrund ihres Lebens steht nun die Regelung von persönlichen Beziehungen. Typisch ist ihr Rollenhandeln, das Ausprobieren verschiedener Rollen in unterschiedlichen Primärgruppen. Der Geschichtsunterricht sollte unbedingt Themen behandeln, die die Rollenfindung der Stufe 3 ermöglichen. Um den Geschichtsunterricht in diesem Alter attraktiv zu machen, sollten sich Lehrer nicht scheuen, Geschichtsbewußtsein der Stufe 3 zu festigen. Das geschieht z. B. in der Konfrontation mit historischen Vorbildern. Es ist eine nicht geringzuschätzende Leistung des Geschichtsunterrichtes, wenn er Schüler dazu anregt, sich in das Innenleben geschichtlicher Personen einzufühlen. Personalisierung ist *der* Weg, auf dem sich Jugendliche auf Stufe 3 Geschichte aneignen. Personalisierung sollte allerdings aus der Perspektive kritischen historischen Erzählens vollzogen werden, indem die Schüler mit Personen unterschiedlicher Schichten konfrontiert werden und soziale Konflikte konkretisiert werden können.

Es müssen nicht die großen Männer (oder Frauen) im Mittelpunkt stehen.[43] Abzulehnen ist eine Geschichte der »großen Persönlichkeiten«, die in unbefragt hingenommene Autoritätsstrukturen einüben will (was einem Einfrieren auf Stufe 3 entsprechen würde). Auch sollten Schüler dosiert mit systemischen oder politischen Betrachtungsweisen (Stufe 4) konfrontiert werden. Möglicherweise kann dazu über einen personalistischen Einstieg hingeführt werden. Die Schüler lernen es in diesem Alter zwar, Systeme nachzuvollziehen, aber in der Ich-Entwicklung spielen sie noch keine Rolle. Der Geschichtsunterricht überfordert daher die Schüler, wenn sie sich mit Gesellschaftssystemen und Gesellschaftsentwicklungen beschäftigen sollen. Ich denke aber, daß diese Überforderung pädagogisch richtig ist, da nur so die Schüler herausgefordert werden, ihre bisherigen Erkenntnisstrukturen den neuen Erfahrungen anzupassen (Akkomodation). Moralische Urteile sind auf Stufe 3 meist noch rigoros und stereotyp an Vorurteilen ausgerichtet. Eine moralische Perspektive, die Systeme im Blick hat (Stufe 4), kann solche Stereotypen durchbrechen und den Schülern zu einer kritischen, differenzierteren Argumentation verhelfen.

17–19 Jahre: Die meisten Schüler befinden sich noch auf Stufe 3[44], einige jedoch lösen sich vom stereotypen Rollenverhalten und fragen nach ihrer eigenen Identität. Dieser Prozeß von Stufe 3 auf Stufe 4 dauert mehrere Jahre. Die Beschäftigung mit Systemen und die Beurteilung historischer Probleme aus der Systemperspektive dürfte für die Schüler eine angemessene kognitive Herausforderung sein, wenn sie auch mit solchem Denken noch nicht richtig vertraut sind. Die Beschäftigung mit Strukturen liegt im Eigeninteresse mancher Schüler. Jetzt ist die günstige Zeit für eine kritische Geschichtsbetrachtung. Die Schüler sollten mit einer historistischen Geschichtsbetrachtung vertraut gemacht werden. Sie können auch an komplexe, postkonventionelle moralische Argumentationen herangeführt werden. Identitätsfördernd ist sicher ein handlungs- und projektorientierter Geschichtsunterricht, bei dem kritisches historisches Verstehen eingeübt werden kann.[45]

Wie geht es nach der Schulausbildung weiter? Der Prozeß zur vollen Stufe 4 findet meist erst nach dem Abitur statt, aber auch nur dann, wenn er durch ein Studium, einen anspruchsvollen Ausbildungsgang oder tiefgreifende Lebenserfahrungen angeregt wird. Mit einem Geschichtsbewußtsein und einer Ich-Identität der Stufe 5 ist nicht vor einem abgeschlossenen Studium oder längerer Berufserfahrung und intensiven Bildungsprozessen zu rechnen. Hier liegt die Aufgabe einer historischen Medienpädagogik, Erwachsenenbildung und Museumspädagogik, Anreize zur Förderung einer kritischen und postkonventionellen Ich-Identität zu liefern. Dabei dürfen aber nicht diejenigen Menschen vergessen werden, deren sozialer Kontext es ihnen versagt hat, ihr Entwicklungspotential auszuschöpfen. Es gibt viele Jungendliche und Erwachsene, die das Anrecht haben, daß ihr Selbst der Stufe 2 oder 3 mit entsprechenden Angeboten gefördert wird. Auf ihren Umgang mit Geschichte sollte nicht abschätzig herabgeblickt werden, auch wenn es den Ansprüchen kritischer oder genetischer Sinnbildung nicht genügt. Es gilt, vom

Horizont eines reifen Geschichtsbewußtseins aus, Menschen so zu begleiten, daß sie zu einem immer humaneren Umgang mit sich selbst und anderen fähig werden. Es ist durchaus möglich, die Grundwerte, die auf Stufe 5 bedeutsam sind, auch für die früheren Stufen bei allen Einschränkungen einsichtig zu machen.[46] Eltern und Pädagogen können eine partnerschaftliche Atmosphäre schaffen, die von den Werten der Stufe 5 geprägt ist und Heranwachsenden einen fruchtbaren Bildungsprozeß ermöglicht.

Geschichtslehrerinnen und Geschichtslehrer in der Schule müssen sich dennoch des weiten Weges bewußt sein, den ihre Schülerinnen und Schüler bei der Ausbildung ihres Selbst gehen, und der Tatsache, die sie nur auf einem allerdings wichtigen Teilstück Begleiter in diesem Prozeß sind.

6 Ein Fragebogen zur empirischen Forschung

Wir haben bisher 5 Stufen der Ich-Entwicklung analysiert und zur Formulierung von entsprechenden Stufen des Geschichtsbewußtseins ausgewertet. Ganz offen ist jedoch noch die Frage, wie sich der Prozeß ihrer Entwicklung in Biographien tatsächlich vollzieht und wie Geschichtsbewußtsein in den Prozeß der Selbstwerdung, der Sinngebung des eigenen Lebens integriert ist. Um zu verstehen, wie die historische Sinnbildung in den Sinnbildungsprozeß der Gesamtperson eingebettet ist, legt sich als ein brauchbarer Weg nahe, qualitative Interviews zu führen, in denen Fragen sowohl zur Ich-Entwicklung als auch zum Geschichtsbewußtsein gestellt werden.[47] Um den Prozeß der Bildung und Umbildung der menschlichen Sinnkonstrukte zu erforschen, hat Fowler einen ausführlichen Interviewleitfaden entwickelt.[48] Von Bodo von Borries liegt ebenfalls ein Fragebogen zur Erforschung von Geschichtsbewußtsein vor.[49]

Ich habe nun versucht, einen Interviewleitfaden zu entwickeln, der beide Fragerichtungen vereinigt und so als Instrument zur Erhebung des Verhältnisses von Ich-Entwicklung und Geschichtsbewußtsein eingesetzt werden kann. Die Interviews sind bisher von allen Befragten als angenehm und gewinnbringend erlebt worden. Das liegt wohl daran, daß der Befragte seine eigenen Erfahrungen und Einstellungen äußern soll und daß sich ein anderer 1-2 Stunden intensiv in seine Lebensgeschichte und Lebenseinstellung einfühlt. Manche Frage provoziert überhaupt erst die Bewußtwerdung bestimmter Erfahrungen und Einstellungen. Die Fragen bringen einen Reichtum an Äußerungen hervor, die vom Raster des Stufenmodells nur teilweise beleuchtet werden können.

Zum Abschluß möchte ich dann noch anhand eines Beispiels zeigen, wie ein nach dem Interviewleitfaden geführtes Gespräch so ausgewertet werden kann, daß das Verhältnis von Ich-Entwicklung und Geschichtsbewußtsein näher bestimmt werden kann.

Der Interviewleitfaden

Lebensrückblick

1. Faktenangaben: Geburtsdatum und Ort. Zahl und Alter der Geschwister. Beruf des sorgetragenden Elternteils oder der Eltern. Ethnische, rassische und religiöse Zugehörigkeit. Kennzeichnung der familiären und jetzigen sozialen Klasse.

2. Unterteilen Sie ihr Leben in Kapitel: (größere) Abschnitte, entstanden durch Veränderungen und Erfahrungen – Wendepunkte oder allgemeine Umstände! (Diese Frage führt meist zu einem umfangreichen Gespräch, vor allem bei älteren Menschen!)

3. Welche vergangenen »Schlüsselbeziehungen« sind die wichtigsten, um die Entwicklung Ihrer Person zu verstehen? Beschreiben Sie ihre Beziehung zu einer dieser Personen oder Gruppen näher!
   Sind darunter auch Personen aus der Geschichte?

4. Wie hat sich Ihr Zugang zur Vergangenheit (zur Geschichte) verändert? Versuchen Sie diese Veränderungen den Kapiteln ihres Lebens zuzuordnen!

Beziehungen

5. Welche Beziehungen scheinen für Ihr Leben zum gegenwärtigen Zeitpunkt am wichtigsten zu sein? (z.B. Personen, Gruppen, Institutionen, Familie, Freunde ...) Beschreiben Sie eine dieser Beziehungen näher!

6. Bei der Erwähnung wichtiger Beziehungen haben Sie (nicht) ihren Vater erwähnt.
   a. Charakterisieren Sie ihn!
   b. Ist (war) er politisch engagiert? Was erzählt(e) er Ihnen über die Vergangenheit (Geschichte)?
   c. Wie denken Sie über seine politische Einstellung und über das, was er ihnen über die Vergangenheit erzählt(e)?
   (Die gleichen Fragen werden zur Mutter gestellt.)

7. Nennen Sie eine Gruppe, Institution, Kirche oder Partei, die wichtigen Einfluß auf Ihren Lebensstil ausübt oder ausgeübt hat.
   a. Gibt es ein Bild von der Vergangenheit, daß von dieser Gruppe ... gelehrt wird? Wie denken Sie darüber?
   b. Wenn Sie die Gründungsgeschichte dieser Gruppe kennen, erzählen Sie sie!

Gegenwärtige Werte und Verpflichtungen

8. Wenn Sie jetzt über sich nachdenken: Empfinden Sie ihr Leben als sinnvoll? Was macht Ihr Leben sinnvoll?

9. Können Sie die Glaubensinhalte, Werte oder Haltungen beschreiben, die für Ihre Lebensführung am wesentlichsten sind?

10. Wenn Sie eine schwierige Entscheidung zu fällen haben, wie treffen Sie diese Entscheidung?

11. a. Glauben Sie, daß Handlungen falsch und richtig sein können? Wenn ja, was macht eine Handlung richtig?
    b. Gibt es bestimmte moralische Einstellungen, denen alle Menschen zustimmen sollten?
    c. Gelten diese moralischen Einstellungen auch für Menschen der Vergangenheit?

12. Gibt es Symbole, Bilder oder Rituale (religiös, politisch, geschichtlich), die für Sie wichtig sind? Warum sind sie wichtig?

13. a. Gibt es einen Plan für das menschliche Leben? Werden wir – individuell oder als Menschheit insgesamt – in unserem Leben durch eine Kraft, die jenseits des menschlichen Einflußbereiches steht, bestimmt oder beeinflußt?
    b. Greift Gott in die Welt ein? Beeinflußt er den Gang der Geschichte?

14. Wenn Sie über die Zukunft nachdenken, was ängstigt und beunruhigt Sie am meisten (für sich selbst und für die, die Sie lieben; für die Gesellschaft oder die Institutionen, für die Welt)

Geschichte

15. a. Wenn Sie eine Zeitreise in die Vergangenheit machen könnten, in welche Zeit und wohin würden Sie sich zurückversetzen?
    b. Warum?

16. a. Nennen Sie eine geschichtliche Epoche oder Person, die Sie am besten kennen. Wie kann man gesicherte Fakten und Einsichten über diese Zeit (siehe Frage 15) erhalten?
    b. Sie sollen ein Buch über diese Epoche oder Person schreiben. Wie würden Sie vorgehen?

17. a. Haben Sie das Gefühl, daß ihre Anschauungen über die Vergangenheit »wahr« sind? Gibt es Anschauungen über die Vergangenheit, die anders als Ihre sind? Sind sie dennoch auch »wahr«?
    b. Wenn Sie zwei gegensätzliche Meinungen zu einem historischen Thema hören, wie bilden Sie sich ein Urteil?

18. a. Was hat sich Ihrer Meinung nach im Verlauf der Geschichte geändert?
    b. Was ist gleich geblieben?

19. Warum leben wir nicht immer noch in der Steinzeit?

20. Wer macht Geschichte?

21. Haben Sie schon wichtige geschichtliche Erfahrungen gemacht und machen sie sie zur Zeit?

22. Betrachten Sie sich als einen geschichtsbewußten Menschen?

23. Was sagen Sie zu dem Satz: »Wer die Vergangenheit nicht kennt, kann die Zukunft nicht planen«.

24. Wie sieht Ihr Bild (oder ihre Idee) von einem reifen Verständnis der Vergangenheit aus?

25. Welche Bedeutung hat die Beschäftigung mit Geschichte für Ihr Leben? Hilft Ihnen diese Beschäftigungen dabei, daß Sie sich selber besser verstehen?

7 Ein Beispielinterview mit Analyse

Lebensrückblick:

S ist Akademikerin, 31 Jahre alt, verheiratet, ohne Kinder, in einem pädagogischen Beruf tätig. S fällt es sehr leicht, ihr Leben in Kapitel zu unterteilen. Die ersten 13 Lebensjahre seien vom Leben auf dem Land geprägt gewesen. Die Zeit zwischen 14-18 betrachtet sie aus der heutigen Perspektive als »goldene Zeit«: Freiheit, sich verlieben, mit der Clique zusammensein, die Großstadt entdecken. Die dritte Phase beginne mit der Hinwendung zu einer konservativen Kirche, die von ihr als »fundamentalistisch« eingestuft wird. Diese Hinwendung sei gleichzeitig die Emanzipation vom Elternhaus gewesen. Im Alter von 27 Jahren habe für sie der Weg weg vom religiösen Fundamentalismus begonnen, der auf sie eine starke Anziehungskraft ausgeübt habe. Die Promotion, geschrieben im Alter von 27-30 Jahren, wird einerseits als Delegation vom Vater erlebt, andererseits als Verstärker auf dem Weg hin zum Genuß der Freiheit: »Ich bin der Souverän meines Lebens!«. Existentielle Unsicherheiten können jetzt ausgehalten werden, S fühle sich jetzt erwachsen und sei erfüllt von einer Neugierde, das Leben zu entdecken. Beide Übergänge im Alter von 18-19 und 27-30 seien als sehr schmerzhafte, krisenhafte Übergänge erlebt worden. Eine wichtige Person im Leben von S sei der Partner, den sie im Rahmen ihrer Ablösung vom Elternhaus kennenlernte. Im Alter von 18-19 sei der Partner noch als Leitfigur empfunden worden.

Als nicht ganz unwichtige Bezugsperson aus der Geschichte fällt S nur Marx ein, den sie mit 16-17 las. Marx wird als »Lebensmusterfigur« und »Idol« gekennzeichnet: »Man hat etwas gesucht, was gepaßt hat wie die Faust aufs Auge. Man hat unbewußt gefragt: Wie passen die in mein Raster? Es bestand kein echtes Interesse an dem, was sie denken«. Heute geht S ganz anders an geschichtliche Personen heran: Sie fragt nach der »Gesamtheit einer Persönlichkeit« und versucht, sie in den zeitlichen Kontext einzuordnen. Im Jugendalter habe noch Bob Dylan eine

Rolle gespielt, den sie hörte, um den Konventionen der Clique zu genügen (»diese Musik muß man hören«). Die Texte habe sie moralistisch, gut und böse klar trennend, verstanden.

Zur Entwicklung des Geschichtsbewußtseins: In der 6. und 7. Klasse habe sie sich für die Griechen und Römer interessiert, könne sich an Schlachten, Gemetzel und Action erinnern, dann später an nichts mehr. Erinnerungen tauchen erst für die neuere Vergangenheit, z.B. an die Nazizeit, auf. Früher habe sie gar kein Interesse gehabt. Es sei zunehmend gestiegen. S habe dies als »kontinuierlichen Prozeß ohne Brüche« erlebt. Es hänge bei ihr mit dem Bewußtsein des und dem Interesse an dem Eingebundensein zusammen. Interesse an Geschichte könne sich überhaupt nur dann entfalten, wenn man sich nicht nur exklusiv um sich selbst dreht. Das sei aber die Befindlichkeit vieler Schüler im Jugendalter: »Sie leben auf einer platten Scheibe im Hier und Jetzt.« S habe ein plastischeres Bewußtssein ihrer selbst. Sie ist der Ansicht, daß Geschichtsbewußtsein erst spät wächst. Es entspringe den Fragen: »Wie bist du eingebunden? Welche Wurzeln habe ich über die Jahrhunderte?« Es sei die Wahrnehmung von langen Prozessen und Entwicklungen.

Beziehungen:

Der Freundeskreis werde nicht nur aus Konvention gepflegt. Es bestehe der ausdrückliche Wunsch, neue Leute kennenzulernen. Der Vater wird als unreligiös gekennzeichnet. Seine Ablehnung des Religiösen wird von S als religiös und dabei rigide und verkrampft charakterisiert. Dennoch werde der Vater aufgrund seines humanen Engagements heute als besserer Christ empfunden als viele, die sich so nennen. S. kann sich erinnern, in der Kindheit Plakate für den in der SPD engagierten Vater geklebt zu haben. Sie bezeichnet sich als links vorprogrammiert. Der Vater sei stolz darauf, preußisch zu sein. Seine Familiengeschichte wird von S als »Familienheiligtum« bezeichnet. Die Großmutter führe den Stammbaum bis auf Karl des Großen zurück. Sie sei übrigens eine der ersten Frauen gewesen, die in Deutschland studiert haben. Beim jährlichen Familientreffen werde in einem Ritual aus einem silbernen Kelch getrunken, in dem wichtige Vorfahren eingraviert seien. Ein Flottenadmiral der kaiserlichen Marine werde glorifiziert, sei aber ein »schlimmer Bursche« gewesen. Der Vater wird als sehr geschichtsbewußt bezeichnet, wobei Familienbewußtsein und Geschichtsbewußtsein nach S zusammenfallen. Die politische Einstellung des Vaters wird auch heute bejaht, S stuft sich selber zur Zeit eher unpolitisch ein.

Die Mutter wird als weiche, herzliche Frau beschrieben. Im Familienzusammenhang soll die Stellung der Mutter nicht herausragend gewesen sein. Auch die Mutter wird als geschichtsbewußt charakterisiert, weil sie nicht nur Fakten kenne, sondern Biographien lese und geschichtlich einordnen könne.

Zum Geschichtbild der Kirche, der sie angehört, habe sie Distanz. Es wird kritisch analysiert: »Einem vorgegebenen theologischen Raster werden geschichtliche Fakten zugeordnet. Geschichte ist ein stetiges Bergab. Die Kirchenmitglieder benehmen sich wie Zuschauer im Welttheater, die schon wissen, wie das Spiel ausgeht. Sie lehnen sich zurück und geben den anderen, die nicht durchblicken, Spielanweisungen. Sie stellen sich außerhalb. Das ist ein Affront gegen Mitmenschen, die zum Objekt gemacht werden. Es besteht kein wirklicher Kontakt zu Menschen, bei dem man sich selber verunsichern läßt. «

Für S selbst habe dieses Weltbild die Funktion gehabt, auf Seite derer zu stehen, die wissen, wo es langgeht. Sie habe es mit 18 bewußt angenommen. Sie wollte, daß es geschlossen ist, daß es paßt. Heute sei es ihr egal. Denn das ganze Leben sei widersprüchlich. Sie berichtet, wie in der Phase des Fundamentalismus der Kampf mit den unauflöslichen Widersprüchen des Weltbildes immer größer wurde. Diese Phase ging über in eine Zeit der Resignation »alles Scheiße«. Heute habe sie »existentielle Sicherheit in sich selbst gefunden«. Auf die selbstgestellte Frage: »Wer bin ich eigentlich?« antwortet sie: »I don't know nothing«. Sie könne die Spannung zwischen Freiheit und Unsicherheit aushalten, denn »Stärke hält Unsicherheit aus«. Sie ordne sich weiterhin dem »christlichen Kulturkreis« zu, spricht von der »Verhaftetheit« zu ihm, von einem »bestimmten Sozialisationsweg«, von einem »über Jahrhunderte geprägten europäischen Bewußtsein.« Der Hinduismus könnte vielleicht sogar gleichwertig sein, aber »ich bin eben so aufgewachsen«.

Gegenwärtige Werte und Verpflichtungen:

S ist überzeugt, nicht mehr nach *dem* Sinn zu suchen. Das Leben werde von ihr als geschenkt erfahren: »Man soll Spaß in jeder Sekunde haben, es bis zum Limit leben«. Sie mache sich wenig Gedanken darüber, was geschehen wird. Sie wolle im Jetzt leben, gerade im Kontrast zur Zukunftsorientiertheit ihrer fundamentalistischen Phase. Werte werden »situativ« verortet. Verbindliche Grundwerte bejaht sie dennoch: »Menschlichkeit«, »was dem Leben dient«, »Gewissensfreiheit, Menschenrechte«. Sie differenziert: »Für andere trete ich für diese Werte ein. Für mich kann ich vieles entscheiden, was jenseits von Moral ist.« Es gebe für sie »zuträglichere, bekömmlichere« Lebensweisen, der Begriff »wahr« im Rahmen von Lebenstilen und Werten erscheint ihr »zu rigide«. In der Praxis zeige es sich, ob jemand »mehr mit sich eins, entspannter das Leben annimmt, Souverän des Lebens ist«.

S versteht sich als »Mensch der Rituale«, allerdings selbstgeschaffener Rituale. Sie gehe mit den Jahreszeiten mit, setze Stimmungsverstärker ein. »Jetzt leben« heiße, »alles hat was und wird voll verstärkt« z.B. durch ein »Winterritual«.

Bilder und Plakate, die im Arbeitszimmer von S hängen, seien mit der Lebensgeschichte verbunden. Sie seien »Reflexion über die eigene Lebensgeschichte«.

Vor dem eigenen Tod habe sie keine Angst. Zur Welt kommentiert sie: »Es geht bergab«. S meint, daß der apokalyptische Rahmen ihres früheren Fundamentalismus ihre Zukunftserwartung noch stark prägt.

Geschichte:

S ist vor allem daran interessiert, Erklärungen für jetzige Zeitströmungen zu finden. An sich faszinierend sei für sie der Übergang vom Mittelalter zur Neuzeit. Auch würde sie sich für die Entstehung des Antisemitismus in Deutschland interessieren.

Der Interviewer wählte das Beispiel Luther für die Frage, wie man gesicherte Einsichten über ein historische Person erhält. S meint, man müsse Selbstzeugnisse studieren, zeitlich einordnen und die Unterschiede zu heute festmachen. Die Schuldfrage habe sich z. B. so sehr gewandelt, daß sich die Frage stelle: Kann ich es heute noch so verstehen, wie es damals verstanden wurde? Der ganze Kontext habe sich gewandelt.

Die Frage nach der Entwicklung von der Steinzeit zur Moderne führt S zu grundsätzlichen Überlegungen: Sie sehe eine Spannung zwischen materialistischer und idealistischer Erklärung. Sie wählt als Beispiel den Übergang vom Mittelalter zur Neuzeit: »Geistige Wandlungen. Warum gehen die ab? Warum kam Luther auf die Idee, sich gegen die katholische Kirche aufzulehnen? Ziehen geistige Veränderungen materielle nach sich oder ist es umgekehrt?« Ein weiteres Beispiel ist die Uhr: »Die Idee Zeit in Abschnitte zu teilen ist doch wahnwitzig! Daraufhin verändert sich Arbeitszeit. Oder andersherum?« Schließlich erklärt S, daß es sich um eine Wechselwirkung handeln müsse im geschichtlichen Prozeß. Sie überlegt auch, ob Naturkatastrophen »Initialzündungen« sein können.

Wer macht Geschichte? S. sieht Strömungen sich herausbilden, die sich aus vielen kleinen Teilen zusammensetzen. Personen seien Träger, Brennpunkte solcher sozialen Prozesse. Auf die Frage nach der Bedeutung von sozialen Bewegungen und Wirtschaft antwortet S: »Hat alles miteinander zu tun. Alles ist miteinander verflochten, kann man nicht voneinander trennen«.

Die Frage, ob S schon wichtige geschichtliche Erfahrungen gemacht habe, wird mit einem spontanen »Ja, klar!« beantwortet. Der erste bewußte geschichtliche Eindruck sei die Wahl Willy Brandts 1972 gewesen. Den Mauerfall habe sie ganz bewußt miterlebt. Sie habe ab dem 40. Jahrestag der DDR alles auf Video aufgenommen. Zur Zeit verfolge sie die Entwicklung des Rechtradikalismus in der Befürchtung, einer negativen Entwicklung beizuwohnen: »Ich ziehe Parallelen mit der Weimarer Republik – läßt es sich vergleichen oder nicht?«

Ein geschichtsbewußter Mensch sei sie, weil sie sich in den Fluß der Geschichte einordne. Geschichtsbewußtsein habe nichts mit Faktenwissen zu tun, sondern mit dem Bewußtsein, Teilchen in einem riesigen Getriebe und unentrinnbar beinflußt von Zeitströmungen zu sein. Auf die Frage, wie sich die Aussagen »Souverän meines Lebens« und »Teilchen in einem riesigen Getriebe« vereinbaren lassen, antwortet S: »Freiheit wird subjektiv empfunden. Man ist souverän durch bewußte Erkenntnis. Ich bin keiner Selbsttäuschung ausgeliefert.«

Zu unterschiedlichen Geschichtsbildern merkt sie an: »Extreme schrecken mich ab! Ich hinterfrage gleich: Was will er damit erreichen, daß er Geschichte so darstellt«. S betrachtet politische Geschichtsbilder als »ideologisch« und »interessengelenkt«, sowohl von links wie rechts.

Auf den Satz »Wer die Vergangenheit nicht kennt, kann die Zukunft nicht planen« reagiert sie so: »Stimmt. Sonst unterliegt man der Fiktion, daß man voraussetzungslos handeln kann. Eigene Wurzeln hat man nur, wenn man seine Geschichte zurückverfolgt. Die Verhaftetheit in der Gesellschaft entdeckt man erst, wenn man geschichtlich denkt.«

Geschichte habe S »schon geholfen«. Sie könne sich selbst als Teil der Gesellschaft einordnen und könne die eigene Begrenztheit erkennen. Interesse habe sie auch an psychologischen Geschichtsdeutungen: »Warum habe ich bestimmte Eigenschaften wie z.B. Ordnungsliebe? Woher komme ich überhaupt?« Zur Entwicklung ihres Geschichtsbewußtseins meint sie: »Alles ist im Fluß«. Geschichte habe stark mit dem eigenen Leben zu tun, besonders wenn man älter wird.

Versuch einer Analyse:

Im Alter von 1-13 Jahren befindet sich S auf Stufe 1 und 2. Griechische und römische Geschichte wird in der 7. Klasse auf Stufe 2 assimiliert. Als Kind nimmt sie an einem familiären Erinnerungsritual teil, bei dem Stories über »heldenhafte« Familienmitglieder erzählt werden (die von S heute kritisch durchschaut werden). Sie wächst in einem geschichtsbewußten und -bewegten Elternhaus auf. Der Wohnortswechsel und die Pubertät führen zu Stufe 3 im Alter von 14-18 Jahren. Typisch für Stufe 3 ist: die Orientierung an der Clique, das glückliche Aufgehen im Cliquenleben, das konformistische Hören von Bob Dylan, die moralistische Rezeption der Texte Bob Dylans. Typisch für Stufe 3 scheint auch zu sein, daß der Geschichtsunterricht der Klassen 8-10 am Jugendlichen fast spurlos vorbeigeht. Erst das 3. Reich kann die Aufmerksamkeit von S wieder errreichen. Karl Marx als »Lebensmusterfigur«, als »Idol« gehört noch zu Stufe 3, zeigt aber den beginnenden Versuch von S, eine eigenständige Identität zu entwickeln. Hier zeigt sich noch, wie in geschichtliche Personen eigene Vorstellungen hineinprojiziert werden. Die Loslösung vom Elternhaus und gleichzeitige Bindung an eine selbstgewählte Ideologie können als Beginn des Übergangs zu Stufe 4 interpretiert werden. Die Abkoppelung von den Eltern wird von S. selbst als Schritt zum Selbstsein interpretiert und zwar als »Trennung über Religion«, dem Thema, auf das die Eltern am empfindlichsten reagieren mußten. Die selbstgewählte Ideologie fördert aber nicht den Individualismus der Stufe 4, sondern zwingt S zu einem erneuten Konformismus, von dem sie sich eigentlich ablösen wollte. Von Anbeginn besteht bei ihr einerseits der Versuch, die Welt klar aus der Sicht der religiösen Ideologie zu sehen, andererseits ein ungutes Gefühl gegenüber den autoritären Ansprüchen. Auch in dieser Phase fühlte sie sich schon als »Souverän des Lebens«, ein klarer Ausdruck für das institutionelle Ich der Stufe 4. Die Wahrnehmung der inneren Widersprüche der Ideologie wurde dann im Alter von 27 so stark, daß es zu einem Bruch mit deren starren Grenzen kam. Heute besteht die Fähigkeit, die Weltsicht ihrer Kirche als »fundamentalistisch« kritisch zu bewerten. In der letzten Zeit hat sie ein neues sie glücklich machendes Gleichgewicht erreicht. Viele ihrer Aussagen lassen sich leicht Stufe 4 zuordnen. Das zeigt schon die Fähigkeit, ihre eigene Lebensgeschichte in entwicklungspsychologische Kategorien zu fassen. Sie hat ein reflektiertes Bild ihrer eigenen Lebensgeschichte. Insgesamt ist S noch stark an dem Erhalt ihres institutionellen Ichs interessiert, aber es zeigt sich auch schon eine Offenheit, die den Weg zu Stufe 5 öffnet. In der kognitiven und moralischen Entwicklung steht S bereits auf der Stufe 5. Beim Geschichtsbewußtsein finden sich Sinnbildungen der Stufe 4 und 5: Systemisches Denken ist selbstverständlich, das Gespür für Entwicklungen und Prozesse ist voll ausgebildet. Es scheint noch eine genetisch-universale Geschichtsschau und ein selbstreflektiv-verbindendes Verhältnis zur Geschichte zu fehlen. M. E. befindet sich S im Prozeß zu Stufe 5, der sicherlich noch einige Jahre dauern wird. Ihr reifes Geschichtsbewußtsein hat sich im Verlauf des Studiums und der Promotion, aber auch in der Auseinandersetzung mit der Weltanschauung der selbstgewählten Kirche entwickelt. Ich-Identität und Geschichtsbewußtsein befinden sich bei ihr auf der gleichen Stufe und sind engstens miteinander verzahnt.[50]

Anmerkungen

1 B. von Borries, H.-J. Pandel, J. Rüsen (Hrsg.): Geschichtsbewußtsein empirisch (Geschichtsdidaktik. Studien, Materialien. Neue Folge 7), Pfaffenweiler 1991.

2 Bodo von Borries hat in diese Richtung bereits einige Untersuchungen vorgelegt: Geschichtslernen und Persönlichkeitsentwicklung. Aufgewiesen an autobiographischen Zeugnissen über die Zeit um den ersten Weltkrieg, in: Geschichtsdidaktik 12 (1987), 1-14; ders., Geschichtslernen und Geschichtsbewußtsein: empirische Erkundungen zu Erwerb und Gebrauch von Historie, Stuttgart 1988 (bes. 59-94 und 136-173); ders., Geschichtsbewußtsein, Lebenslauf und Charakterstruktur. Auswertung von Intensivinterviews, in: G. Schneider (Hrsg.): Geschichtsbewußtsein und historisches Lernen; Pfaffenweiler 1988, 163-181 (Jahrbuch für Geschichtsdidaktik 1), ders., Geschichtsbewußtsein bis zur Pubertät. Empirische Befunde aus Befragung und Interviews, in: Klaus Goebel u.a. (Hrsg.), »Am Gespräch des menschlichen Geistes über die Jahrhunderte teilzuhaben ...«. Festschrift für Hans Georg Kirchhoff zum 60. Geburtstag, Bochum 1990, S. 21-33.

3 James W. Fowler, Stufen des Glaubens. Die Psychologie der menschlichen Entwicklung und die Suche nach Sinn, Gütersloh 1991 (Übersetzung der englischen Fassung »Stages of Faith. The Psychology of Human Development and the Quest for Meaning, New York 1981, mit einem Vorwort des Autors zur deutschen Ausgabe); ders., Glaubensentwicklung. Perspektiven für die Seelsorge und kirchliche Bildungsarbeit. Eingeführt und herausgegeben von Friedrich Schweitzer, München 1989 (engl. 1987: Faith Development and Pastoral Care); Karl Ernst Nipkow, Grundfragen der Religionspädagogik, Bd. 3: Gemeinsam leben und glauben lernen, Gütersloh 1982; Friedrich Schweitzer, Lebensgeschichte und Religion, Religiöse Entwicklung und Erziehung im Kindes- und Jugendalter, München 1987. Karl Ernst Nipkow/Friedrich Schweitzer/ James W. Fowler (Hsrg.), Glaubensentwicklung und Erziehung, 2. Aufl., Gütersloh 1989; Fritz Oser/ Paul Gmünder, Der Mensch. Stufen seiner religiösen Entwicklung, Zürich 1984.

4 Jörn Rüsen, Historisches Erzählen, in: K. Bergmann u.a. (Hrsg.), Handbuch der Geschichtsdidaktik, 3. Aufl., Düsseldorf 1985, S. 44-50; ders., Lebendige Geschichte. Grundzüge einer Historik III: Formen und Funktionen des historischen Wissens, Göttingen 1989, S. 39-61.

5 Das deutsche Wort »Sinnbildung« ist doppeldeutig. Es kann wie der englische Begriff »meaning-making« sowohl »Bedeutungsbildung« als auch »Lebenssinnbildung« meinen. Fowlers Verwendung dieses Begriffs umschließt beide Bedeutungen.

6 Robert Kegan: Die Entwicklungsstufen des Selbst. Fortschritte und Krisen im menschlichen Leben, München 1986 (engl: The Evolving Self, 1982).

7 J. Fowler (Stufen des Glaubens, S. 110f. [Anm. 3]) hat Verständnis dafür, wenn Entwicklungspsychologen seine Theorie als Persönlichkeitstheorie interpretieren, betont aber, daß es ihm um mehr geht, nämlich um ein Verständnis der menschlichen Sinnkonstrukte in Beziehung zum Absoluten oder Ultimaten. Dieses Interesse schließt natürlich eine umfassende Persönlichkeitstheorie ein. Fowler hat darum in seinen Ansatz die am Lebenslauf orientierten Entwicklungspsychologien von Erikson, Levinson und Kegan integriert.

8 Übersicht bei R. Kegan, Die Entwicklungsstufen des Selbst (Anm. 6), S. 58.

9 Jean Piaget, Das moralische Urteil beim Kinde (1. franz. Aufl. 1932), München 1986.

10 Siehe dazu die Darstellung der Grundidee Piagets im Kapitel »Das unterkannte Genie Jean Piaget« in: R. Kegan, Die Entwicklungsstufen des Selbst (Anm. 6), S. 47-72 und das fiktive Gespräch zwischen Piaget, Kohlberg und Erikson im Kapitel »Ausblicke auf die menschliche Entwicklung: Ein fiktives Gespräch« in: J. Fowler, Stufen des Glaubens (Anm. 4), S. 58-108.

11 Jürgen Habermas, Moralbewußtsein und kommunikatives Handeln, Frankfurt/M. 1983, S. 129.

12 Lawrence Kohlberg, Essays on Moral Development. Vol. 1: The Philosophy of Moral Development – Moral Stages and the Idea of Justice, San Francisco 1981, S. 409-412 und Anne Colby/ Lawrence Kohlberg, The Measurement of Moral Judgement. Vol I und II, New York 1987. In geschichtsdidaktischen Veröffentlichungen ist dieses Modell schon mehrere Male vorgestellt worden, u.a. von Hans-Jürgen Pandel, Moralische Entwicklung, in: Klaus Bergmann u.a. (Hrsg.), Handbuch der Geschichtsdidaktik, 3. Aufl., Düsseldorf 1985, S. 279-286 (dort 281f.).

13 A. Colby/ L. Kohlberg, The Measurement of Moral Judgement, Vol II (Anm. 13). In diesem Manual sind daher auch nur Beispielantworten für die Stufen 1-5 dokumentiert. In Deutschland hat vor allem G. Lind (Inhalt und Struktur des moralischen Urteilens. Theoretische, methodologische und empirische Untersuchungen zur Urteils- und Demokratiekompetenz bei Studierenden, Konstanz 1984) die Thesen Kohlbergs überprüft und in erneuter Rückbindung an Piaget leicht modifiziert. Er konnte empirisch nachweisen, daß die Aufeinanderfolge der Strukturstufen in sich schlüssig ist. Mit der umfassenderen Frage nach der moralischen Sozialisation hat sich Gertrud Nunner-Winkler in kritischer Anlehnung an Kohlberg befaßt, vgl. u.a. »Zur moralischen Sozialisation«, in: Kölner Zeitschrift für Soziologie und Sozialpsychologie, 44 (1992), S. 252-272.

14 R. Kegan, Die Entwicklungsstufen des Selbst (Anm. 6), S. 122f. und S. 160-162 (Übersichtstabellen).

15 J. Snarey, L. Kohlberg, G. Noam, Ego Development and Education: A Structural Perspektive, in: L. Kohlberg (Hrsg.), Child Psychology and Childhood Education: a Cognitive-Developmental View, New York 1987, S. 329-391.

16 R. Kegan, The evolving self. A process conception of ego psychology, in: The Counseling Psychologist 8 (1979), 5-34 (hier S. 9).

17 R. M. Moseley, D. Jarvis, J.W. Fowler, Manual for Faith Development Research, Atlanta 1986 (Center for Faith Development, Candler School of Theology, Emory University), S. 5.

18 Ebd.

19 Ich berücksichtige dabei die drei oben (Anm. 3 und 17) genannten Veröffentlichungen.

20 Die Ausarbeitung dieser Stufen wäre nicht möglich gewesen ohne einer erneuten Analyse von bereits veröffentlichten Interviews: Bodo von Borries, Geschichtslernen und Geschichtsbewußtsein (Anm. 2), S. 137-168; ders., Geschichtsbewußtsein, Lebenslauf und Charakterstruktur (Anm. 2), S. 164-178; ders., Geschichtsbewußtsein bis zur Pubertät (Anm. 2), S. 29-31; Renate El Darwich, Zur Genese von Kategorien des Geschichtsbewußtseins bei Kindern im Alter von 5 bis 14 Jahren, in: Geschichtsbewußtsein empirisch (Anm. 2), S. 24-52. Außerdem habe ich mit Hilfe des unten vorgestellten Fragebogens unterdessen 9 längere (1 1/2 – 2 Std.) Interviews geführt, die mir wichtige Aufschlüsse gaben.

21 R. El Darwich, Zur Genese von Kategorien des Geschichtsbewußtseins (Anm. 20), S. 24.

22 Bei der Befragung von vorpubertären Kindern fiel Bodo von Borries auf, welche Schwierigkeiten diese Kinder mit dem Begriff »Geschichte« haben. Er wird von ihnen mit Hilfe der konkret-operationalen Logik eher im Sinn von »Geschichten erzählen« assimiliert: »Wer ›Geschichte macht‹ war für einige klar, nämlich ›der Lehrer‹ ... Und ob sie schon selbst ›Geschichte erlebt‹ hätten, war gelegentlich auch leicht beantwortet: Ja, nämlich in der Schule oder im Ritterfilm ... Und das Märchen vom ›König Drosselbart‹ ist u.U. noch Geschichte, weil es ›so ausgedacht und dann erzählt‹ ist.« (Geschichtsbewußtsein bis zur Pubertät [Anm. 2], S. 29).

23 Vgl. R. El Darwich, Zur Genese von Kategorien des Geschichtsbewußtseins (Anm. 20), S. 51.

24 B. von Borries, Geschichtsbewußtsein bis zur Pubertät (Anm. 2), S. 32.

25 Vgl. dazu H.-J. Pandel, Geschichtlichkeit und Gesellschaftlichkeit im Geschichtsbewußtsein. Zusammenfassendes Resümee empirischer Untersuchungen, in: Geschichtsbewußtsein empirisch (Anm. 2), S. 21-23.

26 J.W. Fowler, Stufen des Glaubens (Anm. 3), S. 152.

27 Ebd., S. 152.

28 B. von Borries, Geschichtsbewußtsein bis zur Pubertät (Anm. 2), S. 30.

29 J.W. Fowler, Stufen des Glaubens (Anm. 3), S. 168.

30 B. von Borries (Kindlich-jugendliche Geschichtsverarbeitung in West- und Ostdeutschland 1990. Ein empirischer Vergleich, Pfaffenweiler 1992, S. 172) bemerkt zur moralistischen Haltung von Jugendlichen gegenüber aus heutiger Perspektive ungerechten Handlungen: »Die Überzeugung, daß alles auf der Welt nur für uns vorhanden und unserer Beurteilung unterworfen sei, scheint noch ganz ungebrochen. Darin zeigt sich – ausgerechnet bei der umstandslosen Anwendung universalistischer Maßstäbe im Sinne von Menschen- und Bürgerrechten, Wohlstand und Demokratie, Freiheit und Umweltschonung, Toleranz und Mitbestimmung, Ablehnung von Gruppenüberheblichkeit und Erfolgsmoral – eine ethnozentrische Position. Die Möglichkeit des «Andersseins» wird nicht gedacht, die Verabsolutierung der eigenen (allerdings hochanständigen) Maßstäbe ist offensichtlich.« Er beschreibt damit genau das, was nach der Stufentheorie als Konventionalisierung postkonventioneller Werte durch Assimilation auf Stufe 3 zu interpretieren ist.

31 Vgl. H.J. Pandel, Geschichtlichkeit und Gesellschaftlichkeit im Geschichtsbewußtsein. Zusammenfasendes Resümee empirischer Untersuchungen, in: Geschichtsbewußtsein empirisch (Anm. 2), S. 16.

32 B. von Borries (Kindlich-jugendliche Geschichtsverarbeitung [Anm. 30], S. 178f.) zitiert eine typische Wendung: »... vor kurzem betonte ein ehemaliger Kultusminister aus einer gemäßigt konservativen Partei – im Zivilberuf Geschichtslehrer – mehrfach die Existenz eines ›natürlichen Nationalbewußtseins‹ und war davon auch durch wiederholte fachliche Einwände nicht abzubringen.« Diese Wendung steht auch als Beispiel für die Unfähigkeit der Stufe 3, historistisch zu denken.

33 Sharon Parks (The Critical Years. The Young Adult Search for a Faith to Live By, San Francisco 1986) hat besonders intensiv den Übergang von Stufe 3 zu Stufe 4 in den Collegejahren untersucht. Sie beschreibt eine ideologisch-idealistische Stufe 3-4. Mit Hilfe einer selbstge-

wählten ideologisch kompatiblen Gruppe, die ratgeberische Funktion hat, baut der Adoleszent eine explizite Ideologie mit idealem, sich gegen die Realität abgrenzenden Charakter auf. Die eigene Unabhängigkeit ist noch zerbrechlich und bedarf Mentoren oder Gruppenprozesse, an denen man sich freiwillig orientiert. In der Phase der prüfenden Bindung an eine Weltanschauung werden Spannungen zwischen Systemen noch schlecht ausgehalten. Die Fähigkeit der sicheren Selbstreflexion der Stufe 4 entwickelt sich über eine zunächst ambivalente Selbstwahrnehmung (self-awareness), die mit einem kontextuellen Relativismus in moralischer Hinsicht einhergeht. Die Ideologie der vollen Stufe 4 beruht auf einer stärkeren Wahrnehmung der Welt, wie sie ist, und zeigt ein weltzugewandtes Engagement, oft schon mit einer prinzipiengeleiteten Moral (Stufe 5).

34 Norbert Elias, Über den Prozeß der Zivilisation. Soziogenetische und psychogenetische Untersuchungen. Erster Band. Wandlungen des Verhaltens in den weltlichen Oberschichten des Abendlandes, 15. Aufl, Frankfurt 1990, S. XLVIII-IL.

35 R. Kegan, Die Entwicklungsstufen des Selbst (Anm. 6), S. 95.

36 J. W. Fowler (Stufen des Glaubens [Anm. 3], S. 19) ist sich bewußt, daß er hier einen eher männlichen »separativen« Stil des kritischen Bewußtseins charakterisiert, der sich an der Cartesischen Subjekt-Objekt-Unterscheidung orientiert. Von Belenky u.a. (Women's Ways of Knowing, New York 1986) hat er mittlerweile gelernt, daß es auf dem Weg zu Stufe 4 auch ein »Erkennen ›in Beziehung‹« gibt, »ein Erkennen, das voranschreitet in Richtung auf Selbstbewußtheit und kritische Reflexion durch und auf dem Weg der Partizipation, Beziehung und Disziplinierung der Subjektivität [der Stufe 3] durch Dialog und Reflexion«.

37 Helmut Reich (Kann Denken in Komplementarität die religiöse Entwicklung im Erwachsenenalter fördern?, in: M. Böhnke u.a. (Hrsg.), Erwachen im Glauben. Beiträge zum Verhältnis von Entwicklungspsychologie und religiöser Erwachsenenbildung, Stuttgart/Berlin/Köln 1992, S. 149) schlägt Fowler vor, statt von »Dialektik« besser von »Komplementarität« zu sprechen, da dieser Begriff deutlicher diesen Denkstil kennzeichnet soll. Reich schlägt eine Stufenfolge von 5 Niveaus komplementären Denkens vor. Niveau IV charakterisiert er folgendermaßen: »A und B werden bewußt zusammengebracht, die Beziehung zwischen beiden wird explizit angesprochen. Weder A noch B wird als (allein) richtig erklärt. Die Beziehung zwischen A und B wird reflektiert (z.B. ›Der von B beschriebene Aspekt erlaubt den von A beschriebenen auszunutzen‹ usw.). Auf die Situationsabhängigkeit der Beiträge von A und von B wird hingewiesen« (140).

38 Die postmoderne Philosophie, die Wolfgang Welsch (Unsere postmoderne Moderne, 3. Aufl., Weinheim 1991) darstellt, hat genau die Merkmale der Stufe 5. Dem zweideutigen Begriff »Pluralismus« zieht er den Begriff »Pluralität« vor: »Pluralität ist der Schlüsselbegriff der Postmoderne. Sämtliche als postmodern bekann gewordene Topoi – Ende der Meta-Erzählungen, Dispersion des Subjekts, Dezentrierung des Sinns, Gleichzeitigkeit des Ungleichzeitigen, Unsynthetisierbarkeit der vielfältigen Lebensformen und Rationalitätsmuster – werden im Licht der Pluralität verständlich. Pluralität bildet auch die Leitlinie aller fälligen Transformationen überkommener Vorstellungen und Konzepte. Diese postmoderne Pluralität ist jedoch nicht mit der geläufigen und gefälligen Oberflächen-Buntheit gleichzusetzen. Sie geht tiefer und greift in Basisdefinitionen ein. Sie ist anspruchsvoller und härter als der gängige ›Pluralismus‹.« (S. XV) »Die Postmoderne ist diejenige geschichtliche Phase, in der radikale Pluralität als Grundverfassung der Gesellschaften real und anerkannt wird und in der daher plurale Sinn- und Aktionsmuster vordringlich, ja dominant und obligat werden. Diese Pluralisierung wäre, als bloßer Auflösungsvorgang gedeutet, gründlich verkannt. Sie stellt eine zuinnerst positive Vision dar. Sie ist von wirklicher Demokratie untrennbar.« (S. 5) Die Moderne, wie sie Welsch zeichnet, hat die Merkmale der Stufe 4: Totalisierung, Einheitsforderung, Zugriff aufs Ganze, Ausschließlichkeit.

39 J. W. Fowler, (Stufen des Glaubens [Anm. 3], S. 219).

40 Jörn Rüsen u.a., Untersuchungen zum Geschichtsbewußtsein von Abiturienten im Ruhrgebiet, in: Geschichtsbewußtsein empirisch (Anm. 1), S. 344.

41 Ebd., S. 238f. Ich glaube, daß es auf Stufe 4 und 5 zwei Formen des genetischen Verstehens gibt. Auf Stufe 4 *erklärt* die Vergangenheit das Eingebundensein der eigenen Identität, des institutionellen Ichs, in die Geschichte. Auf Stufe 5 ist man am *Verstehen* der Prozesse der historischen Identitätsbildung selbst interessiert. Identität wird verzeitlicht und »gewinnt ihre Kraft aus der Anerkennung des Anderseins des anderen in einer historischen Perspektive« (S. 239).

42 H.-G. Schmidt (Exemplarisches historisches Erzählen, in: Geschichtsdidaktik 10, 1985, S. 279-288) machte die Beobachtung, daß sich Schüler in ganz massiver Weise historisches Wissen über absolute Regeln ordnen.

43 R. Krieger (Psychologie und Geschichtsunterricht, in: Handbuch der Geschichtsdidaktik, hrsg. von K. Bergmann u.a., Düsseldorf 985, S. 369f.) bemerkt dazu: »Wenn auch das personalistische Geschichtsbild einer kritischen Geschichtsbetrachtung nicht standzuhalten vermag, bleibt doch die Bedeutung von personenbezogenen Identifikationsprozessen als Problem der Motivation und der Bildung von Wertmaßstäben diskussionswürdig.«

44 Daß sich auch bei Schülern der Oberstufe überwiegend nur exemplarische Sinnbildung findet, wie Jörn Rüsen und Mitarbeiter festgestellt haben (Geschichtsbewußtsein von Abiturienten [Anm. 1], S. 344), liegt an der einfachen Tatsache, daß sie sich in der Ich-Entwicklung in der großen Mehrheit auf der Stufe 3 befinden. Etwas anderes ist von der strukturellen Entwicklungspsychologie her nicht zu erwarten.

45 Ein schönes Beispiel für die identitätsbildende Fähigkeit von Projektlernen zeigt der Film »Das schreckliche Mädchen« (Regie: Paul Verhoeven), der die Auseinandersetzung einer jungen Frau mit dem Thema »Meine Stadt im 3. Reich« darstellt. Im Prozeß des Quellenstudiums und der Befragung von Zeitzeugen zerbricht ihr konformistisches und projektionslastiges Bild der Vergangenheit. Gleichzeitig entwickelt sich die junge Frau von einer angepaßten Mutter zu einer emanzipierten Frau. Hier treibt die Auseinandersetzung mit Geschichte den Identitätsprozeß voran. Der Film eignet sich m.E. sehr gut, um in der Oberstufe Schüler für eine handlungsorientierte und identitätsfördernde Beschäftigung mit Geschichte zu motivieren.

46 Dies zeigen auch die Befunde, die G. Nunner- Winkler im Aufsatz »Zur moralischen Sozialisation« (Anm. 13) interpretiert hat.

47 In den zwei empirischen Studien, die Bodo von Borries und Mitarbeiter vorgelegt haben (B. von Borries/ R.H. Lehmann, Geschichtsbewußtsein Hamburger Schülerinnen und Schüler 1988. Empirische Befunde einer quantitativen Pilotstudie, in: Geschichtsbewußtsein empirisch (Anm. 1); B. von Borries, Kindlich jugendliche Geschichtsverarbeitung [Anm. 30]), wurden Schülern Aussagen vorgelegt, die den von Jörn Rüsen und Bodo von Borries angenommenen 4 Sinnbildungsniveaus entsprechen sollten. Es zeigte sich, daß Schüler – je älter sie sind – vermehrt Aussagen höherer Sinnbildungsniveaus vorziehen. Diese Fragetechnik hat aber den Nachteil, daß sie nur zeigen kann, daß höhere Sinnbildungsniveaus bei höherem Alter als angemessener eingeschätzt werden, aber nicht, ob auch die aktive Fähigkeit zur kritischen oder genetischen Sinnbildung vorliegt. Es besteht einfach ein Unterschied zwischen dem passiven Auswählen aus einem Sample von Sätzen und einer aktiven Stellungnahme. Es ist zu vermuten, daß auch ältere Schüler im aktiven Vollzug noch nicht selbständig kritische oder genetische Sinnbildung vollziehen, sondern sich eher auf Stufe 3 oder höchstens im Übergangsstadium 3-4 befinden. Das zeigt auch der beobachtete vorhistoristische, moralistische Umgang der Schüler mit Geschichte. Bodo von Borries räumt selbst ein: »Für die Prüfung der kognitiven und moralischen Sinnbildungsniveaus des Geschichtsbewußtseins (im Sinne von Rüsen) ist wegen der hohen Komplexität eine unmittelbare, trennscharfe Abbildung in Schülerantworten unwahrscheinlich. Das gilt erst recht, wenn geschlossene Fragen verwendet werden, bei denen die Antworten von den Befragten nur passiv wiedererkannt und angekreuzt,

nicht aktiv selbst produziert werden müssen.«(Geschichtsbewußtsein als Identitätsgewinn? Fachdidaktische Programmatik und Tatsachenforschung, Hagen 1990, S. 15) Das qualitative Interview ist darum trotz aller Stärken, die quantitative Verfahren haben, dann unersetzlich, wenn es um Strukturen und aktive Gestaltungs- und Ausdrucksfähigkeiten der Testpersonen geht, die Indizien für eine Stufenzuordnung liefern.

48 J. W. Fowler, Stufen des Glaubens (Anm. 4), S. 327-330.

49 B. von Borries, Geschichtslernen und Geschichtsbewußtsein (Anm. 2), S. 172-175.

50 Bei allen bisher Befragten zeigte sich, daß Geschichtsbewußtsein und Ichentwicklung sich auf der gleichen Stufe befinden, also sich parallel miteinander entwickelt haben. Mit Hilfe des hier entwickelten Stufenschemas lassen sich auch die von Bodo von Borries Befragten einstufen (Geschichtslernen und Geschichtsbewußtsein [Anm. 2], S. 151ff): Der »Elfjährige mit konkretistischen Mißverständnissen« (S. 151-155) befindet sich klar auf Stufe 2. Der »Dreizehnjährige mit motivationalen Blockierungen« (S. 155-158) befindet sich auf der Zwischenstufe 2-3, in der schwierigen Ablösung vom souveränen Ich. Er verweigert sich noch unbewußt den Erwartungen anderer; darum der Wunsch, auf einer einsamen Insel zu sein. Der »Fünfzehnjährige mit gebrochenen Identifikationen« (S. 158-163) befindet sich auf Stufe 3. Das zeigt vor allem seine Fähigkeit zur interpersonalen Rollenübernahme. Die »Achtzehnjährige mit reflektierten Identitäten« (S. 163-168) befindet sich auf dem Weg zu Stufe 4. Reflexion und Kritik werden erprobt. Sie hat damit schon die obere Grenze dessen erreicht, was von Abiturienten zu erwarten ist.

Die Entwicklung von Sinnbildungsniveaus historischen Lernens bei elf- bis zwölfjährigen Kindern

Dagmar Klose

Eine persönliche Vorbemerkung

Mit dem deutschen Einigungsprozeß ging und geht – wie im gesamten wissenschaftlichen Bereich – eine Um- bzw. Neubewertung auch der geschichtsmethodischen bzw.-didaktischen Forschung einher. Aus der Gesamtheit der Äußerungen ehemals führender Geschichtsmethodiker der DDR seit der Wende muß wohl bei westdeutschen Kolleginnen und Kollegen der Eindruck entstanden sein, das Jahr 1989 sei die Stunde Null geschichtsdidaktischer Forschung in den wissenschaftlichen Einrichtungen der neuen Bundesländer.

Es liegt mir deshalb daran zu betonen, daß dieses Manuskript auf der Grundlage empirischer Untersuchungen im Zeitraum von 1978 bis 1991 geschrieben wurde. Dies mag für Leser aus den alten Bundesländern zumindest in zweierlei Hinsicht verwunderlich erscheinen: Wieso blieben die empirischen Daten über zehn Jahre in der »Schublade«? Und: Wenn es damit Probleme unter DDR-Bedingungen gab, warum dann erst jetzt, im Abstand von drei Jahren, diese Veröffentlichung?

Beim Versuch, diese Fragen bündig zu beantworten, empfinde ich die Unmöglichkeit, in wenigen Sätzen Empathie erreichen zu können, müßte doch die ganze DDR-Ambivalenz entrollt werden, um deutsch-deutschem Fremdverstehen eine Chance zu geben.

Mit der zweiten Frage zu beginnen, fällt leichter. Die selbstverschuldete Abschottungspolitik der Geschichtsmethodik in der DDR wurde insofern bestraft, als wir nach der Wende ein Paket von »Hausaufgaben« erledigen durften, die die meisten wohl stark beeindruckten, aber auch lähmten bzw. eine Sogwirkung nach sich zogen. Nach meiner Übersicht warfen die jüngeren Kolleginnen und Kollegen ihre bisherigen Arbeiten schnell als Ballast von gestern über Bord, ohne daß nach der notwendigen Reinigungsprozedur von der ideologischen Klitterung der Versuch eines wissenschaftlichen Transfers wenigstens partiell unternommen wurde. Dieser Prozeß nach der Wende ließe sich bereits dokumentieren.

Im Bemühen um diesen Transfer gewann ich eine überraschende Einsicht: Der Versuch, die Untersuchungsergebnisse in das Gebäude der geschichtsdidaktischen Theorie zu integrieren, endete zunächst mit der Erkenntnis, daß es eine solche, relativ geschlossene Theorie nicht gibt.

Das Anliegen, einzelne Bausteine speziell zum Konstrukt Geschichtsbewußtsein zu vernetzen, mußte scheitern. Unterschiedlich im Zugriff auf die Problematik, differenziert in der Gewichtung der einen oder anderen Komponente, von den spezifischen Interessen des einzelnen Wissenschaftlers geleitet, haben sich mehrere theoretisch-empirische »Schulen« profiliert, die sich als jeweils in sich geschlossene Denkgebäude repräsentieren.

So appelliere ich an die freundliche Bereitwilligkeit des Lesers, bislang vertraute, tradierte Denkgewohnheiten zunächst in den Hintergrund treten zu lassen und sich für einen neuen theoretisch-empirischen Ansatz zu öffnen.

Dabei ist es nicht zu umgehen, ein Stück DDR-Geschichtsunterricht mitzureflektieren, auch wenn der dargestellte nur zu einem Teil mit der »normalen« DDR-Schulpraxis identisch ist.

Die Darstellung fußt auf zwei empirischen Langzeituntersuchungen: 1978–1985; 1988–1991; beide in Zusammenarbeit mit Potsdamer Lehrerinnen und in eigener forschungsbezogener kontinuierlicher Unterrichtsarbeit. Die Ergebnisse manifestieren sich in zwei Dissertationen; diese hatten meines Wissens keinen Einfluß auf die Entwicklung der Geschichtsmethodik in der DDR.[1] Eine Publikation, wie sie in den alten Bundesländern üblich ist, bildete überdies in der DDR die Ausnahme.

Soweit ich das Forschungspotential und die Forschungsergebnisse der westdeutschen Geschichtsdidaktik überschaue, gibt es keine vergleichbare experimentelle Untersuchung zur ontogenetischen Entwicklung historischen Lernens und zur Genese von Geschichtsbewußtsein in Relation zum Bedingungsgefüge. Desgleichen existiert keine Methodologie und Methodik zur Untersuchung der Niveaustufenproblematik im Geschichtsunterricht.

Voraussetzungen meiner Arbeit waren empirische Untersuchungen in Potsdam zum Geschichtsinteresse von Schülern der Klassen 5 bis 10 und zu von den Schülern empfundenen Wirkungen des Geschichtsunterrichts in Klasse 11.[2] Die Resultate zu inhaltlichen Ausprägungsmerkmalen von Geschichtsbewußtsein und deren Skalierung ließen hypothetische Annahmen über einige Bedingungen historischen Lernens zu. Allerdings schien mir zwischen den reflektierten Bewußtseinsinhalten und den konkreten Mechanismen und Verlaufsformen historischen Lernens eine Kluft zu liegen, ein Spannungsfeld, das mein Forschungsinteresse nachhaltig stimuliert hat.

1978 wurde ein Projekt initiiert, das die Wirksamkeit des Geschichtsunterrichts erkunden sollte, und zwar mit der Intention, Optimierungsvorschläge zu unterbreiten. Dieses langfristig angelegte Forschungsprogramm unter der Leitung von Prof. Dr. em. Waldemar Waade war an eine empirische Langzeituntersuchung gebunden. Eine wesentliche Fragestellung richtete sich auf das repräsentative Niveau historischen Lernens, zunächst bezogen auf verschiedene Klassenstufen.

1978 wurde ich mit der Pilotstudie in Klasse 5 betraut und im folgenden Jahr mit der Hauptuntersuchung. Ich leitete ein Team von fünf Lehrerinnen an (sieben Klassen) und unterrichtete selbst zwei Klassen. Die Pilotierung eröffnete große

Möglichkeiten und zwang zugleich dazu, Neuland im methodologisch-methodischen Bereich zu erkunden, da die Untersuchungsproblematik nicht nur ohne Beispiel in der empirischen Unterrichtsforschung der Geschichtsmethodik war, sondern eine Leerstelle in der Erforschung von Lernprozessen generell darstellte. Es handelte sich somit vorrangig um ein *Erkundungsproblem, verbunden mit Erklärungs- und Optimierungsproblemen.*

Im Prozeß der Untersuchung weitete sich die Forschungsproblematik auf Ergebnis-Bedingungs-Analysen aus, die durch lern- und entwicklungspsychologische sowie psycholinguistische Erklärungen gestützt wurden.

Auf Grund krankheitsbedingter Einschränkungen bei der Leitung des Forschungskollektivs und wohl auch, wie mir in der Retrospektive scheint, in ahnungsvoller Vorsicht des Forschungsgruppenleiters – die Ergebnisse der Untersuchungen *mußten* zu grundsätzlichen Kollisionen im Vergleich mit der schulpolitischen Doktrin sowie persönlichkeitstheoretischen Prämissen führen – gab es für die nachfolgenden Jahrgangsstufen kein tragfähiges Konzept.

Schließlich wurde der Langzeitversuch 1982 offiziell abgebrochen. Ein Neuansatz in Klasse 5 wurde nach einem Schuljahr ebenfalls storniert.

Entgegen dieser Anordnung habe ich den Langzeitversuch mit einer Klasse bis zum Abschluß des 10. Schuljahres fortgesetzt und unmittelbar nach Verteidigung der Dissertation (B) den zweiten Langzeitversuch begonnen, diesmal mit sieben Lehrerinnen und acht Klassen, von denen ich wiederum eine unterrichtete. 1991 mußte der Versuch beendet werden, als die Umstrukturierung des Schulwesens in Brandenburg die Population in alle Winde verwehte.

Rückblickend danke ich vor allem meinem Lehrer Waldemar Waade für die Produktivität der wissenschaftlichen Ausgangsfrage. Einen *großen Innovationsschub* verdanke ich der westdeutschen Geschichtsdidaktik.

Ich danke den beteiligten Geschichtslehrerinnen für ihr DDR- typisches Engagement, jahrelang unentgeltlich aus Interesse an ihrem Fach, an den Kindern, freundschaftlich mit mir zusammenzuarbeiten.[3]

Aber ich will auch nicht verschweigen, daß die kräftigste Motivation, den nächsten Langzeitversuch zu konzipieren, von den Kindern und Jugendlichen selbst ausgeht, von dem Erlebnis, wieviel Spaß Geschichtslernen allen Beteiligten machen kann.[4]

Die Darstellung der Versuchsplanung, speziell die Konstruktion des experimentellen Faktors, soll zugunsten dreier Problemfelder ausgespart werden:

- der Ableitung und Darstellung der theoretischen Ansatzpunkte,
- der Interpretation ausgewählter empirischer Ergebnisse sowie
- der Diskussion der Ergebnisse im Hinblick auf ambivalente Schlußfolgerungen.

1 Theoretische Voraussetzungen und Grundlagen

1.1 Geschichtsbewußtsein in seiner Gegenstandsgebundenheit und seiner personalen Prägung

Unter der Kategorie Geschichtsbewußtsein werden ein sehr komplexer Bewußtseinsinhalt sowie ein vielschichtiger Bewußtseinsprozeß gefaßt. Man weiß, daß diese aus den verschiedensten Quellen gespeist werden, von denen der Geschichtsunterricht den geringeren Einfluß für sich in Anspruch nehmen kann. Wesentlich unsicherer ist unser Wissen um die Wirkung konkurrierender Faktoren im Prozeß historischen Lernens, um das, was letztlich in ein Geschichtsbewußtsein eingeht, um die Schichtung unterbewußter, unbewußter und bewußter Komponenten bei der Bewußtseinsbildung und -strukturierung, um den Anteil kognitiver, affektiver und motivationaler Prozesse . . .

Was letztlich in der konkreten Lebenssituation tatsächlich handlungswirksam wird, ist nicht nur schwerlich meßbar. Es verdichtet sich auch die Vermutung, daß primär die vitalen Bedürfnisse bestimmen, was, wenn überhaupt, aus dem Arsenal des individuellen Geschichtsbewußtseins als Orientierungshilfe mobilisiert wird.

Indem die Geschichtsdidaktik das Geschichtsbewußtsein zur zentralen Kategorie ihrer Wissenschaftsdisziplin erhoben hat, muß sie sich notwendigerweise theoretischen, methodologischen und empirischen Fragestellungen zuwenden, wie sie die komplizierten *Beziehungen* zwischen Gesellschaft, Geschichte und den jeweiligen Adressaten herausfordern.

Vor diesem Hintergrund sind die Überlegungen aus der Perspektive verschiedener relevanter Wissenschaftsdisziplinen *idealtypische Konstrukte*. Sie bündeln zunächst einmal die wichtigsten theoretischen Ansätze. Zugleich sind sie, zu einem *»Grundmodell« historischen Lernens* verdichtet, eine *Plattform* für die Erörterung personal und gegenständlich variierender Vermittlungs- und Aneignungsstrategien.

Geschichtsbewußtsein als wesentliche Komponente der individuellen Bewußtseinsstruktur darf wohl als Bestandteil der Persönlichkeit, als Persönlichkeitseigenschaft gelten. Infolgedessen ist es zunächst bedeutsam, wie dessen Genese psychologisch beschrieben werden kann. Dies ist möglich, wenn wir den *Prozeß der Habitualisation mit dem Lernprozeß, seinen unterschiedlichen Ebenen, verbinden*, wenn wir fragen, auf welche idealtypische Weise gesellschaftlich relevante Bewußtseinsinhalte so an das Individuum herangetragen werden können (Exteriorisation), daß sie von diesem interiorisiert werden.

Auf der aktualgenetischen Ebene des Lernens, in der jeweils aktuellen Handlungssituation, werden in Form von Spurenmustern existierende Systeme aktiviert, entsprechend den aktuellen Handlungsanforderungen modifiziert, angereichert oder verändert. Werden nun entsprechende Spurenmuster funktioneller Systeme für die Ausführung bestimmter Handlungen wiederholt aktiviert (handlungsgenetische Ebene des Lernens), fixieren sich die invarianten Merkmale dieser Spurenmuster. Das Individuum hat die angeeigneten Kenntnisse und Handlungsstrategien in einer Weise erlernt, daß es ihren Transfer in neuen Anforderungssituationen vollziehen kann, daß die so entstandenen psychischen Neubildungen unter neuen Bedingungen vom Individuum selbst reproduziert werden können. Im Ergebnis wiederholter Aktivierung heben sie sich von den konkreten Tätigkeitsbedingungen ab; sie werden habitualisiert, gehen also in die Ontogenese der Persönlichkeit ein. Ihre organismische Grundlage sind langzeitig gespeicherte Spurenmuster im nervalen Substrat; sie treten auf der psychischen Ebene als Langzeitgedächtnis in Erscheinung.[5]

Dieser Interiorisationsprozeß äußerer Anforderungen, bezogen auf die Ausprägung von Geschichtsbewußtsein, kann als Makroprozeß und als Mikroprozeß historischen Lernens konzipiert werden und vom angestrebten Endniveau aus über die Stufung komplexer Handlungen (Handlungsgenese) bis zur aktuellen Anforderung (Aktualgenese) strukturiert werden. Ebenso wesentlich sind die dem Aneignungsprozeß (in der Einheit von Exteriorisation und Interiorisation) zugrundeliegenden Mechanismen und Verlaufsformen für ein Grundmodell historischen Lernens, wie es sich aus der gegenständlichen und personalen Bezogenheit konstituiert. Sie sind außerdem von großer Relevanz für die Analyse und Interpretation von Entwicklungseffekten.

Allerdings ist es notwendig zu betonen, daß damit nicht ein geschlossenes Konzept für den Geschichtsunterricht gemeint ist, wie dies für geschlossene Gesellschaften wohl erstrebenswert erschiene, sondern bestimmte lernpsychologische Erfordernisse, wie sie in Kap. 3 schlußfolgernd diskutiert werden.

Die Verständigung über einen idealtypischen Mikroprozeß historischen Lernens (Stichwort: Grundmodell) dient zunächst einmal der theoretischen Positionsbestimmung: Sie gibt verkürzt die Quintessenz eines Suchprozesses wieder, der sich am Erkenntnisprozeß der historischen Forschung orientiert, dies ins Verhältnis zur Struktur von Informationsaufnahme- und- verarbeitungsprozessen setzt (Kognitionspsychologie) und daraus grundlegende Folgerungen für die geschichtsdidaktische Transformation des Aneignungsprozesses beim historischen Lernen ableitet.

1.2 Orientierung an der Geschichtswissenschaft

Im Bereich der geschichtswissenschaftlichen Reflexion liegt, bezogen auf den geschichtswissenschaftlichen Forschungsprozeß, die Berufung auf J. Rüsen nahe. Man möge die vielleicht respektlos anmutende, aber für das Anliegen sicherlich nützliche Verkürzung, Schematisierung und Zusammenfassung verstehen. Der berühmte »rote Faden« läßt sich an einem Kerngedanken entlangspinnen:

> »Historische Erkenntnis läßt sich als Prozeß beschreiben, wenn man Geschichten als Antwort auf Fragen versteht und den Vorgang analysiert, der in der Form eines geregelten Verfahrens von der Frage zur Antwort führt.«[6]

Bei Engelberg findet man die Schrittfolge: Empirie – Theorie – Darstellung.[7]

Im Wissen um die Anfechtbarkeit der Vereinfachung, die jedem Schema anhaftet, erscheint für das »Grundmodell« von besonderer Relevanz:

Hauptphasen des Forschens	Methodische Schritte
Formulierung der historischen Frage – Bildung von Arbeitshypothesen	Heuristik Methodik des historischen Fragens im Hinblick auf Erkenntnis- und Erfahrungszuwachs
Gezielte Fragestellung an die Quellen – Gewinnung von Informationen, die zur Beantwortung der Frage notwendig sind.	Kritik Methodische Operationen zur systematischen Erschließung des Informations- und Tatsachengehalts der Quellen (einschließlich der Perspektive des Forschers, des Kommunikationszusammenhangs, der Subjektivität von Quellen etc.)
Formung der historischen Antwort, wie sie aus der Interpretation der Quellen gewonnen wurde.	Interpretation und Dialektik verknüpft Informationen über menschliche Vergangenheit zu historischen Zusammenhängen

Aus dem Zusammenhang von Hermeneutik, Analytik, Interpretation und Dialektik erwächst in Folge dauernden Informationszuwachses kohärentes historisches Wissen als eine Bedingung für Geschichtsbewußtsein.[8]

1.3 Orientierung an der Kognitionspsychologie – historisches Lernen als Informationsaufnahme- und -verarbeitungsprozeß[9]

Um die Spezifik historischen Lernens später beschreiben zu können, ist es nützlich, generell nach den Quellen menschlicher Erkenntnis zu fragen. Sie wird gespeist

- aus dem eigenen Erleben der inneren und äußeren Umwelt, also durch Wahrnehmung und Verhalten,
- über die Vermittlung von in der Menschheitsgeschichte bereits systematisiertem Wissen,
- durch den in der kognitiven Arbeit an Gedächtnisinhalten selbständig erzeugten Erkenntniszuwachs. Eine solche Produktion neuen Wissens ohne zusätzliche Informationsaufnahme wird als Inferenzprozeß bezeichnet.[10]

Allgemein gilt als gesichert, daß der Aneignungsprozeß mit der Wahrnehmung beginnt. Diese verläuft subjektiv gefärbt, selektiv, fragmentarisch, stets auf dem Hintergrund von Bedürfnissen, Neigungen, Interessen, auf der Basis bereits vorhandener kognitiver und mentaler Strukturen. Die Wahrnehmung ist darauf gerichtet, aus einem komplexen Angebot solche Informationen herauszufiltern, die im Hinblick auf die Erreichung eines Ziels subjektiv bedeutsam sind. Diesen »Bewertungsmaßstab« stellt die Motivation; in diesem Sinne ist sie Informationsfilter. Sie kanalisiert die Informationsaufnahme und die weitere Informationsverarbeitung.

Die wahrgenommenen sensorischen Reize werden nun Informationsverarbeitungsprozessen unterworfen, in deren Ergebnis bestimmte Merkmale von Gegenständen und Handlungen in die verschiedenen Arten des Gedächtnisses eingehen. Uns interessiert im gegebenen Bezug vor allem diejenige Auswahl, die im Langzeitgedächtnis gespeichert wird. In einem oben bereits skizzierten Prozeß von Handlungsfolgen entsteht im Langzeitgedächtnis ein Netzwerk, das sich aus mehreren voneinander unabhängigen, doch miteinander kommunizierenden Teilsystemen zusammensetzt. Solche Teilsysteme werden als kognitive Strukturen bezeichnet. Sie sind psychische Funktionspotenzen und somit ein Charakteristikum des Individuums. Kognitive Strukturen sind also durch vertikal und horizontal verknüpfte Beziehungen charakterisiert, die bestimmte sensorische und semantische Merkmale von Objekten beinhalten. Hinzu kommen lexikalische, Verhaltens- und Bewertungsmerkmale.

Kognitive Strukturen haben dynamischen Charakter; sie verändern sich durch Informationsaufnahme. Demzufolge kann man davon ausgehen, daß sich unterschiedliche Ausgangsbedingungen bei den Lernenden im Verlaufe des Lernprozesses (Aktual- und Handlungsgenese) eher weiter auseinanderdifferenzieren als annähern, zumal eine lernpsychologisch begründete didaktische Einwirkung im Fach Geschichte bisher kaum Kontur annimmt.

Für die Spezifik historischen Lernens sind Aussagen zum Verhältnis von sensorischen und semantischen Repräsentationen, zu stationärem und prozeduralem Wissen, zur Vereinfachung der Problemrepräsentation eminent bedeutsam. Diese sollen im Zusammenhang mit der Interpretation der empirischen Befunde diskutiert werden.[11]

1.4 Folgerungen für ein »Grundmodell« historischen Lernens

Der geschichtsdidaktischen Theorie obliegt es nun, die idealtypische Struktur des fachwissenschaftlichen Erkenntnisprozesses mit dem ebenso idealtypischen personalen Aneignungsprozeß zu verbinden. D.h. sie synthetisiert die dem Aneignungsgegenstand immanenten Erkenntniswege mit denen der Lernenden und gewinnt somit an wissenschaftlicher Legitimation. Abgebildet werden kann dies in einer Phasenfolge historischen Lernens.

Für ein Grundmodell historischen Lernens ist es charakteristisch, daß *unmittelbares Erleben, unmittelbare Wahrnehmung der Vergangenheit* nicht möglich ist. Die für den Aneignungsprozeß *unabdingbaren* Wahrnehmungsprozesse müssen somit über Rekonstruktion, Reproduktion von Ausschnitten der Vergangenheit organisiert werden. Die Möglichkeiten dafür aufzulisten wäre trivial. Interessant aber sind die damit verbundenen Besonderheiten:

Reproduzierte subjektive Abbilder früher wahrgenommener Erscheinungen sind die *Vorstellungen.* Man darf ohne Übertreibung sagen: *Historische Vorstellungen nehmen eine Schlüsselstellung beim historischen Lernen ein*; gerade darum ist es wichtig und sehr reizvoll, sie unter kognitionspsychologischem Aspekt zu untersuchen und didaktische Folgerungen abzuleiten.

Im Unterschied zu den Wahrnehmungen sind die Vorstellungen also keine unmittelbaren Abbilder; sie sind an das Gedächtnis gebunden. Charakteristisch sind ihre anschauliche Konsistenz, das Fragmentarische im Vergleich zu Wahrnehmung, der unterschiedliche Verallgemeinerungsgrad. Diese sinnliche Verallgemeinerung macht die Vorstellung zu einem Bindeglied zwischen Wahrnehmung und Begriff.[12]

Wenn man die kognitionspsychologischen Aussagen zum menschlichen Erkenntnisprozeß mit den fachspezifischen Besonderheiten verbindet, läßt sich eine bestimmte Phasenfolge historischen Lernens abbilden.

Phase A:

Die für den Aneignungsprozeß notwendigen Wahrnehmungen müssen ermöglicht werden, indem historische Vorstellungen über den historischen Sachverhalt vermittelt/rezipiert werden. Dies ist sowohl auf sensorische als auch verbale Weise möglich.

Das subjektiv Gefärbte, Selektive und Fragmentarische in diesem Prozeß erscheint dreifach gebrochen: durch das immer schon gedeutete materiale Konstrukt, auf das sich der Lehrer beruft; durch das Prisma der Lehrerpersönlichkeit als wichtigstes »Medium«; schließlich durch den Rezipienten, das Niveau der Wahrnehmungen, des Denkens, der Gedächtnisprozesse, seine bereits vorhandenen Erfahrungen, Einstellungen, Vorstellungen, die Motivstruktur, zusammengefaßt: seine Eigenart (Aneignungstyp).

In dieser Phase muß ein solcher Vorstellungskomplex aufgebaut werden, daß er als Ausgangsbasis zur Erreichung eines antizipierten Ziels fungieren kann.

Phase B:

Diese fachspezifisch modifizierte Phase der Informationsaufnahme geht nun in die der Informationsverarbeitung über. Ganz allgemein gefaßt, erfolgt jetzt die Analyse der (im Hinblick auf das Ziel) wesentlichen Entwicklungs- und Strukturelemente im historischen Stoff, was mit Abstraktion verbunden ist.

Phase C:

Schließlich erfolgt die Darstellung der Antwort auf die Ausgangsfrage in der Synthese von Informationsaufnahme und -verarbeitung. D.h. der eingangs vermittelte Vorstellunskomplex erscheint intellektuell durchdrungener; es wird ein Zusammenhang dargestellt. In welchem Maße sich Elemente der Historik als Wissenschaft und als Kunst glücklich ergänzen, mag an dieser Stelle offen bleiben. Was in der narrativen Struktur stärker »Bild«, »Ästhetik« ist, ob »Rhetorik« oder »Rationalismus« und »Logik« dominieren, das ist eine Frage des Ermessens und der Angemessenheit.

Eine interessante Entsprechung finden die »narrativen« Begriffe der Geschichtsdidaktik in den »Kontextbegriffen« der Psychologie. »Da Kontextbegriffe komplexe raum-zeitliche Zusammenhänge im Gedächtnis widerspiegeln, bieten sie ideale strukturelle Voraussetzungen als integrierende Kodierungseinheiten.«[13] Ein solches Kontextwissen ermöglicht es, komplexe raum-zeitliche Strukturen in einer Einheit zusammenzufassen. Damit wird eine außerordentliche Verdichtung der zu verarbeitenden Informationen möglich, ohne daß wesentlicher Informationsverlust eintritt.

Ein »Vorstellungskomplex von Vergangenheit«[14] kann so im Verlaufe des Geschichtskurses systematisch in der Einheit von Hermeneutik, Analytik und Dialektik aufgebaut werden.

Dieses »Grundmodell« beschreibt den kognitiven Lernvorgang im Fach Geschichte, der zweifellos nicht losgelöst von emotionalen Prozessen verläuft. Das gilt für jeden Lernprozeß.

Eine kognitionswissenschaftlich orientierte Fachdidaktik wäre insofern eine bedeutsame Weiterentwicklung der Unterrichtstheorie für das Fach Geschichte, als es dadurch möglich wird, die Struktur des Lerngegenstandes so zu transformieren, daß sie Schülern unterschiedlicher Altersstufen entwicklungsfördernd vermittelt werden kann. Eine Unterrichtstheorie über historisches Lernen bedarf jedoch darüber hinaus dringend der Ergänzung durch eine auf Lehr-und Lernprozesse transformierte Theorie der Emotionen und des Erlebens bzw. Nacherlebens, für deren Entwicklung gestaltpädagogische, tiefenpsychologische Ansätze und Untersuchungen im Bereich der Wirkungsforschung besonders bedeutsam sein könnten. »Meines Erachtens muß sich die Geschichtswissenschaft als ganze (also einschließlich ihrer Didaktik) in nächster Zukunft die Aufgabe stellen, eine umfassende Theorie des historischen Verstehens zu entwickeln. Kognitivistische Theorien müßten um die emotionalen und moralischen Anteile des Aneignungsvorgangs erweitert werden, wenn historisches Verstehen angemessen erklärt werden soll. Die Beobachtung von jungen Menschen jedenfalls mahnt zur Skepsis gegenüber solchen Theorien, die den Umgang mit und die Aneignung von Geschichte lediglich als Rekonstruktion nach Regeln ausschließlich der fachlichen Logik interpretieren.«[15]

Diese Theorie historischen Verstehens, so möchte ich Peter Knoch ergänzen, muß entwicklungspsychologische Gegebenheiten ernst nehmen, wenn sie als Theorie historischen Lernens bestehen will.

1.5 Der entwicklungspsychologische Ansatz

Erklärungen für lernpsychologische Positionen der Geschichtsdidaktik werden auch auf dem Hintergrund entwicklungspsychologischer Diskussionen und Trends sinnfällig. Ende der 60er Jahre vollzog sich in dieser Hinsicht in der BRD und der DDR ein ähnlicher Prozeß: Die »ältere Entwicklungspsychologie mit ihren festen Vorstellungen von Schwierigkeitsgrad und Altersgemäßheit bestimmter Lernformen und Gegenstände wurde ruckartig abgeschafft«.[16] Aus dem Methodik-Lehrbuch von B. Stohr wurde die entwicklungspsychologische

Phasentheorie verbannt. In der DDR setzte mit den Lehrplänen von 1966 ein Prozeß ein, der in der Retrospektive als »Erkenntnishypertrophierung« gewertet wird. In den Lehr- und Lernmaterialien findet sich kaum noch ein Nerv für die spezifische Entwicklungssituation von Kindern und Jugendlichen.

In der westdeutschen Geschichtsdidaktik wurde Bruners berühmte These, daß »jedes Kind . . . auf jeder Entwicklungsstufe jeder Lehrgegenstand in einer intellektuell ehrlichen Form gelehrt werden« kann,[17] offensichtlich aus dem Gesamtkontext seiner Auffassung herausgelöst – wenige Zeilen später spricht er durchaus die Motivation an – und in ihren Folgerungen für die Spezifik historischen Lernens nicht geschichtsdidaktisch transformiert. Möglicherweise liegt hierin eine Blockierung auf dem Wege, dem Fach Geschichte »eine Lernstruktur und Entwicklungslogik« zu geben, begründet.[18]

Eine Lernpsychologie, die entwicklungsspezifische Gegebenheiten negiert, kann nicht fruchten. Im Lehrplan von 1988 (DDR) schlug das Pendel wieder zurück, wurden Überhöhungen im Anforderungsniveau zurückgenommen.

Nach wie vor wird der entwicklungspsychologische Hintergrund in der Lernpsychologie kontrovers erörtert. Die Literaturdiskussion in der westdeutschen Geschichtsdidaktik beschreibt die Problematik eingehend;[19] sie kann durch die Problemsicht der »östlichen Hemisphäre« ergänzt werden:[20]

Entwicklungspsychologische Aussagen zur Periodisierung der psychischen Ontogenese haben vor allem Bedeutung unter dem Aspekt der *Kriterien für Entwicklungszäsuren, der Bedingungen für die Ausbildung etappenspezifischer psychischer Besonderheiten und der Mechanismen, die den Übergang von der einen Etappe zur anderen bewirken.* Die erheblichen Unterschiede in den Periodisierungsvorschlägen hängen offensichtlich nicht nur von anthropologischen und philosophischen Grundauffassungen ab, sondern auch vom speziellen Anliegen und der damit verbundenen Sichtweise des jeweiligen Wissenschaftlers.[21]

Der Streit um Wachstums-, Reifungs-, Phasen- und Stufentheorien erbrachte bisher keinen Aufschluß darüber, welche jeweiligen biopsychosozialen Dispositionen in ihrer Einheit zu berücksichtigen wären, damit das Lernen entwicklungsangemessen gestaltet werden kann. Außerordentlich bedeutsam wäre in diesem Zusammenhang die Kenntnis über sensible Phasen der Entwicklung.

Schließlich werden Aussagen der Entwicklungspsychologie mit zunehmendem Lebensalter der Heranwachsenden undifferenzierter und heterogener.[22]

Für die Erfordernisse des Unterrichts erscheint – entgegen längsschnittorientierten Strategien, deren Interesse in der Analyse umgrenzter psychischer Prozesse oder Persönlichkeitseigenschaften über mehrere Lebensperioden besteht – die *auf Altersstufen bezogene* Darstellung der Periodisierung nach Kossakowski für die Gestaltung von Lehr-und Lernprozessen geeigneter.

Eine solche Periodisierung der psychischen Ontogenese ermöglicht

- die Analyse und Darstellung der Wechselbeziehungen zwischen den Entwicklungsvariablen (stufenspezifisches System der Determinanten, das durch sie bedingte Tätigkeitssystem und die damit verbundene Struktur psychischer Komponenten), die *Darstellung der Veränderungen innerhalb einer Etappe*;
- die Analyse und Interpretation der vorausgehenden und nachfolgenden Qualitäten bestimmter psychischer Komponenten, d.h. Verfolgen der Kontinuität der Entwicklung – bei vorrangig stufenbezogener Forschungsstrategie und Darstellungsweise – sowie die *Darstellung der Veränderungen beim Übergang in eine andere Etappe*;
- die Orientierung auf die Analyse der integrativen Entwicklung kognitiver, motivationaler, affektiver und volitiver Komponenten der Handlungsregulation, also auf die *ganzheitliche* Struktur der Persönlichkeit;
- Aussagen über Entwicklungs*verläufe* (Entwicklungstendenzen) und Entwicklungs*potenzen*.

Nach Kossakowski zählen zum Analyse- und Darstellungsraster entwicklungsspezifischer Entwicklungserscheinungen und -verläufe:

a) Die stufenspezifischen *Entwicklungsdeterminanten*: natürliche Enwicklungsbedingungen, allgemeine und altersbezogene soziale Lebensbedingungen, die soziale Position, erreichte Subjekt-Position: Grundorientierungen, Erwartungen, Handlungskompetenz in ihrer gegenseitigen Bedingtheit (Beachtung entwicklungsfördernder oder -beeinträchtigender Widersprüche);
b) die von diesen Determinanten bestimmten *Tätigkeitssysteme* als die *eigentlichen Entwicklungsvariablen*: etappenspezifische Struktur des Tätigkeitssystems, dominierende Tätigkeiten, die für die Erklärung der charakteristischen psychischen Qualitäten und einer entwicklungsfördernden Tätigkeit der Heranwachsenden besonders relevant sind;
c) die *psychischen Prozesse* als die *eigentlichen Zielvariablen*: Klassifizierung nach Anforderungsbereichen: allgemeine gesellschaftliche Anforderungen, soziale Anforderungen, sachlich -gegenständliche Anforderungen, reflexive Anforderungen (Selbstbewußtsein, Selbstkontrolle), spezielle geistige Anforderungen (Fähigkeiten, Kenntnissystem nach Umfang und Qualität. . .); Charakterisierung des Entwicklungsniveaus nach dem Ausprägungsgrad wesentlicher Komponenten der eigenständigen Handlungsregulation: Grad der willkürlichen Handlungssteuerung, Grad der sozialen Handlungskompetenz, Umfang und zeitliche Ausdehnung des Handlungsraums, Grad der Reflexivität des Handelns, Gerichtetheit und Grad der Stabilisierung grundlegender

> Motive, Umfang, Generalisierungs- und Differenzierungsgrad von bedeutsamen Wert-, Norm-, Sach- und Verfahrenskenntnissen, Grad der Verinnerlichung und Verfügbarkeit (Flexibilität) der Kenntnisse, Fähigkeiten etc.[23]

Eine entwicklungs- und lernpsychologisch fundierte Fachdidaktik müßte *jenes System der Lerntätigkeit ermitteln, das jeweils am günstigsten die Umstrukturierung der inneren Tätigkeit der Heranwachsenden und die Herausbildung höherer Motive für diese Tätigkeit fördert.*

Einen besonderen Stellenwert in der Lerntheorie haben die Aktivität des Schülers, seine individuelle Sinnerfüllung der Welt »objektiver« Bedeutungen. *Die Beziehung zwischen Bedeutung und Sinn stellt die Beziehung der hauptsächlichen Konstituenten des menschlichen Bewußtseins dar* und ist demzufolge auch für das Geschichtsbewußtsein relevant. Nachgewiesen wurde auch, daß integrierende und regulierende Funktionen des Bewußtseins nicht nur auf intellektuellen, sondern auch auf affektiven Verallgemeinerungen beruhen. »Daher weist die Struktur der systemhaften Neubildungen, die die Persönlichkeit charakterisieren, nicht nur intellektuelle, sondern auch affektive Komponenten auf, und gerade diese verleihen den Neubildungen stimulierende Kraft.«[24]

Im Zusammenhang mit dem Anspruch an vermitteltes bzw. zu vermittelndes Wissen, persönliche Bedeutsamkeit zu gewinnen, wird in der westdeutschen Geschichtsdidaktik vorzugsweise auf S.B. Robinsohn zurückgegriffen. Eine Entsprechung dieser Auffassung findet sich bei A.N. Leontjew, dessen Argumentation zur persönlichen Bedeutsamkeit, zum Sinn, dessen konstituierende Faktoren weitergehend entfaltet und damit für die fachspezifische Transformation tragfähige Impulse vermittelt.

Leontjew differenziert zwischen objektiver Bedeutung des Gegenstandes und persönlicher Bedeutsamkeit (Sinn). Fassen wir »objektiv« als »wissenschaftliche Aussage«, so finden wir hier einen Ansatz zur Transformation wissenschaftlicher Aussagen zum Gegenstand auf die personale Ebene, aber nicht lediglich auf das kognitiv mögliche Niveau.

Bekanntlich ist die notwendige geistige Aktivität des Schülers bei der Erreichung eines Lernziels wesentlich von seiner Motivation abhängig. Befriedigt der anzuzeigende Gegenstand ein Bedürfnis, so wird dieser Gegenstand selbst zum Motiv. Es wächst das Bestreben, sich mit ihm auseinanderzusetzen, und auch die Methoden der Aneignung werden bedeutsam.

Da wir den *Gegenstand* im Geschichtsunterricht, weitmaschige Richtlinien vorausgesetzt, auf vielfältige Weise *selbst gestalten können*, ist hier ein Feld immenser Variationen, individuelle Sinnbildung zu ermöglichen, zumindest mit Näherungscharakter.

Leontjew bringt des weiteren den Tätigkeitsansatz in das bis dato dominierende eigenschaftsorientierte Konzept der Psychologie ein. Infolgedessen räumt er der *Handlung*, in bzw. mittels derer der Gegenstand angeeignet wird, Gleichwertigkeit ein. Stellt man dies in den sozialen und kommunikativen Kontext, so hat man im

Grunde den og. Zugriff und kann forschungsmethodisch relevante Ableitungen vornehmen.[25]

1.6 Kurzfassung des forschungsmethodischen Ansatzes

Untersuchungen, die auf das Spannungsfeld: normative Ansprüche an Geschichtsbewußtsein – individuelle Ausprägung bei Kindern und Jugendlichen sowie auf Verlaufsformen und Mechanismen dieses Prozesses in und durch historisches Lernen gerichtet sind, stehen zwangsläufig vor dem Problem, einen forschungsmethodischen Zugriff zu finden, von dem aus die Komplexität des Forschungsgegenstandes transparent und bearbeitbar wird.

Sinn kann man nicht oktroyieren. Die Sinnhaftigkeit historischen Lernens ist immer individuell geprägt; ihre Spezifik läßt auf Präferenzen für bewußtseinsbildende Elemente schließen, und sie erlaubt Deutungen, welche Spurenmuster in das Langzeitgedächtnis eingehen bzw. eingegangen sind. *Genese und Struktur eines individuellen Sinnsystems, erzeugt durch historische Bildung, charakterisieren somit Genese und Struktur des personalen Geschichtsbewußtseins.*

Da sich *im Sinn motivationale, kognitive, affektive, volitive, soziale und kommunikative Elemente verbinden*, kann mit der Orientierung auf diesen Analysegegenstand die vorherrschende Einseitigkeit in der Forschung, die kognitive, motivationale und affektive Prozesse relativ scharf trennt und kognitive Prozesse favorisiert, überwunden werden. Allerdings werden damit psycholinguistische Analysemethoden unerläßlich.

Wenn es gelingt, individuell unterschiedliche Sinnfindungs- und Sinnbildungsprozesse aufzuhellen, erhalten wir genaueren Aufschluß über personale Zugänge zur Vergangenheit, über individuelle Mechanismen und Verlaufsformen historischen Lernens. Damit wiederum eröffnen sich Möglichkeiten für eine höhere Wirksamkeit historischen Lernens, wenn diese Erkenntnisse Bestandteil der geschichtsdidaktischen Theorie werden und sich unterrichtspraktisch materialisieren.

Schließlich kann man die sinnbildenden Konstituenten strukturell darstellen und gewinnt somit eine Beschreibung von Sinnbildungsniveaus, die durch den Nachweis qualitativer Veränderungen des Sinns diskriminierbar sind.

Auf diese Weise ist es möglich, die Verbindung von entsprechend transformierten Gegenständen und differenzierten Handlungen, von denen noch zu sprechen sein wird, zu den abstrakten Dimensionen und Strukturelementen von Geschichtsbewußtsein (nach Pandel) herzustellen. Genese und Struktur individuellen Geschichtsbewußtseins kann im Zusammenhang mit den Wirkfaktoren analysiert und dargestellt werden.

Kehren wir noch einmal zur gegenständlichen Komponente historischen Lernens zurück. Was ist der Gegenstand des Geschichtsunterrichts? Es ist nicht *die* Vergangenheit, nicht *die* Geschichte – die gesamte geschichtstheoretische Disputation wird auch unter lernpsychologischer Fragestellung erneut evident!

Meinen wir ganze Epochen (»Die Antike«), bestimmte Einzelthemen (»Die französische Revolution«) oder geschichtstheoretische Klassifikationen wie Ereignis, Struktur, Prozeß? Die geschichtsdidaktische Theorie hat bisher unter lernpsychologischem Aspekt kaum Antworten auf diese Frage.

Zu den lernpsychologischen Schlüsselbegriffen gehört der Anforderungsbezug des Lernens. Damit sind zwei Problemfelder angesprochen: die Analyse von Lernanforderungen und die Bestimmung ihres Niveaus einerseits sowie die Entwicklungsangemessenheit der Lernanforderungen andererseits.

Bezogen auf das letztere, ist Wygotskis Zwei-Zonen-Theorie sehr hilfreich:

a) die Zone der aktuellen Leistung: Was kann, was weiß, was will das Kind bereits selbständig?
b) die Zone der nächsten Entwicklung, d.h. wobei muß der Lehrer hilfreich sein, die Erkenntniswege des Kindes begleiten, stimulieren oder gar führen?

Das Enthaltensein zweier Entwicklungszonen in jedem konkreten Entwicklungsniveau bestimmt somit das Verhältnis von pädagogischer Führung und Selbständigkeit der Lernhandlungen des Kindes auf jeweils höherem Niveau. Es ist notwendig, die in der Zone der nächsten Entwicklung liegenden Entwicklungs*potenzen* zu erkennen, um das Lernen der Schüler entwicklungsfördernd gestalten zu können.[26]

Dieses ist in gleicher Weise für die Analyse von Entwicklungseffekten bedeutsam.

Offen bleibt die fachspezifische Bestimmung des Anforderungsniveaus.

Entsprechend unserem gegenwärtigen Erkenntnisstand schlagen wir Kriterien oder Faktoren zu deren Analyse vor. Analog zum oben beschriebenen Ansatz von Leontjew betreffen sie gegenständliche (stoffliche) und prozessuale (Lernhandlungen) Anforderungen, immer bezogen auf ein Ziel.

Lernziel, konkretisiert in Lernaufgaben:
psychologische Dimensionen (Verhältnis der Zielbereiche zueinander), Verhältnis von wissenschaftlicher und künstlerischer Darstellung,
kognitives Niveau (Abstraktions-, Verallgemeinerungs- und Differenzierungsgrad);

stoffliche Anforderungen:
Struktur des Lerngegenstandes: Ereignis, Struktur, Prozeß,
Präsentation: Erkenntnisebene, Dominanz einer bestimmten Aneignungsweise, Darbietungsform,
kognitive Ebene: Objektbereich, Verallgemeinerungsstufe, Problematisierung, Informationsmenge und -dichte, Verhältnis von Empirie und Theorie,
motivationale Ebene: Erkenntnis-, Erfahrungs-, Erlebnismotiv,
affektive Affinität;

prozessuale Anforderungen:
zu aktivierendes internes Handlungsmuster,
Art und Kombination der Tätigkeiten,
Handlungsebene und -umfang,
Entscheidungsspielraum,
kooperative und kommunikative Kompetenz,
Bewußtheits- und Aneignungsgrad;

Solange keine Skalierung auf der »Meßlatte« abgebildet werden kann, müssen Entwicklungseffekte in *beschreibender* Art erfaßt werden. Eine weitere wissenschaftliche Fragestellung könnte sich darauf beziehen, charakteristische Anforderungen für das Fach Geschichte klassifizierend zu bündeln.

2 Darstellung ausgewählter Untersuchungsergebnisse

2.1 Zur Analysemethode

Ein der Untersuchungsproblematik angemessenes interdisziplinäres Analyseinstrumentarium würde im günstigsten Falle ein institutionell verankertes interdisziplinär und kooperativ arbeitendes Forschungsteam erfordern. Ein solches Institut für Lehr- und Lernforschung ist derzeit an der im Aufbau befindlichen Universität Potsdam geplant.

Die Interpretation des empirischen Materials erfordert einen interdisziplinären Erklärungsansatz, der permanent weiterentwickelt werden muß. Dieser Prozeß ist einerseits begleitet von einem immer tieferen Eindringen in die Schichten des Materials; andererseits potenziert sich mit jeder anscheinend gelösten Frage das Problemarsenal, ein Umstand, der für die Produktivität der wissenschaftlichen Fragestellungen spricht und zugleich die Erkenntnismöglichkeiten und -fähigkeiten eines Einzelnen realistisch bewertet. Mit jedem Erkenntnisfortschritt bei der Analyse des empirischen Materials wächst wiederum die Differenziertheit der Fragestellungen an die tangierenden Wissenschaftsdisziplinen, und gerade die interessantesten treffen auf Kontroversen in der jeweiligen Wissenschaft oder auf Grauzonen. Somit sind Erkundungs- und Explanationsprobleme auf das engste miteinander verbunden.

Im Vergleich zu den eingangs favorisierten quantitativen, prüfstatistisch verwertbaren Analysemethoden erwiesen sich qualitative Verfahren bald ertragreicher und für die Untersuchung individueller Mechanismen und Verlaufsformen des Lernens geeigneter. Im Zentrum steht die Analyse der Sinnhaftigkeit von Kenntnissen. Schlußfolgernd aus den im 1. Kapitel beschriebenen theoretischen Darlegungen wird der Zusammenhang untersucht, der zwischen konkreten Vermittlungssituationen und den individuell unterschiedlichen Reproduktionsleistungen der Kinder in der aktuellen Anforderungssituation besteht; es werden interindividuelle Erklärungen, bezogen auf verschiedene Ebenen historischen Lernens versucht. Grundlage hierfür bildet ein umfangreicher Fundus von schriftlichen Tätigkeitsergebnissen der Schüler, dieser wird durch die langjährige teilnehmende Beobachtung der Versuchsleiterin ergänzt.

2.2 *Kognition*

Zwischen dem Geschichtslehrplan der DDR für die 5. Klasse und dem Beginn des Geschichtskurses in den meisten alten Bundesländern gibt es, bezogen auf die Auswahl und Anordnung des historischen Stoffs, durchaus Parallelen. Der »Einstieg« in den Fachunterricht unterscheidet sich von den Plänen anderer Klassenstufen grundsätzlich durch seine durchgängig weltgeschichtliche Anlage, die äußerst zugespitzte Relation von historischer Zeitdimension (Ur- und Frühgeschichte, Hochkulturen im Alten Orient, Griechenland, Römisches Reich) und zur Verfügung stehender Unterrichtszeit. Die Möglichkeit nur einer Wochenstunde ist unter gedächtnispsychologischem Aspekt sträflich. Dies alles hat zur Konsequenz, daß nur relativ globale Vorstellungen von Ausschnitten der Vergangenheit gelehrt und angeeignet werden können und der Schwerpunkt auf didaktisch nachgezeichneten historischen Entwicklungsprozessen und Strukturen zur Arbeits- und Lebensweise liegt. Diese müssen, um auf Interesse zu stoßen und um verstanden zu werden, in eine narrative Form gegossen werden. Ereignisse waren laut Lehrplan des 1. Untersuchungszeitraumes auf den Spartacus-Aufstand beschränkt und wurden zur Zeit des 2. Versuches lediglich durch die Perser-Kriege ergänzt.

Wir haben historisches Lernen als einen dreifach subjektiv gebrochenen Prozeß des Erinnerns charakterisiert. Insofern sind die Gedächtnisleistungen der Kinder von besonderem Interesse. Diese umfassen Prozesse des Speicherns und Reproduzierens, der Informationsaufnahme und -verarbeitung. Was im Langzeitgedächtnis eingeprägt ist, wird zum Bestandteil einer sich in ständiger Bewegung befindenden Gedächtnisstruktur.

Untersuchen wir diese zu Beginn des Fachunterrichts, in der dritten Unterrichtsstunde: Obwohl die quantitative Analyse bei Abschluß der Sequenz »Ur-und Frühgeschichte«, verglichen mit dem nachfolgenden Lernprozeß, ein relativ homogenes Ausgangsniveau anzeigt, finden sich charakteristische, sich wiederholende Merkmale der kognitiven Leistungen. Allerdings muß man, um ein Niveaugefälle zu ermöglichen, mit der Anforderung die obere Grenze des Möglichen anvisieren.

Vermittelt wurde der Zusammenhang Arbeit, Sprache, Denken, Erzeugung von Werkzeugen im Prozeß der Herauslösung des Menschen aus dem Tierreich anhand visuellen Materials und episodisch-narrativer Darstellung.

Die Anforderung: »Warum waren die Urmenschen den Tieren schon weit überlegen?« beeinhaltet einen implizit vorzunehmenden Vergleich auf einer von den situativen Bedingungen der Vermittlung abstrahierenden, verallgemeinernden Stufe.

Folgende Reproduktionsmerkmale sind charakteristisch:

a) Strukturierung des vollständigen Zusammenhangs auf verallgemeinerter Ebene in verbaler Form (Kein Kind verwendet die Abstrakta Arbeit, Sprache, Denken.)
(GRIT): *»Sie waren den Tieren weit überlegen, weil sie arbeiteten, nachdachten und überlegten. Die Urmenschen jagten, sammelten und bauten sich Werkzeuge. Die Menschenaffen dagegen jagten, arbeiteten und überlegten nicht. Sie sammelten sich nur zwischen Resten. . .«*

b) Reduzierung der Strukturelemente, damit verbundene unzulässige Vereinfachung des Zusammenhangs. Sog. pars-pro-toto-Aussagen: Ein Ausschnitt soll für den Gesamtzusammenhang stehen. Er wird mit episodischen, situativen Merkmalen durchmischt.
(KARSTEN): *»Die Urmenschen suchten sich Steine, die sie aneinanderschlugen, dadurch entstanden Werkzeuge wie: Faustkeil, Schaber, und spitze Steine hatten sie vielleicht an geraden, langen Stöcken.«*

c) Verallgemeinerung situativer Merkmale; der Zusammenhang wird eher linear abgebildet.
(ANNEGRET): *»Sie hatten bestimmte Stellen und Schluchten, wo sie die Tiere hineinlockten und dann Felsbrocken auf sie schlugen und mit ihren Werkzeugen so lange stachen, bis sie sich nicht mehr wehren konnten. Die Werkzeuge, die sie benutzen, waren nur für die Jagd.«*

Eine analoge Differenzierung zeigt sich bei den Antworten zur Frage: »Woran kann man den Fortschritt erkennen, der sich von Etappe zu Etappe der Urgesellschaft vollzog?«

a) Verallgemeinerung und Konkretisierung; Einsatz von erklärenden Kenntniselementen
(CHRIS): *»Man konnte es feststellen, weil sich der Nutzen der Arbeit verbesserte, die Werkzeuge verbesserten sich und die Nahrungsmöglichkeiten. In den Horden der Urmenschen wohnte man für ungefähr einen Tag, dann mußte man weiterziehen. In den Sippen der Jäger, Sammler und Fischer hatte man in Zelten einen zeitweiligen Rastplatz. In den Sippen der Pflanzer und Tierhalter hatte man feste Häuser, in denen man immer wohnte.«*

b) Darstellung des Zusammenhangs durch »Beweisführung« an verallgemeinerten Beispielen; Ersetzen von Fachtermini durch vertraute Alltagsbegriffe
(KATJA): *»Man kann den Fortschritt daran erkennen, daß die Urmenschen von Ort zu Ort gezogen sind und ständig auf Nahrungssuche waren. Die Sippen der Jäger, Sammler und Fischer aber hatten sich schon Zelte gebaut und hatten schon mehr zu essen. Die Sippen der Pflanzer und Tierhalter dagegen hatten schon feste Hütten und waren nicht mehr ständig auf Nahrungssuche, denn sie hatten ja alles selbst gezüchtet.«*

c) Temporäre Vollständigkeit, strukturelle Reduzierung, Durchsetzung mit einigen episodischen Elementen.
(HEIKE): *»Den Fortschritt kann man daran erkennen: Die Menschenaffen hatten nur einen Stock, mit dem sie sich Nahrung suchten. Aber die Menschen, die vor 1 Million Jahren lebten, hatten schon bessere Werkzeuge. Die Menschen vor 40 000 Jahren hatten wiederum bessere Werkzeuge. Sie mußten nicht mehr so nah an die Tiere heran. Und die Menschen vor 10 000 Jahren hatten sich schon Felder angebaut, und sie zogen nicht mehr herum.«*

d) Reduzierung der Strukturelemente, festgemacht am Endpol.
(RALF): *»Die Pflanzer und Tierhalter hatten bessere Werkzeuge als die Urmenschen.«*
(HEIKE): *»Man kann den Fortschritt an der Kleidung und den feststehenden Hütten erkennen.«*
(KERSTIN): *»Sie mußten nicht mehr herumziehen, sie hatten schon einen festen Wohnsitz.«*

Zu den kompliziertesten Gegenständen des Geschichtsunterrichts in Klasse 5 gehörten die Voraussetzungen und Wirkungen der neolithischen Revolution. Für die Analyse kognitiver Prozesse ist daher die Anforderung, diesen horizontal und vertikal strukturierten Vorstellungskomplex zu reproduzieren, besonders aufschlußreich.

Was aus dem semantischen Netz bei der Reproduktion ausgewählt wird, ist von der Art und Weise der Vermittlung einerseits und der Aneignung (Aufnehmen, Verarbeiten und Speichern) andererseits sowie von der aktuellen Anforderung abhängig. Die Strukturierung des historischen Vorstellungskomplexes muß somit sowohl gegenstandsgemäß erfolgen als auch den Erkenntniswegen der Schüler entsprechen. Es ist aufschlußreich, was die Kinder aus dem mit vielen Details vermittelten Vorstellungskomplex herausfiltern und inwieweit sie zu einer zusammenhängenden Darstellung befähigt sind.

Die obere Grenze des in selbständiger Arbeit Möglichen spiegelt die Darstellung von Manuel wider:

> (MANUEL): *»Angefangen hat es in einigen Siedlungen Vorderasiens. Dort ernteten Bauern mehr, als sie benötigten. Dadurch erhielten sie einen Überschuß – Mehrprodukt.*
> *Durch das Mehrprodukt wuchs die Bevölkerung an. Die Bevölkerung verbrauchte mehr Nahrung, und man mußte mehr anbauen, aber dazu war der Boden in den Bergen zu steinig. Deswegen siedelten sie nach Mesopotamien um. Dort fanden sie sehr fruchtbaren und nährstoffreichen Schlemmboden vor. Aber die Regenzeit und Trockenzeit wechselten sich unregelmäßig ab. Dadurch ist der Bewässerungsbodenbau entstanden, um die Flüsse bei Hochwasser umzuleiten, damit das Wasser nicht über die Ufer steigt und um bei Trockenheit Wasser aus den Kanälen holen zu können. Es entstanden neue Arbeitsgeräte wie der Schaduf, der Saatpflug, und vor den Pflug wurden Och-*

> *sen gespannt. Das erleichterte und verkürzte die Arbeit. Für die Bewässerung der Felder war der Priester verantwortlich. Er hatte die Oberaufsicht und leitete den Bewässerungsbodenbau. So wurde das ›ständige Mehrprodukt‹ erzeugt: wegen eines guten und nährstoffreichen Schlemmbodens, wegen verbesserter Arbeitsgeräte und hauptsächlich durch den Bewässerungsbodenbau unter Leitung der Priester.«*

Manuel repräsentiert die obere Grenze des kognitiv Beobachteten: Er beschreibt die Entwicklung bis zur Herausbildung eines ständigen Überschusses (Mehrprodukt) in Mesopotamien auf begrifflicher Ebene folgerichtig. Abschließend nimmt er eine Zusammenfassung der wichtigsten Faktoren vor. Genese rangiert vor Struktur. Die Veränderungen in den gesellschaftlichen Verhältnissen spart er aus, obwohl er über sie gut Bescheid weiß. Horizontale und vertikale Verknüpfung in ihrer gegenseitigen Bedingtheit zu zeigen, liegt noch nicht in der Zone seiner aktuellen Leistung.

Beim größeren Teil der Schüler verläuft die Darstellung auf zwei unterschiedlichen kognitiven Ebenen: zum einen auf der begrifflichen, die z.T. verkürzt und kurzschlüssig erscheint; und zum anderen auf der anschaulich-situativen. Dadurch erhalten die Texte zwar eine originelle Färbung, aber die Schlüsse sind oft sachlich falsch bzw. der Zusammenhang wird verkrüppelt.

Bei René überwiegt die begriffliche Ebene.

> (RENE): *»Die Zeit in Mesopotamien war wichtig für die Entwicklung der Menschheit. Sie hat zwei Seiten, die eine ist, daß die Menschen früher durch den Zwang der Arbeit bessere Produkte erzielten und viele neue Dinge erfanden, wie z.B den Pflug oder den Wippkran. Aber die andere Seite ist, daß die Priester die Arbeitserträge durch die Lüge mit der Göttin einsammelten und für sich behielten.*
> *Ich sehe es so: Die Bauern arbeiteten fleißig, und so entstand der Fortschritt. An dieser Zeit kann man erkennen, wie die Menschen früher lebten, daß man immer arbeiten muß, um voranzukommen und wieviele Geräte entstanden sind.«*

In der Darstellung von Jan sehen wir – im Zusammenhang mit der Vermittlung – wie der Vorstellungskomplex anfangs im Gedächtnis horizontal verknüpft wurde, dann ist da ein black out, und schließlich zentriert die Persönlichkeit Hammurapis einige Merkmale des Aneignungsgegenstandes:

> (JAN): *»Die Menschen in Mesopotamien sind aus dem Gebirge ins Flachland gezogen. Weil oben in den Bergen kein fruchtbares Land war, und die Menschen hatten kein Wasser in den Bergen. Aber im Flachland droht auch Gefahr. Weil jedes Frühjahr die beiden Flüsse Euphrat und Tigris überschwemmt waren. Aber die Menschen haben sich entschieden, im Zweistromland zu bleiben und sich Äcker anzubauen, obwohl jedes Frühjahr das*

ganze Land überschwemmt wurde. Dann erfand Hammurapi die Be- und Entwässerung. Aber das war nur die gute Seite von Hammurapi, die schlechte waren die 200 bis 250 Gesetze. Die Gesetze des Hammurapi waren fast alle der Tod.
Wir machen immer noch Geschichte, weil sich manche Menschen aus unserer Zeit für die damalige Zeit interessieren. Wären diese Menschen nicht gewesen, wären wir jetzt nicht. Und weil aus Tieren Menschen geworden sind.«

Am Ende des Schuljahres wurde geprüft, in welchem Maße es gelungen war, die einzelnen Unterrichtsgegenstände des Jahreskurses als einen horizontal und vertikal strukturierten Vorstellungskomplex im Gedächtnis der Kinder abzubilden. Die Aufgabenstellung bezog sich auf den Vergleich dreier typischer Wandbilder:

1. Im Geschichtsunterricht der 5. Klasse hast Du auch diese drei Bilder kennengelernt.
   Zu welcher Gesellschaftsordnung gehört das erste, das zweite, das dritte Bild? Gib jedem Bild eine Überschrift, die diese Frage beantwortet.
2. Vergleiche die drei Bilder sorgfältig.
   a) Welche wichtigen Unterschiede bei der Arbeit der Menschen stellst Du fest?
   b) Welche wichtigen Unterschiede im Zusammenleben der Menschen stellst Du fest?

Die 3. Frage erforderte eine Werturteil und soll hier ausgespart werden, ebenso die Reproduktion zu Aufgabe 1, weil diese problemlos war.

Die Orientierung der Kinder auf eine Makrostruktur des Lerngegenstandes in Klasse 5 erleichterte es allen Probanden, gewissermaßen durch diesen Filter die Bilder zu analysieren und die Details (eine zeitlich-räumliche Mikrostruktur) in diese einzuordnen.

a) (ANNEGRET): *»Auf dem ersten Bild haben die Menschen einfache Produktionsinstrumente aus Holz. Jeder hat seine eigene Aufgabe. Manche ernten Getreide, andere treiben das Vieh auf die Berge, und jeder lebt in gleichen Hütten. Damals haben die Menschen schon gelernt, die Natur zu verändern. Alle hatten noch die gleichen Rechte und Pflichten.*
Mit der Besiedelung Mesopotamiens, mit der Erarbeitung des ständigen Mehrprodukts und der Arbeitsteilung veränderte sich das Zusammenleben der Menschen. Die Stammesältesten verwalteten das Mehrprodukt und machten es zu ihrem Privateigentum.
Auf dem zweiten Bild sieht man Bauern und ein paar Sklaven, die zur Arbeit gezwungen werden. Sie pflügen den Boden mit Ochsen und einem Pflug mit eiserner Schaar (Kupfer, Eisen). Daneben stehen Aufseher, die Bauern antreiben. Rechts sieht man einen großen Tempel, wo die Priester wohnen. Und einen Schaduf. Hinten kommen der Priester und seine Verwalter, die sich die Arbeit ansehen. Die Menschen hatten neue Produktionsinstrumente erfun-

den, womit die Arbeit erleichtert wurde. Die Priester/Adligen beuteten die Bauern, Handwerker und Händler, Sklaven aus. Es gab keine gleichen Rechte und Pflichten mehr wie in der Urgesellschaft.
3. Bild: Die Sklavenhaltergesellschaft: Sklaven wurden zur Arbeit gezwungen. Die Sklavenhalter beuteten sie aus. Sie hatten neue Produktionsinstrumente erfunden: Tretkran, Egge . . . Die Sklaven waren rechtlos, sie hatten kein Eigentum. Die Menschen erarbeiteten sich ein großes Mehrprodukt.«

Ein analoges Beispiel:

(SILKE): *»Auf dem ersten Bild arbeiten die Pflanzer auf dem Feld mit Hacke und Grabstock. Die Produktionsinstrumente sind aus Holz. Im Hintergrund sind die Tierhalter zu sehen, die ihre Tiere auf der Wiese weiden lassen. Man sieht auch die Häuser. Sie sind aus Lehm und Stroh. Man hat sie rund gebaut.*
Auf dem zweiten Bild sieht man, daß die Menschen besser über die Natur Bescheid wissen. Sie bauen schon Häuser aus Stein und be- und entwässern die Felder durch Kanäle. Sie bearbeiten die Felder mit Pflügen. Die Pflüge ziehen Ochsen (Tiere).
Auf dem dritten Bild sehen wir den Bau einer Wasserleitung. Die Römer haben von den Sklaven auch noch vieles andere Sehenswerte bauen lassen.
In der Urgesellschaft leben die Menschen zusammen. Die Produktionsmittel gehören allen, und jeder bekommt das gleiche. In Mesopotamien gab es schon Unterdrückung. Die Menschen werden zu Sklaven und müssen für die mächtigen Herren arbeiten.
Die Sklaven haben keine Rechte. In der Sklavenhaltergesellschaft ist es genauso und noch schlimmer.«

Das avisierte elementarisierte Geschichtsbild schlägt in allen Arbeiten durch. Auf dieser Verallgemeinerungsstufe verfügen auch die befähigtsten Kinder nicht über die Souveränität, individuell geprägte freie Reproduktionen zu erbringen. Ihre Leistung besteht darin, die Vielfalt des in einem Schuljahr Gelernten anhand visuellen Materials zu ordnen. Dabei haben die vermittelten Ordnungsprinzipien offensichtlich Spuren hinterlassen. Zugleich stellen sich schnell Fehler auf Grund kurzschlüssiger Faktenverknüpfung ein.

Eine Niveaustufung zeichnet sich analog zu den vorangegangenen Beispielen ab.

b) (RENE): *»Auf dem ersten Bild wird viel mit der Hand gearbeitet (mit der Hacke). Auf dem zweiten Bild wird mit Ochsen und dem Pflug gearbeitet. Aufseher sehen dort zu. Sie hatten einen Schaduf erfunden und bauten Tempel, keine Häuser aus Stroh und Lehm.*
Aber den Nutzen erhält der Priester. Auf dem dritten Bild sehen wir eine größere Baukunst, die von Sklaven verrichtet wird. Sie besitzen schon einen Wagen und einen Tretkran, auch hier geht der Nutzen an die Reichen. Sie entwickelten sich weiter und erfanden viel, aber später wendete sich der Nutzen.

In der Urgesellschaft hatten alle gleiche Rechte. Später beutete der eine den anderen aus, und es entstand arm und reich.«

c) (URTE): *»Sie arbeiten noch mit Hacke und Spaten.*
Sie pflügen mit dem Pflug. Sie bauen Tempel.
Sie bauen mit Tretkränen und Aquädukte und Thermen.
Jeder hat seine Arbeit.
Sie arbeiten für den Priester, aber sie bekommen einen Anteil ab.
Die Sklaven müssen für die herrschende Klasse arbeiten.«

d) (ANDREAS): *»Die Menschen benutzen Spaten und stampfen mit ihnen auf die Erde. Das ist die Urgesellschaft.*
Auf dem 2. Bild ist es leichter als auf dem 1. Bild. Die Menschen auf dem 1. Bild mußten mit dem Spaten in die Erde stampfen, und auf dem 2. Bild mußten sie hinter den Ochsen hergehen und verwenden den Pflug.
Auf dem 3. Bild bauen die Sklaven eine Brücke, die heißt Aquädukt, die über einen Fluß geht. Die reichen Leute setzten sich hin und berieten sich, was sie vielleicht noch verbessern können, und die Sklaven müssen bauen, und die Reichen hatten den Nutzen davon. Das 3. Bild ist Sklavenhaltergesellschaft.«

Eine ganz andere Situation finden wir bei der Reproduktion eines Ereignisses vor. Die kognitive Anforderung ist leichter. Die Darstellung folgt dem Ordnungsprinzip der Zeit und ermöglicht über diese die lineare Anordnung des Geschehens. Im Zusammenhang mit der Motivation der Kinder, über die noch zu sprechen ist, wird – während bei Prozeß und Struktur im Höchstfalle die konstituierenden Bausteine der elementaren Zusammenhänge

wiedergegeben werden – hier die vermittelte Stoffpräsentation beinahe vollständig reproduziert, weiter durch phantasiegesteuerte, ausschmückende Aussagenelemente und Details entfaltet und emotional gefärbt.

2.3 Motivation und Emotionalität

Interesse am Geschichtsunterricht und geistige Aktivität ließen sich sehr anschaulich im Ergebnis der teilnehmenden Beobachtung beschreiben; indes wird sich die Diskussion vorrangig auf die Analyse schriftlicher Tätigkeitsergebnisse stützen. In der Interpretation gehen wir von folgenden Prämissen aus:

a) Da das Gedächtnis vorzugsweise die für das Individuum bedeutsamen Merkmale des vermittelten Kontextes im Langzeitspeicher aufbewahrt, sind die individuell reproduzierten Antwortelemente, bezogen auf eine aktuelle Anforderung, ein wichtiger Indikator für die personale Bedeutsamkeit bestimmter Gegenstände und Lernhandlungen. Damit sind notwendigerweise offene Fragestellungen verbunden; sie wurden im 6. Schuljahr entsprechend den gewachsenen Lernerfahrungen der Schüler weiter qualifiziert.

b) Affektive Ladungen von Schüleräußerungen lassen sich annähernd mit psycholinguistischen Methoden analysieren. Die mit dem Institut für Sprachtheorie diskutierten qualitativen Analysen erfolgen aber nicht nur unter diesem Aspekt; sie müssen den gesamten in Kap. I erörterten theoretischen Kontext berücksichtigen.

c) Schließlich ist die Konsistenz von Sach- und vor allem von Werturteilen der Kinder besonders aufschlußreich, da sich die individuelle Beziehung zum Gegenstand in der Wertung besonders deutlich artikuliert.

d) Ergänzt wird dieses Instrumentarium durch eine Erkundung der von den Schülern empfundenen Wirkung des Geschichtsunterrichts, die sie rückblickend am Ende des 5. Schuljahres reflektieren.

Für das 5. Schuljahr liegt ein aufschlußreicher Vergleich vor, wie klassifizierte Anforderungen in schriftlichen Tests bewältigt werden: Nach dem Reproduzieren von Fakten erbringen die Kinder die besten Leistungen bei Anforderungen, die ihre affektiv gesteuerte Urteilsfähigkeit ansprechen: von 90% (Urgeschichte) über 82% (Hochkulturen) bis 78% (Griechenland, Rom). Die im Verlauf des Schuljahres insgesamt leicht abfallende Kurve wird durch Schüler verursacht, deren Lernschwierigkeiten mit steigenden Anforderungen wachsen und die – bei großer Zuwendung zum Geschichtsunterricht! – ihre gefühlsmäßigen Wertungen nicht kognitiv untermauern können.[27]

Affektive Ladungen enthalten fast durchgängig solche Sach- und Werturteile, die das soziale Empfinden und das Harmoniebedürfnis der Kinder ansprechen. Ihr moralisches Bewußtsein ist noch vorwiegend bipolar strukturiert (gut – böse; wahr – falsch; gerecht – ungerecht; tapfer – feige. . .). Zu differenzieren, zu relativieren, Ambivalenzen zu erfassen, was notwendige Bedingungen für Historizieren sind, beginnt sich bei den kognitiv Leistungsfähigsten in Ansätzen herauszubilden. Kontextuale Umstrukturierung vollzieht sich zuerst bei emotional bewegenden Gegenständen. Unaufgefordert stellen die Schüler spontan einen persönlichen Bezug her. Die sprachliche Hülle ihrer Gedanken und Gefühle ist differenzierter als bei rational determinierter Reproduktion; hier kommen schon bemerkenswerte stilistische Umgestaltungen des vermittelten Kontextes zur Wirkung, z.B. der Konjunktiv, die Wiederholung, eine erstaunliche Expressivität.

> Warum sagten die Priester bzw. der König, sie wären »Diener der Götter«?
> (BORIS): *»Um den Glauben der Menschen für sich zu kaufen und um (für die angeblichen Götter) hohe Steuern eintreiben zu können.«*
> (RALF): *»Damit die Bauern sie auch als Herrscher anerkannten. Die unterdrückte Klasse hatte den Glauben an die Religion. Die Priester verdeckten mit dem Glauben an die Religion alles, was sie dem Volk Ungerechtes antaten.«*
> (ANNEGRET): *»Sie verschleierten die Ausbeutung mit Hilfe der Religion. Und sie sagten, daß die Götter Abgaben von den Menschen haben wollen. Dabei speicherten sie die Vorräte und vergrößerten ihr Reich.«*
> (CHRIS): *»Sie nannten sich «Diener der Götter», weil sie ihre Abgaben eintreiben wollten. Ohne die Hilfe der Religion hätten sie das ja gar nicht wagen*

können, weil sich sonst die Leute aufgelehnt hätten. Sie wären selbständig geworden.«

Platon schrieb: »Die Sklaven sind ein Eigentum, das viel Unannehmlichkeiten mit sich bringt, denn sie werden nie Freunde ihrer Herren sein.«
Welche Unannehmlichkeiten meint Platon?
Warum können die Sklaven niemals Freunde ihrer Herren sein?
(DIANA): *»Sklaven bringen die Unannehmlichkeiten mit, Werkzeuge mit Absicht zu beschädigen, Aufstände zu machen und zu fliehen, z.B. Spartacusaufstand.*
Wer wird schon einen Freund haben, der ihn unterdrückt, schlägt und ausbeutet? Die Sklaven werden so von ihren Herren behandelt, deswegen sind die Sklaven keine Freunde der Herren.«
(CHRIS): *»Die Sklaven können schlecht arbeiten oder die Produktionsinstrumente beschädigen oder sogar Aufstände durchführen. Das sind die Unannehmlichkeiten.*
Die Sklavenhalter schänden die Sklaven. Sie schlagen sie. Ich hätte auch keinen Freund nehmen wollen, der mich schlägt.«
(EVA): *»Platon meint Aufstände. Auch machen die Sklaven Werkzeuge kaputt. Sie arbeiten schludrig. (Das machen sie aber nur, weil sie ihre Freiheit wiederhaben wollen.)*
Weil die Herren die Sklaven schlagen, und die Sklaven lassen sich das nicht gefallen. Auch weil die Herren sie als Werkzeuge behandeln und nicht wie Menschen.«
(INES): *»Die Sklaven können die Sklavenhalter nicht leiden, weil die Sklavenhalter nichts für sie übrig haben.*
Die Sklaven müssen die schwerste Arbeit tun, und der Sklavenhalter ist faul. Die Sklavenhalter sagen: ›Die Sklaven sind für uns sprechende Werkzeuge.‹«

Obwohl sich im Geschichtsunterricht der DDR in der Folgezeit eine differenziertere fachwissenschaftliche Sicht auf die Sklaverei durchsetzte, hatte die Mehrzahl der Schüler Schwierigkeiten mit einer adäquaten Aneignung; dagegen war das Schwarz-Weiß-Muster viel zugänglicher. Dies scheint jedoch nicht nur ein entwicklungsspezifisches Problem zu sein, sondern auch ein anthropologisches.

Glorifiziertes Vorbild der Antike ist der geradlinige Held Spartacus.
(JENS): *»Die Menschen bewundern noch heute den Mut Spartacus' und den Kampfgeist. Schon die heimliche Organisierung des Ausbruchs beweist den unerschrockenen Kampfgeist. Seine Klugheit, mit der Spartacus das Heer leitete, verdient Bewunderung. Spartacus bildete sein Heer so gut aus, daß die römischen Legionen teilweise vernichtend geschlagen wurden. Die Römer sandten drei der größten Heere aus, um die Sklaven zu schlagen. Spartacus kämpfte zuerst gegen das Heer, das der römische Feldherr Crassus befehligte.Die erschöpften Sklaven, die durch die langen Märsche geschwächt waren, konnten dem starken Heer der Römer nicht standhalten. Die Sklaven*

kämpften mit viel Mut, konnten aber dann doch nicht dem Heer der Römer standhalten und wurden vernichtet. Durch diesen Kampf zeigte Spartacus der ganzen Welt, daß die Sklaven auch denken können. Spartacus war ein großer Mann in der Geschichte der Menschheit.«

(DANIELA): *»Spartacus war ein Vorbild für die Sklaven. Er gab ihnen den Mut, gegen die reichen Herren zu kämpfen und sie zu besiegen. Auch befreite er viele Sklaven, und sie wurden ein großes Heer. Überall strömten sie her und gingen mit Spartacus. Wir sprechen heute voller Achtung von dem Aufstand, denn er gab anderen Mut. Bis heute noch war sein Name sehr bekannt. Auch heute kämpfen Menschen für ihr Recht und denken immer an Spartacus, wie er es geschafft hatte. Alle behielten ihn im Gedächtnis und nehmen ihn als Vorbild. Er war mutig, tapfer und klug.«*

Bereits 1976 weist H. Rühmann im Ergebnis einer empirischen Untersuchung auf die grenzenlose Verehrung der Schüler für Spartacus hin, auf die Illusion, dieser Mann könne alle Aufgaben lösen.[28]

Die Meinungsäußerungen der Schüler unserer Population widerspiegeln ebenfalls große Bewunderung für den Helden Spartacus. Die emotionale Wirkung des Geschehens ist evident. Aber die Möglichkeiten des Kampfes der Sklaven werden doch realistischer gesehen. Es sind zwei Sichtweisen charakteristisch:

Die erste bleibt im Situativen, auf der Geschehensebene, verhaftet. Das Ereignis wird in seinem Verlauf untersucht, der Hauptgrund für das Scheitern des Kampfes herausgefiltert und daraus der Schluß gezogen:

(KAREN): *»Ja, die Sklaven hätten siegen können, hätten sie zusammengehalten. Zwar hatten sie viel zu wenig Waffen, aber sie wären durchgekommen, wenn sie auf Spartacus gehört hätten und über das Gebirge nach ihren Heimatorten zurückgekehrt wären.«*

(DÖRTE): *»Die Sklaven hätten siegen können, hätten sie sich nicht gespalten und nicht unterschiedliche Meinungen gehabt . . . Weil nur alle zusammen siegen können.«*

(ANNEGRET): *»Meiner Meinung nach hätten die Sklaven nicht siegen können, denn sie waren sich nicht einig. Einige folgten dem Beispiel von Spartacus, die anderen marschierten auf Rom zu, um dort zu kämpfen. Durch diese Spaltung wurde das Heer von Spartacus sehr geschwächt. Das römische Heer hatte bessere Waffen als die Sklaven.«*

Die Aussage ist im Grunde dieselbe; sie wird nur einmal als Möglichkeit (Konjunktiv!) und zum anderen als historische Realität formuliert. Auf diese Weise urteilt die Mehrzahl der Schüler.

Einige Kinder, und das sind kognitiv sehr befähigte, heben sich in ihrer Betrachtungsweise von der Ereignisebene ab und reflektieren das Geschehen elementar-theoretisch. Die Interpretation kann das subjektive Moment nicht ausschließen, da gegenwärtig eine eindeutige Begriffsbestimmung des theoretischen Denkniveaus für pädagogische Entwicklungen aussteht und die verbreitete Trennung von empirischem und theoretischem Denken zu Vereinseitigungen in der Beurteilung von Anforderungen und Entwicklungseffekten führt. Wir fassen empirisches und theoretischen Denken als zwei Grundformen oder Aspekte eines einheitlichen Denkens; die Analyse des jeweiligen Verhältnisses dieser Grundformen ist bedeutsam (vgl. auch »Grundmodell«).

In unseren Beispielen stellen wir erstmals Ansätze hypothetischen Denkens und adäquater sprachlicher Gestaltung fest:

> (RENE): *»Ich schätze, die Sklaven konnten es nicht schaffen, denn die Übermacht ihrer Gegner war zu groß. Sie hätten vielleicht noch eine Chance, wenn sie sich nicht gespalten hätten. Sie wäre aber nur gering. Sie könnten sich durch die Alpen schlagen und jeder in seiner Heimat weiterkämpfen. Aber auch dort gibt es Sklavenhalter, und die Sklaven würden wieder versklavt werden. Ihr Leben ist nicht sicher.* Zu diesem Zeitpunkt hätten die Sklaven nicht siegen können [Hervorhebung vom Schüler].«
> (KARSTEN): *»Ja, wenn sie sich einig gewesen wären, hätten sie die Römer durch Klugheit vielleicht besiegt. Die Sklavenhaltergesellschaft aber nicht.«*
> (GISELA): *»Nein, sie hätten nicht immer den Angriffen der großen Heere der Sklavenhalter standhalten können, obwohl sie, wenn sie zusammengehalten hätten, noch ein paarmal gesiegt hätten.«*

Diese Einsichten schließen nicht den Wunsch der Kinder nach Korrektur des Ergebnisses aus. An der nachfolgenden Äußerung wird deutlich: Die Schülerin folgt in der Darlegung der Ratio. Jedoch die Hoffnung auf einen siegreichen Ausgang des Kampfes der Sklaven stiehlt sich gewissermaßen durch die Hintertür in Gestalt einer Fußnote doch hinein:

> (GRIT): *»Die Sklaven hätten nicht siegen können, denn die Sklavenhalter, die Krieger und der Staat verfügten über Rüstungen und Waffen. Überall um das Mittelmeer herum waren Sklavenhalter und Krieger. Außerdem gab es verschiedene Meinungen bei den Sklaven. Und so haben sie sich dann gespalten. Die Krieger hatten auch eine Kampfausbildung. Die Sklaven waren ja meistens Feld- und Haussklaven und hatten keine Ausbildung im Kampf.«**
>
> * *»Sie hätten vielleicht noch siegen können, wenn sie nicht verschiedene Meinungen gehabt hätten.«*

Vermutlich wirken in diesem Falle nicht nur entwicklungsspezifische Bedingungen, sondern auch solche, wie sie bei der Rezeption von Kunst charakteristisch sind, da die Vermittlung von einer starken literarischen Komponente geprägt war.

Die in Intervallen durchgeführten experimentellen Untersuchungen und Beobachtungen in 5. Klassen machen auf einen Widerspruch zwischen dem oben beschriebenen »historischen« Moralbewußtsein und dem alltäglichen Verhalten der Schüler aufmerksam. Im Zusammenhang mit anderen Reaktionen können wir schlußfolgern, daß sich Kinder dieser Altersstufe in einem eigenartigen Widerspruch zwischen nüchtern-realistischem, kritischem Entdeckerdrang (wissen zu wollen, wie es wirklich war) und Hang zur Legendenbildung oder -bewahrung, zum Aufbau von Illusionen, zum Verwechseln von Fiktionalität und Realität befinden. Allerdings sind die interindividuellen Unterschiede recht erheblich und mit Sicht auf die weitere Entwicklung sowohl entwicklungs- als auch individualspezifisch.

Die dominierende Wirkung des Geschichtsunterrichts (und damit die Potenz für Herausbildung von Geschichtsbewußtsein) ist affirmativ und moralisch gefärbt. Im Zusammenhang mit dem Niveau der geistigen Fähigkeiten und den noch begrenzten Lebenserfahrungen der Kinder dokumentieren ihre Urteile sowohl elementare »Wahrheit« als auch Kurzschlüssigkeit (auf der Basis des Analogieschlusses) und Unlogik bis zur Irrationalität, und zwar nicht nur inter-, sondern auch intraindividuell. Diese Mischung kann vielleicht als kindliche Originellität empfunden werden, weil sie sich so charakteristisch von den Äußerungen Erwachsener unterscheidet.

Dazu eine Auswahl von Schüleräußerungen zu einer Befragung mit offenem Indikator: Was ist das Wichtigste, das Du aus der Geschichte der Urgesellschaft für Dein eigenes Leben gelernt hast?

Inhaltlich lassen sich diese Äußerungen gruppieren:

a) Aussagen zur Verbesserung des Lebens bzw. Weiterentwicklung durch die Arbeit:
(MICHAEL): *»Die Urgesellschaft entwickelte sich durch die Arbeit. Wir müssen gut lernen, um später einen ordentlichen Beruf zu haben und arbeiten zu können. Die Urgesellschaft entwickelte sich durch die Arbeit, also entwickeln wir uns auch durch die Arbeit. Es darf auch keinen Krieg mehr geben, sonst geht alles, was wir durch unsere Arbeit aufgebaut haben, wieder verloren. Sonst fängt die Entwicklung wieder von vorne an.«*
(JENS): *»Daß man nur durch die Arbeit einen Fortschritt erreichen kann und nicht durch Faulenzen. Man muß es immer wieder versuchen, wenn es auch nicht klappt, denn die Urmenschen haben auch unermüdlich gearbeitet, denn nur so kann man einen großen Fortschritt erreichen, wie z.B. den Getreideanbau. So ein Fortschritt geht sehr langsam, denn es muß alles erst erarbeitet werden. Wir sind jetzt froh, daß wir ein so schönes Leben haben, und die Menschen in der damaligen Zeit waren froh, wenn sie etwas zu essen hatten und zum Leben. Sie hatten auch nur Häuser aus Lehmziegeln und Strohdächer. Wir haben heute widerstandsfähige Häuser, die aus festem Beton bestehen.«*
(ASTRID): *»Ich finde, das Wichtigste ist, daß man arbeitet. Wir brauchen ja schon nicht so viel zu arbeiten wie die Urgesellschaft. Das Arbeiten ist auch wichtig, daß wir uns auch weiterentwickeln, daß die Nachfahren nicht in der gleichen Zeit leben wie wir. Und auch sagen, daß wir fleißig waren.«*

b) Aussagen zum Schöpfertum der Menschen:
(FRANK): *»Die Arbeit war das Wichtigste der Urgesellschaft. Sie mußten arbeiten, damit sie leben können. Ich muß fortschrittlich in meinem Leben arbeiten. Man muß immer Neues und Besseres erfinden. Dadurch wird das Leben, die Arbeit und die Arbeitserträge besser.«*
(KAREN): *»Das Wichtigste in der Urgesellschaft ist die Arbeit. Unsere Arbeit besteht aus Lernen in der Schule. Heute ist das Wichtigste auch die Arbeit. Ohne Arbeit könnten wir nicht leben. Genauso war es auch in der Urgesellschaft. Durch die Wissenschaft wird heutzutage die Arbeit für unsere Eltern und andere Menschen leichter, z.B. Lehrer ist auch ein wichtiger Beruf. Würde es keinen Lehrer geben, so würden die Kinder, die ja auch mal arbeiten wollen, keine Erkenntnisse haben.«*
(CHRIS): *»Das Wichtigste für mein Leben sind die Überlegungen und das Denken der Urmenschen. Was mich beeindruckt hat, sind die vielseitigen Erfindungen.«*
(GISELA): *»Ich habe aus dem Leben der Urgesellschaft für mein eigenes Leben gelernt: nach immer neuen Möglichkeiten für ein besseres und schöneres Leben der Menschen zu suchen, daß nur durch gemeinsame Arbeit etwas erreicht werden kann.«*
(Gisela fällt aus der Population insofern heraus, als die altersspezifischen Merkmale der Aneignung für sie nicht zutreffen. Allerdings wurde ihr Vorsprung in den Folgejahren – nicht nur im Fach Geschichte – nivelliert.)

c) Aussagen zur Arbeit als Existenzgrundlage der Menschen:
(KERSTIN): *»Die Arbeit war das Wichtigste der Urgesellschaft. Ich muß sehr fleißig lernen, um später einen Beruf ergreifen zu können. Alle können einen Beruf durchführen, die die Schule abgeschlossen haben. Die Arbeit war sehr wichtig. Wenn es keine Arbeit gäbe, würden wir nicht leben können.«*
(TINA): *»Ich empfinde doch, daß die Arbeit das Wichtigste ist, denn man konnte damals auch nur durch die Arbeit überleben, weil man seine Nahrung doch in der damaligen Zeit sammeln, suchen, jagen, fischen und säen mußte.«*
(SILKE): *»Das Wichtigste, was die Urgesellschaft schon begonnen hatte und wir weiterführen müssen, ist die Arbeit. Ohne Arbeit kann der Mensch nicht leben. Wenn ich nicht lernen würde, würde ich dumm bleiben und könnte keinen besonderen Beruf erreichen.«*

d) Aussagen mit starkem Moralbezug:
(KAREN): *»Ich habe viel gelernt, z.B. daß die Urmenschen sehr fleißig waren, aber von heute die Menschen auch. Die Urmenschen haben sehr viel erfunden wie das Getreide oder manche Werkzeuge, die es heute noch stark verbessert gibt. Die Urmenschen haben den Grundsatz für unser heutiges gutes Leben gesetzt.«*
(EDWIN): *»Ich will mein Vaterland, wenn ich groß bin, unterstützen. Denn es soll zu einem noch höheren Fortschritt des Volkes kommen. Um ein besseres,*

höheres Leben der Menschen zu erleben. Ich will mich nach meinem Vater richten. Ich kann dazu beitragen, daß ich arbeiten gehen will.«
(ANKE): *»Ich habe gelernt, nicht alles für mich zu behalten. Nicht faul zuzusehen, wie ein anderer sich abrackert. Sich das Essen und Trinken oder auch die Kleidung zu erarbeiten und nicht (nur die Forderung danach – D.K.) zu stellen. Ich habe gelernt, die Natur zu achten und wenigstens nicht z.B. den Wald anzuzünden.«*
(UTE): *»Ich habe für mein Leben gelernt, daß ich mit jedem teilen muß und nicht alles für mich haben kann. Auch darf ich nicht faul sein.«*
(CATRIN): *»Ich habe gelernt, immer die Arbeit zu nutzen und daß jeder ein Recht auf Arbeit hat. In der Urgesellschaft zankten und verkloppten sie sich nie, das will ich auch nicht.«*
(KATRIN): *»Ich habe gelernt, daß man nur mit Arbeit und Denken ein guter und fleißiger Mensch wird.«*

Insgesamt weisen die von elfjährigen Kindern geäußerten Wertungen charakteristische Merkmale auf. Dazu gehören

- ihr vorwiegend empirischer Charakter,
- die ausgeprägte emotionale Komponente,
- eine idealisierte, undifferenzierte Problemsicht und die Polarisierung der Meinung (entweder – oder) sowie eine damit verbundene Kurzschlüssigkeit auf der Basis des Analogieschlusses,
- das Unvermögen zu gründlicher Selbstreflexion und polemischer Auseinandersetzung,
- die unkritische Übernahme der Meinung autorisierter Personen, willige Urteilsänderung,
- die Neigung zu vollständiger Identifikation oder Ablehnung.

Es finden sich kaum Hinweise auf eine kritische Betrachtung der Vergangenheit oder Gegenwart. Inwieweit dies der Altersspezifik oder aber der DDR-Spezifik zuzuschreiben ist, müssen weitere Untersuchungen klären. Vermutlich wirkt in der Population beides zusammen; vergleichende Untersuchungen wären angesichts der veränderten soziokulturellen Bedingungen in den neuen Bundesländern ebenso erforderlich wie entsprechende Recherchen in den alten Bundesländern.

Illusorische Vorstellungen vom »Erfinderdrang« der Urmenschen (der Terminus wird falsch gebraucht) und deren harmonischen zwischenmenschlichen Beziehungen sind wohl den Zeiterfahrungen der Schüler ebenso wie der Unterrichtskonzeption zuzuschreiben. Allerdings kommen sie den Rezeptionsbedingungen auch entgegen.

Aus der Befragung am Ende des Schuljahres erfahren wir Bedeutsames über die Verinnerlichung des historischen Stoffes bei der Population tendenziell und individualtypisch.

Im gegenständlichen Interesse zeichnet sich eine eindeutige Rangfolge ab:

Urgesellschaft	41,61 %
Hochkulturen	2,48 %
Athen	7,45 %
Römisches Reich (allg.)	7,45 %
Spartacus-Aufstand	63,35 %
Entwicklungslinien	2,84 %

Mit einiger Vorsicht dürfen wir vermuten, daß besonders Bedeutsames zuerst aus dem Langzeitgedächtnis abgerufen wird. Was in den Reminsiszenzen lebendig wird, verdeutlicht die folgende Auswahl:

(ANKE): *»Mir hat besonders gut die Entwicklung der Menschen zu Anfang gefallen. Als die Urmenschen noch die Tiere mit Steinen und Händen erlegen mußten. Das Bild, auf dem ein Nashorn mit Steinen bekämpft wurde, hat mir sehr gut gefallen.«*

(DÖRTE): *»Die Urgesellschaft hat mir besonders gut gefallen. Sie hatten gleiche Rechte und Pflichten, dafür hatten sie primitive Arbeitsmittel. Es gab keinen Staat und keine Ausbeutung. Keiner hatte Privateigentum.«*

(KAI): *»Am liebsten erinnere ich mich an den Anfang der 5. Klasse. Als wir lernten, wie Urmenschen lebten und arbeiteten. Wie sie Fortschritte erreichten und sich das Leben verbesserte.«*

(JENS): *»Besonders gern erinnere ich mich an die Stunden, wo wir die Urgesellschaft durchgenommen haben. Es ist schade, daß wir nur so wenig Stunden dafür hatten. In der Urgesellschaft hatten alle gleiche Rechte und Pflichten. Die Produktionsinstrumente gehörten allen Menschen des Dorfes oder des jeweiligen Stammes.«*

(CATRIN): *»Ich erinnere mich gern an die Pflanzer und Tierhalter. Sie waren nicht mehr so abhängig von der Natur, lebten friedlich und ohne Aufseher zusammen. Sie waren nicht mehr so unterentwickelt.«*

(TINA): *»Ich erinnere mich besonders an die Urgesellschaft, weil wir da erfuhren, wie die Menschen sich das alles erarbeitet haben, wie z.B. die Produktionsinstrumente, die Kleidung aus Fell, wie sie die Tiere jagten. Da habe ich empfunden, wie sie lebten. Sie mußten sich alles allein erarbeiten. Das finde ich gut, denn sie waren fleißig und brauchten keine Sklaven. Sie hatten keinen Staatsapparat.«*

(ANTJE): *»Am schönsten fand ich die Urgesellschaft. Dort lebten alle in Ruhe und Frieden. Es wurde keiner ausgebeutet. Es konnten alle leben. Sie hatten gleiche Rechte und Pflichten. Sie arbeiteten, ohne daß sie einer antreibt.«*

(BORIS): *»Ich erinnere mich gern daran, wie sich die Menschen weiterentwickelten. Wie sie lebten, was sie erfanden und wie sie einen so großen Fortschritt vollbrachten. Auch erinnere ich mich gern an den Spartacus-Aufstand. Dort zeigten die Sklaven, daß sie auch nicht dumm sind. Sie kämpften um*

Gerechtigkeit, um ihr Recht. Sie wollten nicht mehr wie Tiere behandelt werden. Sie kämpften um ihre Freiheit.«

(JAN): *»Ich erinnere mich gern an die Urgesellschaft. Ich finde es gut, wenn die Menschen alle zusammenhalten und einer für den anderen da ist. Auch den Spartacus-Aufstand fand ich gut, wieviel Mut sie hatten.«*

(CHRISTIAN): *»Am meisten hat mich beeindruckt, wie die Menschen gearbeitet haben und unter welchen Bedingungen.«*

(KARSTEN): *»Das Schönste, was ich fand, war die Entwicklung der Urgesellschaft. Wie sie immer neue Produktionsinstrumente hatten. Und wo sich das Wissen entwickelt hat.«*

(ANNEGRET): *»Ich erinnere mich besonders gern daran, wie die Menschen so gut und friedlich zusammen gelebt hatten und plötzlich die große Sklaverei kam. Die Menschen waren danach so unglücklich. Das beeindruckte mich sehr.«*

(BEATE): *»Das Wichtigste im 5. Schuljahr war für mich, daß die arbeitenden Menschen (Sklaven) immer wieder unterdrückt wurden, sich aber wehrten durch: schlechte Arbeit, Flucht und Kämpfe (z.B. Spartacus-Aufstand). Interessant fand ich auch zu verfolgen, wie sich die Produktionsinstrumente entwickelten und die Menschen immer mehr Neues erfanden.«*

(CHRIS): *»Mir hat die Behandlung des Stadtstaates Athen viel Spaß gemacht. Mich interessieren besonders die Sagen der Götter und Helden.«*

(KATRIN): *»Mir haben am besten die schönen Töpfe gefallen, wo Geschichten drauf sind.«*

(OLAF): *»An den Spartacus-Aufstand erinnere ich mich noch. Er war für mich das Wichtigste im Geschichtsunterricht.«*

(SIMONE): *»Mir hat die Geschichte des Spartacus-Aufstandes am besten gefallen. Sie wurde spannend und beeindruckend erzählt. Am spannendsten war die Stelle, wo die Sklaven auf dem Vesuv gegen das Heer Legionäre kämpfen mußten. In der Geschichte kam Tamar vor. Sie war sehr mutig.«*

(MATHIAS): *»Besonders gern erinnere ich mich an die Bilder zum Spartacus-Aufstand. Das hat mir sehr viel Spaß gemacht. Beim Spartacus-Aufstand hat mir gefallen, wie sie ausgebrochen sind und den Besitzer der Gladiatorenschule gegen sich hatten. Aber trotz der Wachen und der Aufseher sind sie ausgebrochen. Und dann, wo sie auf dem Berg waren, wo es nur einen Aus- und Eingang gab. Es war ein schönes Jahr, und mit Geschichte beschäftige ich mich immer gern.«*

(MARIO): *»Ich denke besonders gern an den Spartacus-Aufstand. Es ist bloß schade, daß wir ihn bloß eine Stunde behandelt haben.«*

(GISELA): *»Mir hat am besten die Geschichte der Urgesellschaft und der Spartacus-Aufstand gefallen. In der Urgesellschaft lebten die Menschen sehr gut, und ihre Entwicklung war sehr spannend, weil sie durch ihre Arbeit viel erfunden hatten. Am Spartacus-Aufstand fand ich sehr spannend, als die 3 000 Kämpfer der Römer den Vesuv umstanden und die Sklaven sie* *besiegten. Ich hatte mich sehr oft gefragt, ob die Sklaven es schaffen konnten.«*

(HEIKE): *»Mir hat besonders der Sklavenaufstand gefallen unter Spartacus. Und wie Frau X die Geschichte mit Tamar und ihrer Mutter und dem Gutsbesitzer erzählt hat. Als die Menschen nach Mesopotamien übergesiedelt sind und es dadurch zur Ausbeutung kam, war auch sehr interessant. Es war auch entsetzlich anzusehen, wie die Bergwerkssklaven und andere Sklaven arbeiten mußten und ausgebeutet wurden.«*

Die Schüler erinnern weniger Unterrichtsgegenstände als vielmehr Bewußtseinsinhalte und Präsentationsformen, situative und gegenständliche Details. Im Zusammenhang mit den kognitiven Leistungen darf man schlußfolgern, daß kognitiv Angenommenes nicht primär sinnbildend wirken muß. Eher wird die Vermutung verstärkt, daß die motivationale Grundsituation der Kinder eine andere ist, als Lehrplangestalter es für wünschenswert erachten.

2.4 Faktoren für die mit dem Lernalter fortschreitende Heterogenisierung der Population

Offenkundig stehen wir mit dieser Frage, die von erheblicher Praxisrelevanz ist, am Anfang einer Forschungsrichtung, die ein anderes Untersuchungsinstrumentarium als das bislang stark soziologisch und sozialwissenschaftlich intendierte erfordert. Die Notwendigkeit einer interdisziplinär konzipierten Forschungsstrategie unter Einbeziehung von Vertretern verschiedener Teildisziplinen der Psychologie, der Psycholinguistik und Didaktik, wurde bereits in Kap. 1 betont. Individuelle Mechanismen und Verlaufsformen historischen Lernens lassen sich diskriminieren, wenn es gelingt, einen komplexen Lernvorgang handlungsgenetisch zu strukturieren und die aktualgenetischen Schrittfolgen bis zum Abschluß der Handlungsgenese bei den Schülern zu analysieren. Da diese Prozesse entsprechend dem derzeit zur Verfügung stehenden Untersuchungsinstrumentarium lediglich in der Exteriorisation beobachtbar sind, ist zugleich die Grenze benannt. Andererseits bieten die im Vergleich zu älteren Schülern, bei denen das Lernen stärker interiorisiert abläuft, breit entfalteten exteriorisierten Handlungen jüngerer Kinder auch Chancen für wissenschaftlich verwertbare Daten.

Wir untersuchen Aktual- und Handlungsgenese an einem historischen Entwicklungsprozeß, der mit gravierenden Strukturveränderungen in der Gesellschaft verbunden war – an der Herausbildung einer Hochkultur in Mesopotamien. Eine zentrale Stellung in der Problematik nimmt die Tempelwirtschaft ein. In einem Rollenspiel wurden die Veränderungen im Zusammenleben und die verursachenden Faktoren dargestellt.

Am Beispiel der Reproduktionsleistungen von vier Kindern, die unterschiedliche Aneignungsniveaus repräsentieren und in Kenntnis des Unterrichtsverlaufs wollen wir eine Rekonstruktion der individuellen Lernvorgänge versuchen.

Unter der Fragestellung »Was veränderte sich im Zusammenleben der Menschen in Mesopotamien um 3 000 v.u.Z.?« wurden die Reproduktionen geprüft; die erste in der nachfolgenden Unterrichtsstunde und die zweite im Abstand von vier Wochen.

Die kontextuale Situation war für alle Kinder dieselbe; ein Umstand, der uns noch beschäftigen wird. Die Differenzierung beginnt offensichtlich schon mit dem Wahrnehmungsprozeß. Dieser ist von der bereits vorhandenen kognitiven Struktur und der Motivation des jeweiligen Kindes abhängig, und seine Qualität hat wiederum Einfluß auf den Informationsverarbeitungsprozeß. Da alle Kinder mit Eifer bei der Sache waren, scheiden Faktoren wie Unaufmerksamkeit, Unlust etc. für die Interpretation aus.[29]

a) (GRIT):

1. Reproduktion:
»Die Priester/Adligen logen den Menschen vor, sie stehen mit den Göttern im Bunde. Sie mußten Abgaben zu den Tempeln bringen. Die Menschen glaubten das auch, denn die Priester wußten sehr viel. Die Bauern, Handwerker und Sklaven mußten für die Priester arbeiten, aber die Priester hatten den Nutzen der Arbeit. Sie eigneten sich auch das Mehrprodukt an.«

2. Reproduktion:
»Sie hatten ein ständiges Mehrprodukt. Es gab Klassen. Die Priester und Adligen beuteten das Volk aus. Es gab einen Fortschritt, aber auch Ausbeutung. Die Priester und Adligen eigneten sich das Mehrprodukt an.«

Offensichtlich repräsentiert Grit eine Gruppe von Schülern, auf deren kognitives und motivationales Niveau die Konzeption des Unterrichtsexperiments zugeschnitten war. Die Präsentation der Vorstellungen, wie sie die Lehrerin gestaltete, enthält sensorische und semantische Merkmale, die dem Niveau der Informationsaufnahme- und -verarbeitungsprozesse entsprechen. Infolgedessen werden sie von Grit in der Wertigkeit ihrer Bedeutungen wahrgenommen. Erleichtert wird dieser Vorgang dank der Fähigkeit Grits, die Problemrepräsentation zu vereinfachen, sich also auf wesentliche Zusammenhänge zu konzentrieren. Im Verarbeitungsprozeß werden die Vorstellungen in der genetischen und strukturellen Verknüpfung der Merkmale analysiert und im Hinblick auf die wesentliche Strukturierung gefiltert. In der ersten Reproduktion abstrahiert Grit bereits vom Situativen; das episodische Gedächtnis hat seine Arbeit getan; im Langzeitgedächtnis sind die semantischen Repräsentationen präsent.

In der Folgezeit rationalisiert das Gedächtnis den Kontext weiter zu begrifflicher Dichte. Das Spurenmuster hat sich tiefer eingegraben. Wie die Aufsätze am Ende des 10. Schuljahres beweisen, wird es habitualisiert.

b) (HEIKE):

1. Reproduktion:

»Die Menschen, die nach Mesopotamien gezogen sind, haben das Land be- und entwässert. Dann konnten sie Felder anlegen. Weil der Älteste ja bestimmte, konnte er auch sagen, daß die Göttin zu ihm gesagt hätte, er könne sich alles nehmen. Er hatte ja auch Krieger, die ihn beschützten. Die Menschen mußten für ihn arbeiten, bekamen aber nicht so viel, wie sie erarbeiteten. Die Sklaven mußten auch arbeiten und bekamen noch weniger (Zwangsarbeit). Sie wurden angetrieben. So entstand ein Mehrprodukt. Den Ältesten nennt man Priester. Der Adlige sagte, er wäre mit einer Göttin zusammen, und sie hätte gesagt, er könne sich alles nehmen. So bekamen nur noch die Menschen etwas zum Essen, die arbeiteten. Die anderen bekamen nur ganz wenig.«

2. Reproduktion:

»Die Bauern, Handwerker und Töpfer mußten Abgaben leisten. Alles, was sie herstellten, gehörte den Priestern. Den Arbeitern gehörte nichts. Die Priester hatten auch Berater, Verwalter und Soldaten. Das nennt man Staatsapparat.«

Der Umfang der ersten Reproduktion könnte zunächst auf eine entwickeltere Erzählkompetenz schließen lassen. In Wahrheit läuft diese aber auf einer anderen Niveaustufe ab als bei Grit. Heike pendelt zwischen zwei kognitiven Ebenen: der situativen, kontextabhängigen und der begrifflichen. Offensichtlich wird die Reproduktion sowohl aus dem episodischen als auch dem semantischen

Gedächtnis gespeist. Daraus ergeben sich Sprünge in der Gedankenführung; fachliche Fehler schleichen sich ein.

Auch Heikes Gedächtnis rationalisiert. In der zweiten Reproduktion wird die kontextbezogene Kodierung im episodischen Gedächtnis nicht abgerufen, dagegen wird das semantische Gedächtnis mobilisiert. Im Unterschied zu Grit ist jedoch nicht die sachlich notwendige vertikal und horizontal verknüpfte kognitive Struktur abrufbar, und vermutlich wurde sie unvollständig enkodiert. D.h. wesentliche, im vermittelten Kontext enthaltene sensorische und semantische Merkmale gingen beim Verarbeitungsprozeß verlustig, vermutlich zugunsten ausschmückender Details.

c) (JANA):

1. Reproduktion:

»Es veränderte sich im Leben der Menschen, daß die Göttin zu den Priestern und Adligen sagte: «Du darfst dir die Felder nehmen, so viel, wie du willst. Du darfst dir auch die Waisen und die Tiere nehmen.»Dann sagte die Göttin: «Du darfst dir auch den Gemeindespeicher nehmen.»Nun hatten die Menschen gar nichts mehr. Sie hatten den Gemeindespeicher, den haben nun die Priester und Adligen.«

2. Reproduktion:
»Es veränderte sich im Zusammenleben der Menschen in Mesopotamien, daß das, was sie erarbeitet hatten, nicht mehr ihnen gehörte, sondern dem König.«

Bei Jana wird in der ersten Reproduktion die kontextuale Situation fast eidetisch wiedergegeben. Lediglich in den beiden letzten Sätzen nimmt sie eine geringfügige Verallgemeinerung vor. Offensichtlich erfolgte bei Jana nach der Informationsaufnahme kaum ein Verarbeitungsprozeß, denn sie reproduziert den vermittelten Vorstellungskomplex, ohne diesen nennenswert kognitiv zu durchdringen. Der Aneignungsprozeß funktioniert nicht in dem didaktisch erwünschten Maße.

Die Ursachen können vielfältig sein: Jana ist vermutlich kognitiv überfordert; die Anforderung liegt noch außerhalb der Zone der aktuellen Leistung, vielleicht auch außerhalb der Zone der nächsten Entwicklung. Es kann bei diesem emotional sehr ansprechbaren Mädchen während des Rollenspiels eine Blockierung eingesetzt haben, die den Verarbeitungsprozeß verhinderte. Es können Phantasiebilder den Vorgang überlagert haben und ihre Aufmerksamkeit abgelenkt haben. Sie kann das Spiel, speziell die Vereinnahmung des Gemeindespeichers, als ein unangenehmes Erlebnis empfunden haben, das sie verdrängt etc.

Offensichtlich sind Janas Denk- und Gedächtnisprozesse nicht in der Lage, selbständig den rezipierten Kontext semantisch zu filtern und diese Merkmale ins Langzeitgedächtnis zu überführen. Infolgedessen spiegelt die Verallgemeinerung, die auch Jana in der zweiten Reproduktion vornimmt, lediglich ein Merkmal des Zusammenhangs wider.

d) (ANDREAS):

1. Reproduktion:
»Der Priester hat dem Handwerker alles weggenommen. Dann sagte er noch zu den Arbeitern: ›Die Göttin hat gesagt, daß ich mir ein paar Tiere nehmen kann und auch noch Felder und den Speicher.‹«

2. Reproduktion:
»Die Priester haben zu den Leuten gesagt:'Die Götter haben gesagt, daß ich mir mehr Land nehmen kann, und die Göttin hat auch noch gesagt, daß ich mir Vieh nehmen kann.' Da wollten die Leute die Götter sehen, aber der Priester hat gesagt, daß sie die Götter nicht sehen können.«

Andreas erzählt in der ersten Reproduktion den Kontext, reduziert auf Bruchstücke, nach. Der Terminus »Arbeiter« war dort nicht enthalten. Solche den Alltagserfahrungen entnommenen Ersatzwörter für fachspezifische Begriffe finden wir in der Population häufig. Aufschlußreich ist Andreas' Verallgemeinerungsniveau in der zweiten Reproduktion. Aus dem einzelnen Priester werden die Priester, aus der Göttin die Götter, aus dem Handwerker und den Arbeitern Leute. Ein paar Tiere werden zu Vieh, Felder werden zu Land. D.h. Andreas Verallgemeinerung geht nicht über die individualbegriffliche Ebene hinaus, aber es ist eine Verallgemeinerung. Bei einer wirklichen Binnendifferenzierung des Unterrichts hätte er eine Chance, auf seinem Niveau zu verstehen. So aber speichert er den Vorgang als Einzelfall und kann ihn nicht historisch einordnen. Er hat Schwierigkeiten, diesen Einzelfall von einem anderen zu diskriminieren; so bezieht er ein situatives Detail aus einem anderen Kontext einfach ein.

(Der Satz »Aber der Priester hat gesagt, daß sie die Götter nicht sehen können.« entstammt einem Hörspiel.)

Diese Charakteristika historischen Lernens, bezogen auf Individualklassen von Schülern, wiederholen sich auch beim Abprüfen einer analogen Anforderungssituation in der Sequenz Athen.

Andreas' zunehmende Lernschwierigkeiten äußern sich darin, daß er anstelle des vermittelten Kontextes assoziative Ersatzbilder, vermutlich aus den Medien, reproduziert:

> (ANDREAS): *»Die reichen Leute hatten Gold und Silber und noch andere Dinge, aber die Bauern hatten ein Strohhaus und noch eine Familie. Sie konnten sich gerade noch ernähren. Aber die Reichen, die konnten sich schöne Sachen kaufen und noch andere Dinge, aber die Bauern hatten ein altes Hemd und eine alte Hose.«*

Gegenwärtig sind wir beim tradierten didaktischen Zuschnitt des Geschichtsunterrichts nicht in der Lage, den doch erheblichen Entwicklungsunterschieden der Kinder mit einem lern- und entwicklungspsychologisch begründetem Konzept zu entsprechen.

Da die Selektion bereits mit dem Wahrnehmungsprozeß beginnt, wäre schon in Phase A des Aneignungsprozesses, bei der Vermittlung eines Vorstellungskomplexes vom jeweiligen Ausschnitt der Vergangenheit zu differenzieren. Gerade in dieser Schlüsselsituation wird jedoch in der Regel nur eine Version angeboten (ein bestimmtes Medium, ein Lehrervortrag für alle). Möglichkeiten der Binnendifferenzierung werden, wenn überhaupt, erst beim Verarbeitungsprozeß genutzt oder bei Transferleistungen. *Was die Wahrnehmungsmöglichkeiten der Schüler überfordert, kann aber durch keine andere didaktische Maßnahme ersetzt werden.*

Mit fortschreitendem Lernalter vergrößern sich die Desiderata vor allem bei Schülern der Individualklasse d) immer mehr. Dies ist kognitionspsychologisch leicht erklärbar. Anstelle der Vernetzung neuer Informationen mit der bereits vorhandenen kognitiven Struktur werden nur partielle Einordnungen möglich. Dagegen überwiegen ikonische Abbilder von situativen Momenten historischen Geschehens. Da sich diese Schüler ständig überfordert fühlen müssen, resignieren sie schließlich, und die ursprünglich positive Motivation für historisches Lernen verkehrt sich in das Gegenteil.

2.5 *Entwicklungsfortschritte beim historischen Lernen der Zwölfjährigen*

Das 6. Schuljahr fiel mit der Wende zusammen (1989/90). Unsere Motivation für den Langzeitversuch wuchs, glaubten wir damals doch an die Möglichkeit, unsere Erkenntnisse in einem Curriculum für den Geschichtsunterricht in Brandenburg materialisieren zu können. Die nunmehr auch öffentliche Sanktion differenzierter Lern- und Sozialformen und deren unterschiedliche Wirkungen im Lernprozeß prägten die Akzentuierung des Langzeitversuchs in diesem Schuljahr. Eine detaillierte, auf die gesamte Population bezogene Auswertung der empirischen Untersuchung, befindet sich derzeit noch in der Bearbeitungsphase. Die folgenden Beobachtungen beziehen sich auf psychische Neubildungen im Prozeß historischen Lernens, wie ich sie bei Schülerinnen und Schülern meiner eigenen Klasse miterleben konnte. Auch aus der Perspektive des 7. Schuljahres kann die gewiß nicht ganz vermeidbare Subjektivität der Interpretation begrenzt werden.

Das für Elfjährige beschriebene *Spannungsverhältnis von kognitiven Möglichkeiten und Fähigkeiten einerseits und motivationaler Grundsituation andererseits bleibt weiterhin bestehen.* Die Rangfolge von Gegenständen und Präsentationsformen bzw. Lernhandlungen, die die Schülerinnen und Schüler bei der gemeinsamen Planung einer Sequenz vornehmen, widerspiegelt für diese Entwicklungsperiode typisches Affines und Diffuges.[30]

In der Zuwendung der Kinder dominieren weiterhin konkrete Lebenssituationen, Menschenschicksale, die mit ihrem Erfahrungshorizont korrelieren, interessante gegenständliche Erkundungen, situative Details. Ein Zuwachs ist vor allem in der Fähigkeitsentwicklung nachweisbar. Das Erzählen (Nacherzählen und Umstrukturieren in der Reproduktion) erreicht seinen Höhepunkt in der Exteriorisation, bis es (nachgewiesen ab dem 7. Schuljahr) zur Reflexion tendiert, wie sich die Lernvorgänge überhaupt stärker intern vollziehen. Beachtlich ist das eidetische Gedächtnis. Sach- und Werturteile gewinnen an historischem Realismus, offenbaren zugleich weiterhin das Harmoniebedürfnis der Kinder.

Das Verhältnis von Bedeutung und Sinn versuchten wir mit unterschiedlichen Fragestellungen zum gleichen Sachverhalt zu erkunden. Einmal wurde nach der Bedeutung gefragt, zum anderen wurde die Erlebenssphäre angesprochen. Man könnte auch so differenzieren: Die erste Frage zielte auf die Ebene C des Aneignungsprozesses und die zweite auf die Ebene A. Wenn der Aneignungsprozeß so verlaufen wäre, daß der historische Sachverhalt verinnerlicht, emotional und rational verstanden wurde, dann müßten die reproduzierten Inhalte zu Frage 1 und 2 weitgehend übereinstimmen. Dies war *nur bei einem Schüler* (Manuel) der Fall: »Das habe ich doch hier schon geschrieben.« Bei allen anderen stimmten die ausgewählten Fakten zu Frage 2 mit denen (im Tafelbild gespeicherten) zu Frage 1 nicht überein. Der Unterrichtsverlauf ergab keine Verdachtsmomente auf Überforderung der Schüler. Wir müssen daraus schlußfolgern: Die kognitiv determinierten, im fachwissenschaftlichen Sinne stringenten *Bedeutungen* des Gegenstandes haben wohl weniger Einfluß auf die Konstituierung von Geschichtsbewußtsein, als wir eingestehen möchten. Der *Sinn* ist für die Kinder ein anderer. Zugleich individualisieren und verfestigen sich Sinnbildungsstrategien diskriminierbar. Sie lassen sich bei einigen Kindern, deren Persönlichkeitsprofil schon recht ausgeprägt ist, beschreiben.

Vor die Wahl gestellt, entweder in die Rolle eines Geschichtsschreibers (Einhard) zu schlüpfen und einen Text über die Grundherrschaft für die Chronik zu schreiben oder aber zu erzählen, was Ebbo in der Grundherrschaft erlebte, entschieden sich alle Kinder meiner Klasse für die historische Erlebniserzählung, in die sie Elemente einer Sendung des Unterrichtsfernsehens aufnahmen. Das war überraschend, denn ich hatte die stringentere, quellenkundliche Variante der Vermittlung gewählt, in der Ebbo nicht vorkam. Meine Schülerinnen und Schüler folgten also nicht meiner Vermittlungsstrategie, sondern ihrer bevorzugten Aneignungs- und Reproduktionsweise.

Die Mehrzahl der Kinder bezieht in ihre Darstellung Fakten und situative Details ein, die über die Vermittlung des Unterrichtsgegenstandes Grundherrschaft im engeren Sinne hinausgehen. Dies ist zunächst einmal ein Beleg, daß sie über eine disponible kognitive Struktur zu einem relativ umfassenden historischen Sachverhalt verfügen, so daß sie in die Lage versetzt werden, über die vermittelte Struktur hinauszugehen und einen neuen Gedächtnisinhalt zu produzieren (Inferenzprozeß).

Dennoch erzählen sie auf eine klassifizierbare Weise anders. Dies wollen wir an den Geschichten von Manuel, Tino, Claudia und Susanne exemplifizieren:

> (MANUEL): *»Ebbo wächst auf einem Fronhof auf. Heute ist gerade Abgabetag, einmal im Monat. Die Bauern geben je nachdem Erträge ab, wie z.B. Getreide, Stoff, Werkzeug, Obst oder Gemüse. Der Verwalter, der Meier, ist von einem Feudalherrn eingesetzt worden, er kann nach Bedarf die Abgaben und Dienste erhöhen oder, was sehr selten vorkommt, erniedrigen.*
> *Heute ist der Meier gut gelaunt, weil heute Abgabetag ist. Er ist schon sehr früh auf den Beinen. Die ersten Bauern kommen schon an. Der reiche Bauer Siegfried kommt auf seinem Wagen gefahren, dagegen der arme Bauer Diethelm hat einen kleinen Karren, den er zieht. Dem Bauern Sigimär ist seine Scheune mit Vieh verbrannt. Dann kam noch eine Mißernte. Dieses war das Ende. Er mußte sich in die Abhängigkeit begeben. Manchmal sind auch schon Aufstände der Bauern gewesen. Wie hier in Sachsen. Das war noch gar nicht so lange her. Im Jahre 841 – 843. Diesen Aufstand nannte man den Stellinga-Aufstand. Da erhoben sich viele fränkische und sächsische Bauern. Sie hatten fast gewonnen, weil sie einen günstigen Zeitpunkt gewählt hatten. Aber die verjagten sächsischen Adligen baten einen Enkel Karls des Großen, ihnen zu helfen. Er sagte zu, und er übte grausame Rache. Später erhoben sich die Bauern erneut. Aber auch das wurde niedergeschlagen.«*
>
> Darstellung zur korrelierenden Fragestellung:

»Dreifelderwirtschaft – höhere Erträge, Erreichen eines Mehrprodukts. Höhere Erträge wurden auch durch verbesserte Arbeitsgeräte erzielt. Durch die Erzielung des Mehrprodukts löste sich das Handwerk heraus. Durch die Brandrodung wurden weite Teile der Wälder vernichtet, aber dort konnten nun Felder angelegt werden. Zwar bekamen die Adligen das Land, aber dadurch wurden auch höhere Erträge erreicht.«

(TINO): *»Ebbo geht mit seinem Vater zum Fronhof, um Abgaben zu bringen. Stoff, Vieh, Eier, Getreide und Wein bringen sie zum Fronhof. Auf dem Weg sehen sie viele Menschen auf den Feldern des Feudalherrn arbeiten. Unter ihnen war ein Bauer, dem die ganze Saat vom letzten Unwetter verdorben und war und dem der Blitz seinen Stall zerstört hat. Auch sieht Ebbo die kleinen, winzigen Katen, in denen die Knechte und Mägde, die auf dem Fronhof arbeiten, wohnen. Auf dem Fronhof angekommen, geben Ebbo und sein Vater die Abgaben an den Verwalter, der gerade einen Bauern, der seine Abgaben nicht begleichen konnte, in die Knechtschaft verwies. Als der Vater mit dem Meier sprach, sah sich Ebbo auf dem Fronhof um. Er sah das schöne Haus des Verwalters, die Scheunen, die Ställe und die Schmiede, in der gerade ein neuer Pflug geschmiedet wurde.*
Auf dem Heimweg erzählt der Vater, daß er vom Meier eine neue Felderwirtschaft geraten bekommen hat, die sich Dreifelderwirtschaft nennt. Er beschloß, gleich am nächsten Tag damit anzufangen. Diese Dreifelderwirtschaft bestätigte sich als sehr gut, und Ebbos Vater führte sie noch lange Jahre durch.«

Korrelation:
»Erreicht wurde:
eine bessere Bodenausnutzung und eine größere landwirtschaftliche Nutzfläche durch die Dreifelderwirtschaft,
eine größere landwirtschaftliche Nutzfläche durch die Rodungen,
eine bessere und schnellere Bearbeitung des Bodens durch den Bodenwendepflug,
eine bessere Ernährung durch die neuen Nutzpflanzen Wein und Roggen,
ein Überschuß an Lebensmitteln – ein Mehrprodukt,
die Herausbildung des Handwerks in den Grundherrschaften.«

(SUSANNE): *»Ebbo ist gerade aufgewacht. Er dachte daran, daß sein Vater heute zum Fronhof fahren würde, um die Abgaben zu erledigen. Darunter würde auch das Schwein Becki sein, was er um alles liebte. Jedoch war das nicht das erste Mal, daß Ebbo etwas verlor, was sein Vater auf dem Fronhof abgeben mußte. Ebbo hatte sich in den Kopf gesetzt, seinen Vater zu fragen, ob er nicht mitkommen dürfte. Beim Frühstück hatte Ebbo gefragt, und er durfte mitkommen.*
Nach dem Frühstück wurde der Pferdewagen bepackt, und ab ging es. Ebbo hatte Becki auf dem Schoß, und er streichelte sie. Vor dem Fronhof hielt der

Vater an, denn die Wärter mußten erst die Brücke über den Graben fallen lassen. Jetzt waren sie drin. Viele Leute waren dort. Der Vater von Ebbo bat ihn mitzuhelfen, alles zu dem Tisch, wo der dicke Mann steht, zu bringen. Der Mann nahm eine lange Liste heraus und las vor: ›6 Eier, 1 Schwein, 10 Scheffel Getreide. . .‹ Der Vater von Ebbo legte alles auf den Tisch, und der Mann guckte sich alles zufrieden an. Dann sagte er:›Wo ist das Schwein?‹ Ebbo hob die junge Becki hoch. Und Tränen standen ihm in den Augen. Der Mann schimpfte: ›Das ist ja viel zu mickrig. Dafür bringst du mir in der nächsten Woche mehr Gemüse mit.‹ Der Vater von Ebbo machte ein trauriges Gesicht. Aber Ebbo fand das gemein. Sie gingen zu ihrem Wagen zurück. Der Vater von Ebbo sagte: ›Sei froh, daß wir es überhaupt noch so gut haben. Sieh dir doch mal die Bauern da drüben an!‹ Ebbo sah Leute, die mit einem kleinen Handwagen in Lumpen gekleidet kamen. Jetzt merkte er erst, wie gut er es eigentlich hatte.«

Korrelation:
»Dreifelderwirtschaft – höhere Erträge
Bodenwendepflug – schnellere Bebauung
Rodungen – größere Felder
Handwerkstätten – mehr Handwerk
Durch die Dreifelderwirtschaft wurden mehr Ernteerträge erzielt, und durch das zweimalige Anbauen mußte keine Hungersnot ausbrechen, wenn eine Ernte verdorben wurde. Durch die Dreifelderwirtschaft wurde aber auch ein Mehrprodukt erzielt, wovon die Menschen, die nicht auf dem Land oder im Stall arbeiteten, ernährt wurden. Sie konnten dann zum Beispiel den Handwerksberuf erlernen.«

(CLAUDIA): *»Ebbo machte Streifzüge durch die Grundherrschaft und kam an ein Feld. Ein alter Bauer ging mit einem Bodenwendepflug über das Feld. Er sah hungrig und mager aus. Er gab ihm was zu essen und ging weiter. Ebbo kam an eine Hütte. Die Tür war auf, und er konnte in die Hütte sehen. Eine Frau stand am Herd und kochte eine Suppe. Ärmlich sah es in der Hütte aus. Die Betten waren auf dem Fußboden und bestanden aus Stroh. Ein Feuer war im Haus und sah so aus wie heutzutage ein Lagerfeuer. Ein Stuhl stand an der Tür, und der Hausherr würde am Abend wieder darauf sitzen.*
Ebbo ging weiter. Andauernd kamen Bauern mit dem Karren an ihm vorbei, und er rannte ihnen nach. Unterwegs kam er an Feldern, Wäldern, Gewässern und Ödländern vorbei. Atemlos kam er an einen Hof, den man Fronhof nannte. Es war eine Zugbrücke da, ein schmaler Eingang, Mauern, Ställe, ein Haus und viele Stände. Dieser Hof war auch von einem Gewässer umgeben. Es war ein ganz schönes Treiben auf dem Hofe. Handwerker bauten Bodenwendepflüge. Ein dicker Meier ging umher und schaute sich alles an, lobte und tadelte. Pferde wurden gesäubert und gestriegelt. Heute war Abgabentag. Ein Mann mit einem Kasten am Bauch und einem Buch in der Hand nahm die

Abgaben an sich. Er mäkelte und mäkelte, er erhöhte die Abgaben und brachte die Tiere in den Stall. Der Meier zeigte den Frondienstlern, wie man Pferde striegelt. Viele feudalabhängige Bauern liefen umher. Er rannte schnell nach Hause.
Sicherlich wartete die Mutter auf ihn.«

Korrelation:
»Dreifelderwirtschaft (mit Skizze)
Man konnte hier 200 ha Land nutzen, aber beim normalen Feld nur 150 ha – Mehrprodukt.
Eventuelle Hungersnöte waren ausgeschlossen.
Rodungen: Es war eine Vergrößerung der Felder möglich.
Bodenwendepflug: Es war eine bessere Bodenbearbeitung möglich.
Bauern konnten dadurch ein größeres Mehrprodukt erreichen und konnten für ihre Familien sorgen, die nicht unter Hunger leiden brauchten.
Die Abgaben konnte der Meier einfach so erhöhen, ohne daß die Bauern unbedingt vor Hunger umkamen, denn wenn die Bauern ihre Abgaben nicht abgeben konnten, mußten sie Frondienste leisten und konnten sich so ihr Brot verdienen.«

Interessant sind die individuellen Unterschiede. Manuel und Tino bewegen sich stringent auf der historischen Sachebene. Lediglich die »gute Laune« des Meiers fällt dabei etwas heraus, aber auch das wird begründet. Historische »Realität« und Fiktionalität werden unterschieden; die sachbezogene Motivation für den Gegenstand entscheidet über die Auswahl der verfügbaren Kodierungen im Gedächtnis.

Von Susanne und Claudia werden Fiktionalität und Imagination als selbstverständliche Gestaltungsmittel eingesetzt. Dies ist keine Frage ihrer historischen Kenntnisse oder ihres intellektuellen Niveaus, sondern Ausdruck ihrer bevorzugten Aneignungsweise von Vergangenheit, die wiederum mit ihrer Erzählweise korreliert. Wer will entscheiden, welches die »bessere« Geschichte oder »historischere« Geschichte ist? Jedes Kind setzt sich in Beziehung zu diesem Ausschnitt der Vergangenheit. Alle reflektieren darin ein Stück von sich selbst, und von dieser Reflexion geht wiederum ein Moment in ihr Bewußtsein ein. Ein Geschichtsunterricht, der solche Freiräume initiiert und fördert, hat einige Chancen, individuelles Geschichtsbewußtsein mitzuprägen.

3 Diskussion der Untersuchungsergebnisse

3.1 Zusammenfassende Charakteristik von Sinnbildungsniveaus historischen Lernens bei Elf- und Zwölfjährigen

Die in Intervallen erfolgten Recherchen können verallgemeinernd zusammengefaßt werden, vor allem auf Grund dessen, daß sie im Schnittpunkt verschiedener Untersuchungsmethoden gewonnen wurden, daß ein integrativer, interdisziplinärer

Erklärungsansatz versucht wird und daß die Autorin/Versuchsleiterin die Kinder über Jahre pädagogisch begleitet hat. Dabei ist eine weitere, mit dem Abstand der Jahre tiefergehende und durch wissenschaftliche Erfahrung angereicherte Interpretation durchaus denkbar und wünschenswert.

Die Brisanz der Ergebnisse liegt wohl vor allem in der Darstellung personaler Sinnbildungsprozesse in Relation zu den Lehrzielen und zum Vermittlungsprozeß, in der Aufhellung einiger verursachender Faktoren für interindividuelle Unterschiede und in der Ambivalenz möglicher Schlußfolgerungen für die Gestaltung historischen Lernens. Eine Auswahl von Problemen soll das Feld zumindest abstecken:

1. Der Sinn von Geschichte für Elf- bis Zwölfjährige besteht ausschließlich in Affirmation. Affirmation ist ohne Zweifel der Dreh- und Angelpunkt ihres Zugangs zum Aufbau von Geschichtsbewußtsein. Folgen wir der These A. Kossakowskis, der das *entscheidende Kriterium* für eine Periodisierung der psychischen Ontogenese in der *spezifischen sozialen Entwicklungssituation* der Heranwachsenden sieht, so werden die entwicklungsspezifischen Faktoren in einem Maße von den soziokulturellen Bedingungen der DDR überlagert, daß beides schwerlich diskriminierbar ist. Affirmation war der Sinn des Geschichtsunterrichts in der DDR überhaupt. Affirmation forderte die Gesellschaft von ihren jungen Staatsbürgern. Affirmation prägte die Ziele vor allem des gesellschaftswissenschaftlichen Unterrichts. Zweifellos kommt die Bedürfnisstruktur der Elf- und Zwölfjährigen diesem Anliegen sehr entgegen. Zu fragen wäre allerdings, ob der affirmative Zugang zum Lebens- und Weltverständnis nicht eine Version einer grundlegenden anthropologischen Aneignungsweise ist, deren altersspezifische Ausprägung lediglich von kognitiven Niveaustufungen determiniert ist. Anthropologische Fragestellung, Entwicklungsspezifik der Altersperiode und spezifische soziokulturelle Bedingungen – gerade unter den Bedingungen der anhaltenden und in ihren Wirkungen noch kaum erfaßten Umbruchssituation, aber auch in der Ost-West-Relation – wären in ihren Wechselwirkungen und in ihrem anteilmäßigen Einfluß bundesweit diferenzierter zu untersuchen.

2. Niemand wird die Bedeutung motivationaler und affektiver Prozesse für die Ausprägung von Geschichtsbewußtsein negieren wollen. Von besonderer Gewichtigkeit erscheint daher das Faktum, daß die kognitiven Fähigkeiten und Möglichkeiten der Kinder – wenn man von den befähigtsten ausgeht – durchgängig besser ausgebildet sind als ihre kognitiven Interessen und damit der Bezug zur dominierenden Motivation für historisches Lernen. Dies ergeben die vergleichenden Untersuchungen zu Bedeutung und Sinn. Es liegt die Hypothese nahe, daß sich kognitive Interessen langsamer entwickeln als Veränderungen in den kognitiven Fähigkeiten. Wenn wir nach günstigen Bedingungen für die Ausprägung von Geschichtsbewußtsein suchen, müssen wir diese Nonkongruenz beachten.

Ein weiterer bedeutsamer Fakt ist der mit Fortgang des Unterrichtsversuches feststellbare Bedeutungswandel der angeeigneten kognitiven Substanz; d.h. früher wahrgenommene und kognitiv angenommene Inhalte mit geringer persönlicher Bedeutsamkeit werden im Bewußtsein aufgewertet; sie potenzieren sich, Sinn zu konstituieren. Damit wird *eine* mögliche Schlußfolgerung, historisches Lernen generell auf die Bedürfnisse der Adressaten auszurichten, relativiert so wie die pädagogische Richtung, die eine autonome Lernzielbildung durch die Schülerinnen und Schüler einseitig favorisiert, unrealistisch ist. Es wird vielmehr das *Spannungsfeld zwischen Kognition, Motivation und Emotionalität* markiert, das es *fruchtbar zu machen gilt.* Entscheidungen über die Auswahl von Gegenständen und das anzustrebende Niveau historischen Lernens pendeln nicht selten zwischen Extremen. Kindertümelei trifft das Entwickungsniveau der Heranwachsenden genausowenig wie die gegenwärtig in der Geschichtsdidaktik vorherrschende Richtung: Mit dem Übergang von der konkret-operationalen zur formal-operationalen Denkstufe (die Überlagerung der Denkstufen sei vorausgesetzt) verfügen die Heranwachsenden über die kognitiven Möglichkeiten Erwachsener. Das ist richtig. Indes werden zu isoliert die *kognitiven Möglichkeiten* favorisiert; die motivationalen Prozesse und die an das Lernalter geknüpften fachspezifischen Fähigkeiten dagegen unterschätzt.

Der Sinn historischen Lernens wird aus der Perspektive einer Erwachsenenmentalität konzipiert – und zwar aus der eines geschichtsbewußten mündigen Staatsbürgers – und im Hinblick auf die ontogenetische Ausprägung von Geschichtsbewußtsein kaum reflektiert. Der Status des Kindes mit seiner ganz besonderen Wahrnehmungs-, Erlebnis-, Erfahrungs-, Gedanken- und Gefühlswelt ist quasi nicht existent; der kleinere Erwachsene muß sich eben ein bißchen strecken, daß er den großen Erwachsenen erreicht. Vergessen sind die eigenen Kindheitserinnerungen, die Zeit der Robinsonaden, der Heldensagen, der Tiergeschichten . . .

Freilich rühren wir mit diesem Vorwurf an einen weltweit fortschreitenden Trend: der zunehmenden Entzauberung der Kindheit, vielleicht des historischen Verfalls der Kindheit überhaupt.[31] Die Gedanken von N. Postman können hier nicht weiter reflektiert werden, lediglich die grundlegenden Konsequenzen, deren sich die Geschichtsdidaktik bewußt sein sollte: *Nutzen wir die Eigenart dieser Entwicklungsperiode, deren Hang zur Affirmation und zum moralisch determinierten Urteilen für die Ausprägung und Stabilisierung positiver menschlicher Grundwerte und selektieren wir die Vergangenheit zu diesem Zwecke, so daß wir sie schließlich idealisieren? Stabilisieren wir die Wertorientierungen der Kinder, bevor wir sie entsprechend ihren veränderten psychischen Prozessen später differenzierend in Frage stellen? Oder gehen wir gegen die dominierenden Aneignungsbedingungen der Kinder an, indem wir sie mit Hilfe des konfliktgeladenen, ambivalenten Menschheitsdramas »auf das Leben« vorbereiten?* Die Antwort ist höchst bedeutsam, wenn man

Aussagen der Psychologen verallgemeinern kann, die besagen, daß Wertorientierungen bis zum 12. Lebensjahr im wesentlichen ausgeprägt seien, später vor allem Korrekturen vorgenommen würden.
Ein Phänomen wäre in diesem Zusammenhang eingehender zu diskutieren: Rezeptionsweisen von Geschichte und speziell die moralische Urteilsbildung der Kinder kontrastieren z.T. stark mit ihrem eigenen rücksichtslosen, aggressiven, egoistischen Verhalten. Dennoch sind beide Wahrnehmungen richtig. Wie ist das zu erklären? Offensichtlich weist die dominierende Rezeptionsweise von Geschichte in dieser Entwicklungsperiode viel Übereinstimmendes mit der Rezeption von Literatur und Kunst auf; es entstehen der Kunst verwandte Wirkungen, solche Effekte, wie sie beispielsweise Schillers Ballade »Die Kraniche des Ibykus« beschreibt. Die Macht der Fiktionalität und Imagination aktiviert ein wünschenswertes Moralempfinden mit mehr oder weniger Langzeiteffekt, das je nach individueller Ansprechbarkeit sehr unterschiedlich sein kann.

3. Können Kinder dieser Altersstufe historisch denken?
Historisch-*politisch* sicher nicht. Es finden sich keine Hinweise auf die Ausbildung von Elementen eines politischen und ökonomischen Bewußtseins; sondern vielmehr auf die Dominanz des moralischen Bewußtseins. Diese Kinder sind aber sehr wohl fähig, an einem relativ ungegliederten Vorstellungskomplex Entwicklungs- und Strukturelemente auszufiltern und eine kognitiv durchdrungenere Darstellung vorzunehmen. Indem sie einen historischen Sachverhalt in seiner Entwicklung und in seinen Beziehungen zu anderen beschreiben können, gehen sie über die empirische Denkform hinaus und in die theoretische über. Eine absolute Gegenüberstellung von empirischen und theoretischen Begriffen, wie sie Dawydow vornimmt, ist für die Konzipierung und Analyse historischen Lernens nicht brauchbar.[32] *Geistige Fähigkeiten entwickeln sich am günstigsten beim motivierten Lernen.* Unsere Erfahrungen aus zwei Langzeitversuchen haben den Blick für einige Konsequenzen aus lernpsychologischer Sicht geschärft, deren Berücksichtigung historischem Lernen eine Chance geben könnte, in die psychischen Ontogenese einzugehen.

3.2 Zu einigen didaktischen Folgerungen für den Aufbau personaler Sinnbildungsniveaus unter lernpsychologischem Aspekt

Bildungspolitische Reflexionen rangieren mit zeitlichem Abstand nach gravierenden gesellschaftlichen Prozessen. Im Wettlauf mit dem deutschen und europäischen Einigungsprozeß, eingebettet in die Probleme dieser einen Welt, im Wett- oder Widerstreit mit den von den elektronischen Medien ausgehenden Rezeptionsgewohnheiten und -bedürfnissen der heutigen Generation, die nicht ohne tiefgreifende Wirkungen auf Denkstrategien und Anstrengungsbereitschaft sein dürften, hat die Geschichtsdidaktik ein Paket neuer Fragestellungen zu bearbeiten.

Die Tragfähigkeit der notwendigen Veränderungen im Ziel-Inhalts-Konzept historischen Lernens wird auch davon abhängen, in welchem Maße dessen lernpsychologische Grundlagen integriert sind.

Einige solcher »Gebote« sollen abschließend in der Synthese von theoretischen Voraussetzungen und empirischen Belegen in Erinnerung gerufen werden:

1. Wir fassen die kollektive wie individuelle Aneignung der Vergangenheit als einen unendlichen, dreifach gebrochenen Prozeß des Erinnerns. Dessen kognitionspsychologische Grundlage ist der Aufbau einer kognitiven Struktur, eines Netzwerkes im Langzeitgedächtnis; *dieses Netzwerk verstehen wir als kognitionspsychologischen Ausdruck eines Geschichtsbildes.* Innerhalb dieser Struktur gewinnt *prozedurales* Wissen an Bedeutung; historisches Lernen in praxi ist dagegen immer noch primär auf den Erwerb *stationären* Wissens ausgerichtet.
   Eine dem Begriff des Geschichtsbildes anhaftende Dogmatisierung und Kanalisierung von Geschichtsbewußtsein kann vermieden oder zumindest eingegrenzt werden, wenn die mit Wertungen behafteten Strukturmerkmale des semantischen Netzes im Vermittlungsprozeß *multiperspektivisch* besetzt sind, so daß dem Individuum die Möglichkeit der eigenen Urteilsfindung und -bildung eingeräumt wird.
   Voraussetzung für ein lernpsychologisch begründetes Curriculum wäre dessen Abbildung als idealtypisches Konstrukt – als Ausgangsabstraktum. Somit wird zunächst eine Makrostruktur historischen Lernens modelliert, die über die unterschiedlichen Ebenen des Lernens (Aktual-, Handlungs- und Ontogenese) dynamisch gestuft werden kann. Eine so verstandene Operationalisierung von Lernzielen findet Bezüge in der Lernzieldiskussion der 70er Jahre und sollte nicht vorschnell abgetan werden.[33] Eine ganz andere Frage ist die nach dem Verbindlichkeitsgrad. Viel wäre gewonnen, die Lehrerinnen und Lehrer zu einem solchen Curriculum-Denken zu befähigen, so daß sie sich und ihren Schülerinnen und Schülern begründete Freiräume eröffnen.

2. Für die Niveaustufung historischen Lernens sind kognitive, motivationale und emotionale Bedürfnisse, Möglichkeiten und Fähigkeiten in ihrem spannungsvollen Gefüge zu beachten. Ermittelte Gegenstands- und Handlungspräferenzen sollten als wichtige Indikatoren für die Gestaltung des jeweils entwicklungsfördernden Tätigkeitssystems einer Stufe fungieren. Die ermittelten stufen- und individualtypischen Mechanismen und Verlaufsformen historischen Lernens verweisen auf einen Revisionsbedarf in der geschichtsdidaktischen Theorie. Unter lernpsychologischem Aspekt müßte sich diese beziehen auf:

   a) Auswahl und Anordnung der Unterrichtsgegenstände im Geschichtskurs
      Wird der einmalige chronologische Durchgang für die Mehrheit der Schülerinnen und Schüler weiterhin favorisiert, so muß man ein inhaltlich asymmetrisch besetztes Geschichtsbewußtsein in Kauf nehmen: die alte und mittelalterliche Geschichte bliebe auf dem beschriebenen Niveau

repräsentiert. Zu überdenken wäre erneut der Gedanke eines Spiralcurriculums und/oder die strikte Vergröberung der Großchronologie und deren Durchsetzung mit einem strukturgeschichtlichen Ansatz.[34]

b) die Reduzierung der Unterrichtsgegenstände
»Der Geschichtsunterricht muß Situationen schaffen, in denen Schüler ihre Beziehung zum Vergangenheitsmaterial voll entfalten können und zum Ausdruck bringen dürfen . . .«[35]
Wenn auch Selektion und Elementarisierung Kriterien jeglichen Unterrichts sind, so muß doch der Ausschnitt die Möglichkeit der Sinnfindung und –bildung entsprechend den Lernbedingungen der Adressaten einräumen. Die idealtypisch beschriebenen Mechanismen im Rahmen eines Grundmodells historischen Lernens erscheinen bereits bei Elfjährigen in relativ differenzierter Ausprägung und entfalten sich bei einer lern- und entwicklungspsychologisch begründeten Gestaltung des Lernens rasch, d.h.: Die Qualifikation der Wahrnehmungs-, Denk- und Gedächtnisprozesse, die Differenzierung der Gefühle und der Urteilsfähigkeit erfordern und ermöglichen eine mit steigendem Lernalter sowohl differenziertere als auch komplexere Präsentation des Gegenstandes, der angesichts fortschreitender Binnendifferenzierung vielfältige Möglichkeiten für unterschiedliche Handlungen gestatten muß.
Wenn wir davon ausgehen, daß »jede erzählte Geschichte . . . nur ein Ausschnitt der ›ganzen‹ Geschichte« sein kann,[36] so ist dieser Ausschnitt in aufeinanderfolgenden Jahrgangsstufen also immer komplexer, differenzierter, multiperspektivischer, problemhafter zu rekonstruieren und zu reproduzieren. Andernfalls wäre das Postulat einer individuellen Sinnfindung und Sinnbildung eine Farce. Solche im Darstellungsteil beschriebenen Neuproduktionen entwickeln sich nur bei komplexen sensorischen und semantischen Kodierungen, nicht unter den Bedingungen von *historischen Segmenten*, die *von den Schülern dann lediglich noch weiter segmentiert werden*. Es ist also notwendig, einen historischen Sachverhalt *relativ ganzheitlich* abzubilden.
Die umfangreicher werdenden »Inseln« werden zu Teilen eines *gedächtnismäßigen Verbundes. Und dessen Möglichkeiten sind bedeutend vielfältiger als die Summe der Teilsysteme.*[37]

c) die Wirkungen bestimmter »Profile« historischen Lernens
Akzentuierungen im Grundmodell führen zu unterschiedlichen »Profilen« des Geschichtsunterrichts, die in ihren Wirkungen bislang lediglich punktuell und sporadisch erfaßt sind.[38]
Die eigenen Schwankungen im Ringen um das, was den Sinn historischen Lernens ausmache sowie die Individualität der am Versuch beteiligten Lehrerinnen führten auch zu Profilierungen in den beiden Langzeitversuchen und zu beobachtbaren unterschiedlichen Langzeiteffekten bei den

Schülerinnen und Schülern.
Eine stringent gelenkte Erkenntnistätigkeit hat größere Chancen, prozedurales Wissen bei den Lernenden auszuprägen; die Nähe zur kognitiv-rationalen Aneignungsweise fördert Inferenzprozesse und das kognitive Niveau insgesamt. Ein fachwissenschaftlich-logisches Instrumentarium wird elementar ausgebildet.
Dagegen bewirkt die differenzierte, lebendige Vermittlung von Vorstellungskomplexen den prallen Aufbau kontextualen Wissens, das semantische und episodische Gedächtnis werden beansprucht; Phantasie und Erzählkompetenz werden stimuliert und geschult. Imagination blüht als Stimulus und als Ergebnis; die Nähe zur künstlerisch- ästhetischen Aneignungsweise ist evident.
Wir finden im Grunde unter lernpsychologischem Aspekt den geschichtstheoretischen Disput wieder. *Eine Theorie historischen Lernens muß beide »Profile« integrieren. »Richtig« ist das in einem gegebenen Anforderungsbezug Wesentliche.*
Solche spezifischen Anforderungssituationen im Geschichtsunterricht zu klassifizieren und auszudifferenzieren, wäre eine lohnende theoretische Arbeit, würde sie doch das Problem der Methodenvarianz wissenschaftlich fundieren.

d) die Möglichkeiten der Binnendifferenzierung
Die beschriebenen »Profile« historischen Lernens spiegeln sich auf der Ebene individualtypischer Aneignungsweisen in gewissem Grade wider. Während für manche Schüler der künstlerisch-ästhetische Zugang zur Geschichte »unter dem Niveau«, belächelnswert ist, stellt er für andere die *Brücke* zu stringenterer kognitiver Durchdringung dar. Die meisten Schülerinnen und Schüler sind allerdings offensichtlich Mischtypen.
Wie wir sahen, wachsen insgesamt die interindividuellen Niveauunterschiede im Prozeß historischen Lernens, also mit dem Lernalter. Obwohl beide Populationen in den Klassenstufen 5 und 6 noch so homogen waren, daß eine Unterrichtsversion in der Regel bei der Mehrheit trug, sind die analysierten Differenzierungen schon recht erheblich. Bei den Dreizehnjährigen wird die Interessen- und Fähigkeitsdifferenzierung so groß, daß ein tradierter Klassenunterricht wie bisher wissenschaftlich nicht haltbar erscheint. Er führt zu Überforderung, Unterforderung und schließlich Nivellierung. Dies dürfte ein wesentlicher Grund dafür sein, daß das Interesse am Geschichtsunterricht (nicht an der Geschichte) nachläßt und sich somit der Lehrgangsaufbau Geschichte selbst die Möglichkeit verstellt, Geschichtsbewußtsein durch schulisches Geschichtslernen mitzuprägen.
Ein völlig ungelöstes Problem ist die Analyse der Gründe von Kindern, die bereits in dieser Entwicklungsperiode »aussteigen«. Ihre Untersuchung wird wohl auch die »negativen« Werte von Geschichtsbewußtsein einbeziehen müssen.

Anmerkungen

1 D. Klose: Möglichkeiten und Grenzen der weltanschaulichen, politischen und ethisch-moralischen Bildung und Erziehung im Geschichtsunterricht der Klasse 5. Diss. A, Potsdam 1982. Dies.: Zum Lehr- und Aneignunsprozeß weltanschaulicher Grundpositionen im Geschichtsunterricht der Klassen 5 bis 10. Eine auf einem Langzeitversuch basierende Studie. Diss. B, Potsdam 1988.

2 Zu den relevanten Dissertationen der Potsdamer Geschichtsmethodik gehören m.E. seit Mitte der 70er Jahre: W. Waade: Untersuchungen zum Geschichtsinteresse der Schüler. Diss. B, Potsdam 1975. P. Pollähne/P. Werner: Untersuchungen zu Ergebnissen des Geschichtsunterrichts aus der Sicht der Schüler. Diss. A, Potsdam 1980. K. Pietsch: Untersuchungen zur Einstellungsbildung im Geschichtsunterricht auf der Grundlage des neuen Lehrplans Abiturstufe und aus der Sicht von EOS-Schülern. Diss. A, Potsdam 1983. G. Köditz: Möglichkeiten und Grenzen des Geschichtsunterrichts der 8. Klasse bei der historischen Fundierung der Grundeinstellung zum Kapitalismus. Diss. A, Potsdam 1986.

3 Es sind dies die Untersuchungslehrerinnen Ulrike Atze, Renate Diekhoff, Christine Dittrich, Hanna Knothe, Katrin Kretzschmar, Gisela Krumnow, Bärbel Schmors, Irmela Süßenbach und Kollege Wilfried Bieallas.

4 Die beiden Langzeitversuche fanden an folgenden Potsdamer Schulen statt: 2, 6, 12, 15, 22, 28, 32, 39 sowie an der Oberschule Neuseddin.

5 Ich beziehe mich vor allem auf wissenschaftliche Positionen von A. Kossakowski und J. Lompscher, dargestellt in folgenden Publikationen: A. Kossakowski: Handlungspsychologische Aspekte der Persönlichkeitsentwicklung. Beiträge zur Psychologie, Bd. 5. Berlin 1980. Ders.: Theoretische Voraussetzungen einer tätigkeitszentrierten Analyse und Interpretation psychischer Erscheinungen, in: Deutsche Zeitschrift für Philosophie 28 (1980) 4, S. 420–429. A. Kossakowski (Hrsg.): Psychische Entwicklung der Persönlichkeit im Kindes- und Jugendalter, Berlin 1987. J. Lompscher: Bedingungen und Potenzen der Ausbildung der Lerntätigkeit. XXII. Internationaler Kongreß für Psychologie Juli 1980 in Leipzig, Bd. II, S. 405. Ders.: Analyse und Gestaltung von Lernanforderungen. In: Ausbildung der Lerntätigkeit bei Schülern. Berlin 1982. Ders.: Anmerkungen zu einem wichtigen Thema. In: Päd. Forschung 23 (1982), S. 74–80. Ders.: Das Aufsteigen vom Abstrakten zum Konkreten als Strategie der Ausbildung der Lerntätigkeit. In: Päd. Forschung 24 (1983) 3, S. 82–96. Ders. (Hrsg.): Persönlichkeitsentwicklung in der Lerntätigkeit. Berlin 1987, S. 53–78. Ders. (Ltg.): Psychologische Analysen der Lerntätigkeit. Berlin 1989.

6 J. Rüsen: Rekonstruktion der Vergangenheit. Grundzüge einer Historik 2. Göttingen 1986, S. 96.

7 Vgl. E. Engelberg: Theorie, Empirie und Methode in der Geschichtswissenschaft. Akademie-Verlag 1980.

8 Vgl. J. Rüsen, a.a.O., S. 96 ff.

9 H. Süssmuth diskutiert diese Problematik unter der Rubrik: »Erkenntnisse und Probleme der lerntheoretischen Diskussion«. Vgl. H. Süssmuth: Geschichsdidaktik. Göttingen 1980, S. 119–145. Ich unterscheide in der Gliederung zwischen Kognitionspsychologie einerseits und Lernpsychologie sowie Entwicklungspsychologie andererseits. Dabei ist es weniger meine Absicht, das weite und vielgestaltige wissenschaftliche Feld zu diskutieren, als nach bedeutsamen Ansätzen für eine Theorie historischen Lernens zu fragen und über eine fachspezifische Transformation dieser Ansätze nachzudenken. Vgl. dazu: J. Hofmann: Das aktive Gedächtnis. Berlin 1982. Ders.: Die Welt der Begriffe. Berlin 1986. F. Klix/P. Metzler: Über die Zusammenhänge zwischen Bildkodierung und Begriffsrepräsentation im menschlichen Gedächtnis. In: Zeitschr. für Psychologie 189 (1981) 2. F. Klix (Hrsg.): Gedächtnis – Wissen – Wissensnutzung. Berlin 1984. Ders.: Erwachendes Denken. Berlin 1985. Ders.: Über Basisprozesse

für geistige Dispositionen. In: Zeitsch. für Psychologie 193 (1985) 1/2, S. 27–50; Strukturen und Funktionen. Ebenda Bd. 194 (1986) 2, S. 131–132.

10 Vgl. F. Klix u.a.: Über Prozeß- und Strukturkomponenten der Wissensrepräsentation beim Menschen.In: Zeitsch. für Psychologie 195 (1987).

11 Vgl. I. Wulsch: Leistungsmotivation unter besonderer Berücksichtigung der kognitiven Komponente. Dissertation. Potsdam 1993.

12 Die Bedeutung historischer Vorstellungen für den Erkenntnisprozeß im Fach Geschichte wurde erstmals von W. Waade in den Theorieveranstaltungen der Geschichtsmethodik Potsdam entwickelt. Vgl. dazu auch allgemein: W. Schönpflug, U. Schönpflug: Psychologie. München 1989, S. 103–112.

13 Vgl. J. Hofmann: Die Welt der Begriffe. a.a.O.; S. 139.

14 Vgl. K.-E. Jeismann: »Geschichtsbewußtsein« als zentrale Kategorie des Geschichsunterrichts. In: G. Niemetz (Hrsg.): Aktuelle Probleme der Geschichtsdidaktik. Stuttgart 1990, S. 49.

15 P. Knoch: Luftkrieg 1940–1945. Massenvernichtung im Erlebnis von Zeitzeugen und im Nacherleben von Jugendlichen heute. In: B. Mütter/U. Uffelmann (Hrsg.): Emotionen und historisches Lernen. Forschung-Vermittlung-Rezeption. Studien zur internationalen Schulbuchforschung, Bd. 76, S. 278. Vgl. P. Schulz-Hageleit: Geschichte erleben. In. G. Niemetz (Hrsg.), a.a.O., S. 79–110. Vgl. P. Knoch: Geschichte und Gestaltpädagogik – Einige experimentelle Erfahrungen. In: U. Uffelmann (Hrsg.): Didaktik der Geschichte. Villingen-Schwenningen 1986. Vgl. U. Uffelmann: Problemorientierter Geschichtsunterricht. Grundlegung und Konkretion. Villingen-Schwenningen 1990.

16 B. v. Borries: Krise und Perspektive der Geschichtsdidaktik – Eine persönliche Bemerkung. In: Geschichte lernen 15 (1990), S. 2 f.

17 Vgl. J.S. Bruner: Der Prozeß der Erziehung. Düsseldorf 1970, S. 44.

18 Vgl. B. v. Borries, a.a.O., S. 3.

19 Vgl. J. Rüsen u.a.: Untersuchungen zum Geschichtsbewußtsein von Abiturienten im Ruhrgebiet. In: v. Borries, Pandel, Rüsen (Hrsg.): Geschichtsbewußtsein empirisch. Pfaffenweiler 1991, S. 245–265.

20 Vgl. u.a.: N.G. Dairi, N.I. Sapososhez: Die Entwicklung des Denkens. In: GS 23 (1981) 7, S. 638–647. Der Mensch als biopsychosoziale Einheit. Umfrage. In: Deutsche Zeitschr. für Philosophie 33 (1985) 2/3. E. Drefenstedt: Individuelle Entwicklungsprozesse und ihre Beachtung in der Forschung zur Schülertätigkeit. In: Päd. Forschung 23 (1982) 1, S. 42–53. P. Druschky, U. Schladebach: Didaktische Längsschnittuntersuchungen zur faßlichen Gestaltung des Unterrichts in den Klassen 1–12. In: Jahrbuch 1986. APW der DDR. Berlin 1986, S. 145–158. J. Erpenbeck: Psychologie und Erkenntnistheorie. Berlin 1980. W. Friedrich, H. Müller: Zur Psychologie der 12–22jährigen. Resultate einer Intervallstudie. Berlin 1980. W. Friedrich, H. Müller (Hrsg.): Soziale Psychologie älterer Schüler. Berlin 1983. B. Gentner: Möglichkeiten und Grenzen der Erkenntnisarbeit im Gechichtsunterricht der 5. Klasse. In: GS 9 (1967) 6, S. 475–484. Ders.: Probleme der Entwicklung des historischen Denkens im Geschichtsunterricht der 5. Klasse. In: Aktuelle Probleme der Denk- und Erkenntnisarbeit im Geschichtsunterricht. Berlin 1967, S. 99–133. W. Hacker: Ziele – eine vergessene psychologische Schlüsselvariable? In: Psychologie für die Praxis 1983, 2. S. 5–26. M. Hoffmann: Einführung der Schüler in die Geschichte nach der Lehrstrategie des Aufsteigens vom Abstrakten zum Konkreten. Diss. A, Berlin 1985. A. Kossakowski: Erziehung älterer Schüler, psychologisch betrachtet. Berlin 1983. A. Kossakowski, J. Lompscher: Erziehung im mittleren Schulalter aus psychologischer Sicht. Berlin 1985. G. Lehwald: Zur Diagnostik des Erkenntnistrebens bei Schülern. Beiträge zur Psychologie. Bd. 20. Berlin 1985.

21 Vgl. u.a.: L. I. Boshowitsch: Etappen der Persönlichkeitsentwicklung in der Ontogenese. In: Sowjetwiss. 32 (1979) 7, S. 750–762 und 33 (1980) 4, S. 417–428. Dies.: Die Persönlichkeit

und ihre Entwicklung im Schulalter. Berlin 1970. D. I. Feldstein: Psychologische Gesetzmäßigkeiten der sozialen Entwicklung des Kindes. In: Sowjetwiss. 40 (1987) 1, S. 46–56. B. F. Lomow: Über den Systemansatz in der Psychologie. In: Zeitschr. für Psychologie 194 (1986) 4, S. 397–409. A. Petrikowski: Entwicklungspsychologie und pädagogische Psychologie. Berlin 1977. A. Popow: Neuere Untersuchungen zur Entwicklungspsychologie. In: Wiss. Zeitschr. der PH Dresden 20 (1986), Päd. Reihe, S. 17–22. G. Pippig: Dialektisches Denken und seine Entwicklung aus pädagogisch- psychologischer Sicht. In: Deutsche Zeitschr. für Psychologie 32 (1984)2, S. 180–188. M. Przetacznikow: Bedingungen und Determinanten der psychischen Entwicklung (Versuch einer Klassifikation der Entwicklungsfaktoren). In: Psychologie im Sozialismus. Berlin 1980, S. 227–233. S. L. Rubinstein: Grundlagen der Allgemeinen Psychologie. Berlin 1973. Ders.: Probleme der allgemeinen Psychologie. Berlin 1979. Ders.: Das Denken und die Wege seiner Erforschung. Berlin 1977. U. Schaarschmidt, M. Berg: Diagnostische Parameterfindung auf der Grundlage experimental-psychologischen Vorgehens. In: Zeitschr. für Psychologie 193 (1985)1/2, S.117–131. E. Strehle: Die Erkenntnisgewinnung in der Phylogenese und Ontogenese, untersucht an der Erkenntnis des notwendigen Zusammenhangs, der zum Gesetz führt. Diss. A, Dresden 1980. I. Wötzel: Denkpsychologische Untersuchungen zum Erkenntnisverhältnis von Empirischem und Theoretischem, erkenntnisgenetisch für die Übergangsetappe vom empirischen zum theortischen Denkniveau im frühen Schuljugendalter in lern- und entwicklungspsychologischem Bezug konkretisiert. Diss. A, Halle 1980.

22 Diese Aussage bestätigen die Lehrwerke zur Entwicklunspsychologie in West und Ost.

23 Vgl. A. Kossakowski: Theoretische und praxisrelevante Probleme einer Periodisierung der psychischen Ontogenese der Persönlichkeit. In: Psychologie für die Praxis, 1984, 4, S. 177–192.

24 Vgl. L. I. Boshowitsch: Die Persönlichkeit und ihre Entwicklung im Schulalter, a.a.O., S. 427.

25 Vgl. A. N. Leontjew: Tätigkeit. Bewußtsein. Persönlichkeit. Berlin 1982.

26 Vgl. L. Wygotski: Ausgewählte Schriften. Bd. 1. Berlin 1988.

27 Vgl. D. Klose: Zur Diagnostik von Bedingungen historischen Lernens in verschiedenen Entwicklungsstufen und einigen curricularen Schlußfolgerungen. In: H. Süssmuth (Hrsg.): Geschichtsunterricht im vereinten Deutschland. Auf der Suche nach Neuorientierung. Bd. 1. Baden-Baden 1991, S. 196–210.

28 Vgl. H. Rühmann: Die emotional-erzieherischen Potenzen des Faches Geschichte und ihre Umsetzung bei der Unterrichtsführung, schwerpunktmäßig untersucht und dargestellt in den Klassenstufen 5 und 6. Diss. B, Potsdam 1976.

29 Außerhalb der Interpretation bleiben Erkenntnisse der differentiellen Psychologie, da die Untersuchungsmethodik damit überfordert wäre. In der psychologischen Literatur wird, bezogen auf das Langzeitgedächtnis, nach prozeduralem, semantischem und episodischem Gedächtnis unterschieden. Eine andere Auffassung, die Theorie der Verarbeitungstiefe, geht dagegen von einem einheitlichen Gedächtnis aus mit unterschiedlichen Verarbeitungstiefen. Vgl. dazu Ph. G. Zimbardo: Psychologie. Berlin, Heidelberg. New York 1988, S. 282 ff.

30 Vgl. P. Beetz, D. Klose: Untersuchungen zu Lernvoraussetzungen im Geschichtsunterricht – wichtige Bestimmungsgröße für curriculare Entscheidungen. In: Wissenschaftl. Zeitschr. der Universität Potsdam 35 (1991) 7, S. 577–596.

31 Vgl. N. Postman: Das Verschwinden der Kindheit. Fischer Verlag 1991. Ders.: Das Technopol. Fischer Verlag 1992. Ders.: Wir amüsieren uns zu Tode. Fischer Verlag 1992.

32 Vgl. W. Dawydow: Arten der Verallgemeinerung im Unterricht. Berlin 1977.

33 Vgl. W. Schäfer: Geschichte in der Schule, Stuttgart 1976.

34 Vgl. H. Süssmuth: Geschichtsdidaktik. Göttingen 1980, S. 176 ff.

35 V. Knigge: Triviales Geschichtsbewußtsein. Pfaffenweiler 1988, S. 124.

36 Ebenda, S. 112.

37 Vgl. H. Süssmuth, ebenda, S. 157 ff.

38 Vgl. B. v. Borries: Zur Mikroanalyse historischer Lernprozesse in und neben der Schule. In: GD 3/1985, S. 301–313.

Zur Genese narrativer Kompetenz

Empirische Untersuchungen bei Kindern und Jugendlichen

Hans-Jürgen Pandel

Erzählen ist eine kulturelle Universalie, ohne die keine Gesellschaft auskommt. In der Form des spezifischen historischen Erzählens hat sie an der Ausbildung von Kultur und am Vergesellschaftungsprozeß maßgeblich Anteil. Erzählen im ursprünglichen Sinne ist ein Vernarrativieren von sukzessiven Gegenwarts- zu diachronen Zeiterfahrungen. Dabei ist es prinzipiell unerheblich, ob die Ereignisse, die in die Erzählung eingehen, dem eigenem Erleben oder anderen Quellen entstammen. Erzählen erzeugt nacherzählbare Geschichten und reichert mit ihnen die jeweilige Kultur an. Ohne diese Erzählfunktion wäre Kultur und die von ihr bewirkte Vergesellschaftung sozialer Gruppen kaum vorstellbar. Neben dieser Erzählhandlung, in der sich Individuen und Kollektive ihre Erfahrung aberzählen, indem sie sie auf Zeit beziehen, ist eine zweite Erzählhandlung von grundlegender kultureller Bedeutung. Diese Erzählhandlung ist das Nacherzählen; es tradiert Kultur. In jeder uns bekannten Geschichtskultur werden gehörte, gelesene oder szenisch präsentierte Erzählungen nacherzählt, um die in der Erzählungen liegenden kognitiven, emotionalen und pragmatischen Gehalte zu aktualisieren. Sie werden in den unterschiedlichen Medien nicht nur noch einmal, sondern immer wieder erzählt, obwohl (und weil) sie den meisten Mitgliedern der Gesellschaft schon bekannt sind. Hier deutet sich schon an, daß Erzählen nicht nur eine kognitive Funktion hat, sondern auf Selbstbewußtsein und Gefühlslagen Einfluß nimmt. So klar die kulturkonstituiven Akte des Erzählens sind, um so unklarer ist uns zur Zeit die lebensgeschichtliche Genese dieser Erzählkompetenz.

Nach der ausgedehnten und auch ertragreichen Diskussion der 70er und 80er Jahre um die Narrativität in der Geschichtswissenschaft ist es erstaunlich, daß unter den Geschichtsdidaktikern diese Ansätze, die in der Lage wären, Geschichtsdidaktik als Kulturwissenschaft zu konzipieren, weder theoretisch noch empirisch weiterverarbeitet worden sind. Jörn Rüsen[1] und Rolf Schörken[2] sind hier die Ausnahmen. Im Gegensatz zur Geschichtsdidaktik gibt es in der Psychologie und Linguistik bedeutende Ansätze, die lebensgeschichtliche Entwicklung der Erzählkompetenz zu erforschen[3].

1 Fragestellung

Der Erzählakt »Nacherzählen«,[4] der zum Kernbereich der historischen Narrativität gehört, stellt einen Teil eines Forschungsprojektes dar, das versucht, die kulturell erarbeitete Form des historischen Erzählens in seiner lebensgeschichtlichen Genese zu erforschen. Probanden waren 48 Kinder und Jugendliche im Alter von 5 bis 17 Jahren. Sie wurden aufgefordert, stadtgeschichtliche und allgemeingeschichtliche Erzählungen nachzuerzählen. Bei der Nacherzählung handelte es sich um die Geschichte einer Hexenverbrennung in Osnabrück im Jahre 1632 und um den Tod eines mittelalterlichen hörigen Bauern 1492 und den sich daraus ergebenden Pacht- und Abgabepraktiken. Mit der »Bauerngeschichte« wurde untersucht, wie die Probanden in der Lage waren, aus verschiedenen Quellen eine Geschichte herzustellen. Hier werden nur die Ergebnisse des Nacherzählungsprojekt »Hexengeschichte« wiedergegeben. Die Hexengeschichte wurde deshalb ausgewählt, weil die Debatte über die Existenz von Hexen einen Anteil an der Konstitution unserer historischen Wirklichkeitsauffassung zu Beginn des 18. Jahrhunderts besitzt. In dieser Debatte wurde die heute noch gültige Grenze zwischen Imaginärem und Realem gezogen.

Die Ausgangserzählung, auf die hier dargelegten Ergebnisse beziehen, war die Geschichte der Osnabrücker Hexenverbrennung. Sie hat einen Umfang von 462 Wörtern; verschriftlicht entspricht das einer DIN-A-4-Seite Text. Mündlich vorgetragen macht das 3 Minuten aus.

»Eine Hexengeschichte aus Osnabrück

Vor etwa 400 Jahren lebten in Osnabrück der Schneider Johannes und seine Frau Margarete. Sie waren schon seit 2 Jahren verheiratet und wünschten sich schon lange ein Kind. In der Lohstraße in der Altstadt lebte eine Hebamme, die schon vielen Frauen geholfen hatte. Eines Abends ging Margarete zu ihr. Nachdem die Hebamme Margarete untersucht hatte stellte sie fest, daß die junge Frau gesund war. Um sie aber ein bißchen zu trösten und um ihr Mut zu machen, ging die Hebamme in den Garten und holte ein paar Küchenkräuter. Aus diesen sollten Margarete für sich und ihren Mann einen Tee kochen. Im Winter wußte Margarete, daß sie ein Kind bekommen würde. Sie und ihr Mann freuten sich sehr. Als das Kind geboren wurde, war es aber ganz schwach und krank. Als auch der Arzt nicht mehr helfen konnte, riefen Margarete und Johannes den Priester, der das Kind taufte, bevor es starb. Ihm fiel auf, daß das tote Kind ein großes Muttermal am Kopf hatte. Wochen später kam der Wanderprediger Gottfried nach Osnabrück und berichtete der Bevölkerung von Hexen aus dem ganzen Reich. Er erzählte, daß man die Hexen am Muttermal erkennen könne. Je schrecklicher seine Geschichte waren, desto mehr Geld gaben ihm die Leute fürs Erzählen. Auch der Priester hörte dem Wanderprediger zu und erinnerte sich an das tote Kind mit dem Muttermal. Der Priester erzählte dem Wanderprediger die Geschichte. Dieser hoffte auf eine hohe Belohnung vom Bürgermeister und beschuldigte Margarete, ein Kind des Teufels geboren zu haben, weil es ein Muttermal am Kopf hatte. Gottfried zeigte sie beim Bürgermeister von Osnabrück als Hexe an. Margarete wurde vor das Gericht der Stadt geladen und stritt alles ab. Sie erzählte, wie sehr sie und Johannes sich das Kind gewünscht hatten, wie oft sie Gott um Hilfe gebeten hatten und auch, daß erst der Kräutertee der Hebamme geholfen habe. Ein Raunen ging durch die Menge. Jetzt ging alles schnell. Die Hebamme wurde von einigen Leuten aus dem Haus gezerrt und zum Gericht geführt. Man sagte, sie habe Margarete verhext und ihr ein Kind des Teufels in den Bauch gezaubert. Plötzlich stand der Wanderprediger auf und behauptete, er habe die beiden Frauen zusammen mit dem Teufel in der vergangenen Vollmondnacht tanzen sehen. Ein Teil der Männer und Frauen hörte gespannt zu und glaubte jedes Wort, die anderen bekamen große Angst, weil sie die Hebamme auch schon um Rat und Hilfe gebeten hatten. Noch am selben Tag wurden Margarete und die Hebamme in den Bucksturm, der damals das Gefängnis war, geworfen. Sie wurden so lange von den Folterknechten und dem Henker gequält, bis sie die Anschuldigungen und noch viele Dinge, die sie gar nicht getan hatten, zugaben, um nicht mehr gefoltert zu werden. Am nächsten Tag wurden sie auf dem Scheiterhaufen verbrannt«.

Der Erzählakt Nacherzählen beruht auf der Fähigkeit, eine Geschichte nach dem Muster der Ausgangserzählung zu reformulieren, ohne sie wörtlich zu reproduzieren. Er verlangt auch kein sinnproduktives Verknüpfen der Ereignisse wie das Narrativieren, da Sinn und Erzählplan vorgegeben sind. Obwohl beim Nacherzählen keine wörtliche Reproduktion verlangt wird, muß die nacherzählte Geschichte doch innerhalb einer gewissen narrativen Toleranz bleiben, die den Sinn der Ausgangserzählung bewahrt, denn im Erzählakt »Nacherzählen« wird die Sinnsubsubstanz, aber nicht der präzise Wortlaut reproduziert. Die Funktion von Nacherzählungen liegt in ihrer traditionsbildenden Kraft. Sie werden in der Lebenswelt nacherzählt, ohne langweilig zu werden, obwohl die Leser und Zuhörer sie schon kennen. Der Erzählakt Nacherzählen bildet Tradition, indem er Geschichte sozial und zeitlich ausbreitet. Das trifft auf die nachwachsende Generation wie auch auf solche Gruppen zu, die diesen kulturellen Überlieferungen fremd gegenüberstehen. Zusätzlich zu der Traditionsbildung kommt es beim ständigen Nacherzählen zu einem Prozeß der Identitätssteigerung- und Vergewisserung. Im Nacherzählen entfaltet Tradition ihre identitätsbildende und -vergewissernde Kraft, da die den Erzählungen innewohnenden identitätsbestärkende Potenzen entfaltet und durch Wiedererzählen die emotionalen Qualitäten der Erzählung immer wieder erneut aktualisiert werden.

In der Lebenswelt wie im Geschichtsunterricht erwarten und verlangen wir, daß die Mitglieder kulturell essentielle Geschichten kennen (beispielsweise: die Geschichte der Nationalsozialismus und wie es dazu gekommen ist). Wir erwarten, daß die Mitglieder einer Kultur solche historische Erzählungen nacherzählen können. Erst dann sprechen wir ihnen Bildung und Geschichtsbewußtsein zu. Wir erwarten, daß sie diese Erzählungen im Geschichtsbewußtsein präsent haben und bei Bedarf reproduzieren können. Diese Reproduktionsleitung dient der Sinnvergewisserung, der Einordnung neuer Informationen sowie der Orientierung in der Zeit.

2 Methode und Durchführung

Für ein Forschungsvorhaben stellte sich die Frage, wie sich diese Kompetenz des historischen Erzählens lebensgeschichtlich aufbaut. Dieser Ansatz beinhaltete folgende Teilfragen: In welchen Altersstufen sind einzelne Teilkompetenzen verfügbar? Wie verhalten sich im Bewußtsein Sinnsubstanz und Textkorpus zueinander? Treten Sinnverluste und Sinnzuwächse im Nacherzählen auf und gibt es dabei überindividuelle Muster? Wie werden die Wahrheitserwartungen subjektiv eingelöst?

Im Bemühen, auf diese Fragen eine Antwort zu bekommen, werden aber gleichzeitig andere Fragen beantwortbar:

- Wie muß eine schülergerechte historiographische Textproduktion aussehen, die ein Nacherzählen ermöglicht?
- Wie müssen Quellen ausgewählt und präsentiert werden, um den Erzählakt Erzählen (im ursprünglichen Sinne von Vernarrativieren) aussehen?

Erste Annäherungen an eine Antwort lassen sich vor allem empirisch gewinnen. Dabei ist der Begriff empirisch zunächst genauer zu bestimmen. Diese Untersuchung ist insofern empirisch, als sie den Regeln der Datenerhebung und Verarbeitung folgt. Sie ist aber nicht im Sinne der Demoskopie repräsentativ, denn dazu ist die Zahl der Probanden zu klein. Einwände gegen die geringen Umfang der Probanden dieser Studie sind aber nur bedingt am Platz. Gegenüber den demoskopisch angelegten Befragungen, wie sie von Borries und Weidenfeld vorgelegt haben, ist die Zahl sehr gering. Gemessen aber an linguistischen und kognitionspsychologischen Studien, die sich mit narrativen Reproduktionsleistungen beschäftigen, ist die Zahl aber wieder hoch. Stein und Glenn haben nur 24 Kinder[5] befragt und sind zu äußerst interessanten Ergebnissen gekommen. Auch die Studie von Hoppe-Graff[6], der die vorliegende Untersuchung viel verdankt, hat nicht wesentlich mehr Probanden einbezogen. Insofern wird hier keine quantitative Studie vorgelegt, sondern es geht in qualitativer Weise um die empirisch unterstüzte Produktion fruchbare Hypothesen über Sprache, Erzählung und die Formen schülergerechter Geschichtsdarstellung.

Um diese Fragen zu beantworten, sollten unsere Probanden die Geschichten nach drei Minuten so nacherzählen, wie sie sie im Gedächtnis behalten hatten; dabei wurde ihre Erzählungen auf Band aufgenommen, später transkribiert und dann nach Sinneinheiten untersucht.

Doch zunächst zur Methode. Die Erzählung wurde in einzelne Sinneinheiten (Sätze, Satzteile) zerlegt, die durch eine bestimmte Information und nicht durch formale grammatikalische Merkmale charakterisiert wurden. Die semantischen Einheiten (SE) wurden dann nach ihrer Wichtigkeit hierarchisiert. Die Einteilung aufgrund von Wichtigkeitsurteilen in eine dreistufige Skala von semantischen Einheiten folgt dem Modell von Brown und Smiley[7], nur daß in der vorliegenden

Untersuchung eine drei- statt eine vierstufige Skala verwandt wurde. Daß dieses theoretische Konstrukt tatsächlich Realität besitzt, konnte die Untersuchung bestätigen. Lediglich eine Sequenz (die semantischen Einheiten 11-14) weichen davon ab (s. dazu unten). Die einzelnen Ebenen der semantischen Einheiten – als Einheiten erster, zweiter und dritter Kategorie bezeichnet – waren folgendermaßen charakterisiert.

Die erste semantische Ebene, die die oberste Textebene bildet, enthielt diejenigen Einheiten, die den Handlungsstrang der Geschichte mit denen sie tragenden situativen Bedingungen. Diese Ebene repräsentiert also den Sinn der Erzählung als Handlung. Diese semantischen Einheiten garantieren den Erzählplan und bringen den Plot zum Ausdruck; sie bilden den »roten Faden« im Handlungsablauf.

Die zweite Ebene bilden solche Einheiten, die die näheren historischen Umstände und zeitensprechenden Motive der Handlungen angeben. Die semantische Einheit dieser Ebene ermöglicht es, historische Differenz- und Alteritätserfahrungen zu machen.

Ebene 3 gibt der Geschichte den individuellen Charakter. In ihr kommt die Singularität zum Ausdruck, die eine Geschichte von der anderen unterscheidet. Diese Ebene enthält jene Elemente, die die Namen der Beteiligten, die historischen Orte, die historische Zeit sowie Professionen und Konfessionen enthielt. Hier fanden jene semantische Einheiten ihren Platz, die sich auf Individuen im Gegensatz zu Rollenträgern und sozialen Typen bezog.

Kategorie I enthält folgende 19 Textaussagen, die für das Textverständnis unverzichtbar sind:

01. Ehepaar wünscht sich ein Kind
02. Frau geht zur Hebamme
03. Die Hebamme gibt ihr Kräuter
04. Aus diesen soll die Frau Tee kochen
05. Das Kind wird geboren
06. Das Kind ist krank
07. Der Priester tauft das Kind
08. Der Priester entdeckt das Muttermal
09. Das Kind stirbt
10. Der Wanderprediger erzählt von Hexen
11 Hexen haben Muttermale
12. Der Priester erzählt dem Wanderprediger die Geschichte
13. Der Wanderprediger zeigt die Frau als Hexe an
14. Die Frau erzählt, daß der Kräutertee geholfen habe
15. Die Hebamme wird zum Gericht geführt
16. Der Wanderprediger behauptet er habe die Frauen mit dem Teufel tanzen sehen
17. Die Frau und die Hebamme werden in das Gefängnis geworfen

18. Die Frau und die Hebamme werden gefoltert
19. Die Frau und die Hebamme werden verbrannt

Kategorie II umfaßt diejenigen 15 semantische Einheiten, die den Handlungsablauf näher als historisches Ereignis charakterisieren, aber für den Handlungsablauf nicht zwingend notwendig sind:

01. Vor etwa 400 Jahren
02. Hebamme hat schon vielen Frauen geholfen
03. Die Frau ist gesund
04. Die Frau wird getröstet
05. Der Arzt konnte nicht mehr helfen
06. Der Wanderprediger kommt in die Stadt
07. Der Priester hört dem Wanderprediger zu
08. Der Priester erinnert sich an das tote Kind mit dem Muttermal
09. Der Wanderprediger hofft auf eine Belohnung
10. Die Frau wird vor Gericht geladen
11. Sie streitet alles ab
12. Die Hebamme hat die Frau verhext
13. Die Hebamme hat ihr ein Kind des Teufels in den Bauch gezaubert
14. Die Frau und die Hebamme werden lange gefoltert
15. Sie geben Dinge zu, die sie nicht getan haben

In *Kategorie III* sind 26 Textstellen aufgeführt, die die Singularität und Individualität der Geschichte ausmachen:

01. Osnabrück
02. Der Mann heißt Johannes
03. Die Frau heißt Margarethe
04. Johannes ist Schneider
05. Das Paar ist seit zwei Jahren verheiratet
06. Die Hebamme lebt in der Altstadt
07. Sie wohnt in der Lohstraße
08. Die Hebamme untersucht Margarethe
09. Die Hebamme geht in den Garten
10. Im Winter weiß Margarethe, daß sie schwanger ist
11. Margarethe und Johannes freuen sich sehr
12. Margarethe und Johannes sind verzweifelt
13. Der Wanderprediger heißt Gottfried
14. Hexen gibt es im ganzen Reich
15. Je schrecklicher Gottfrieds Geschichten, desto mehr Geld geben ihm die Leute
16. Gottfried hofft auf eine Belohnung vom Bürgermeister
17. Margarethe erzählt wie sehr sie und Johannes sich das Kind gewünscht hatten

18. Margarethe erzählt, daß sie auch zu Gott gebetet haben
19. Ein Raunen ging durch die Menge
20. Jetzt ging alles schnell
21. Einige Leute zerrten die Hebamme aus dem Haus
22. Die Frauen tanzten in der vergangenen Vollmondnacht vor der Stadt
23. Ein Teil der Menge hörte gespannt zu
24. Ein Teil bekam Angst, weil sie die Hebamme auch schon um Rat und Hilfe gebeten hatten
25. Das Gefängnis heißt Bocksturm
26. Bezeichnung: Folterknecht, Henker

3 Ergebnisse

Ausgezählt wurde die Anzahl der reproduzierten Wörter, die Anzahl der semantischen Einheiten auf jeder Ebene sowie Art und Anzahl der konjunktiven, adversativen und temporalen Satzverknüpfer (und, aber etc.). Die in der Vorstudie beobachteten Trends ließen sich bis auf eine Ausnahme bestätigen. Die Hypothese, daß im Nacherzählungsakt die indirekte Rede der Ausgangserzählung signifikant reoralisiert wurde[8], ließ sich bei dieser Untersuchung nicht verifizieren. Es bleibt allerdings die Schlußfolgerung übrig, daß insbesondere jüngere Kinder also im Alter von fünf bis acht zur Reoralisierung neigen. Die Verwandlung von indirekter in direkte Rede scheint somit altersabhängig zu sein, wenn man einmal vorerst von der Möglichkeit absieht, daß die Reoralisierungstendenz vom Charakter der Erzählung abhängt.

a) Quantitative Reproduktion

Jede Nacherzählung ist prinzipiell eine Verkürzung der Ausgangserzählung; das wurde auch in dieser Untersuchung bestätigt. Die Geschichten waren weniger elaboriert als die Ausgangserzählung. Allerdings nahm mit zunehmendem Alter der Probanden der Umfang der nacherzählten Geschichte zu. Dieser wenig überraschende Befund muß aber präzisiert werden.

Je älter die Schüler waren, um so länger wurden der Tendenz nach ihre Nacherzählungen. Die *Gestaltungsintensität*, die prinzipiell von Ausgangs- zu Nacherzählung geringer wird, nimmt mit wachsendem Alter wieder zu. Hier ist noch nicht die Rede davon, ob zentrale Sinneinheiten der Geschichte weggelassen wurden, sondern zunächst geht es um den zunehmenden Wortumfang der Reproduktionsgeschichte. Eine Zunahme des reproduzierten Wortumfangs ist allerdings nicht in jedem Falle eine Qualitätsverbesserung der Erzählung, da eine Verlängerung oft auf *Redundanzen* beruht und nicht die Anzahl der reproduzierten semantischen Einheiten erhöht.

Wenn es auch eine Zunahme der reproduzierten Wortanzahl mit wachsendem Alter gibt, so geht doch der Umfang innnerhalb der einzelnen Altersstufen sehr weit auseinander. Diese *Schwankungen* zeigen sich schon in der Gruppe der Sechsjährigen. Michel, der in einem psychologischen Test als hochbegabt eingestuft wurde, faßte die Geschichte sinnwidrig in einem einzigen Satz zusammen: »Die Hexe bekam ein Kind«. Die ebenfalls sechsjährige Christin benötigte dagegen für die gleiche Geschichte 228 Wörter, das entspricht 49% der Ausgangserzählung. Damit übertraf das sechsjährige Mädchen noch den dreizehnjährigen Rigo, der es auf 214 Wörter brachte. In der Altersstufe der elfjährigen schwankt der reproduzierte Umfang von 66% bis 33% der Ausgangserzählung. Die allgemeine Erzählfähigkeit nimmt zwar mit dem Alter zu, die Schwankungen innerhalb der einzelnen Altersgruppen sind aber so groß, daß sich aus dem Lebensalter *allein* keine generellen Erkenntnisse über Erzählkompetenz und Verstehensfähigkeit ablesen lassen. Im Lebensalter kommt vor allem Sprachgewandtheit zum Ausdruck, die sich in der Erzählung in einer größeren Elaboriertheit niederschlägt.

Grafik 1: **Reproduzierter Wortumfang**

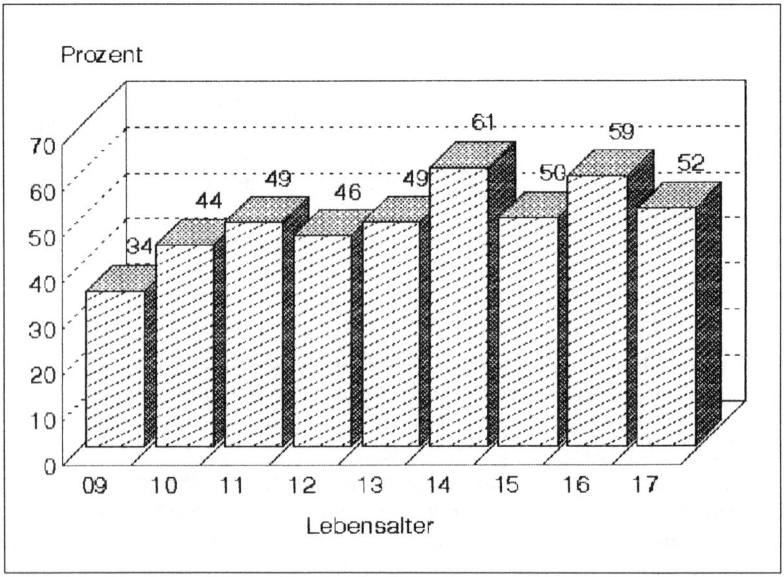

b) Semantische Reproduktion

Eine quantitative Analyse hilft weiter. Die Tatsache, daß jede lebensweltliche Erzählung eine Verkürzung der Ausgangserzählung darstellt, beruht weder auf abnehmender Gestaltungsintensität, noch auf individuellen Vergessensleistungen.

Die Verkürzung folgt einer näher zu klärenden Gesetzlichkeit. Das zeigt sich schon darin, daß eine quantitative Verkürzung einer Nacherzählung im Vergleich zur Ausgangserzählung bei neun- bis siebzehnjährigen Schülern dem gleichen Muster folgt. Sie ist selbst noch bei jüngeren Jahrgängen ist sie noch zu beobachten, wenn es den Kindern gelingt, die Geschichte in reduzierter, aber doch zusammenhängender Form zu reproduzieren. Im hohen Maße altersunabhängig wurden die gleichen Elemente der Geschichte reproduziert wie auch weggelassen. Diese semantischen Einheiten der ersten Ebene garantierten also die Verstehensfähigkeit, die das Handlungsmuster der Geschichte betrifft[9].

***Grafik 2:* Semantische Einheiten** (Ebene 1)

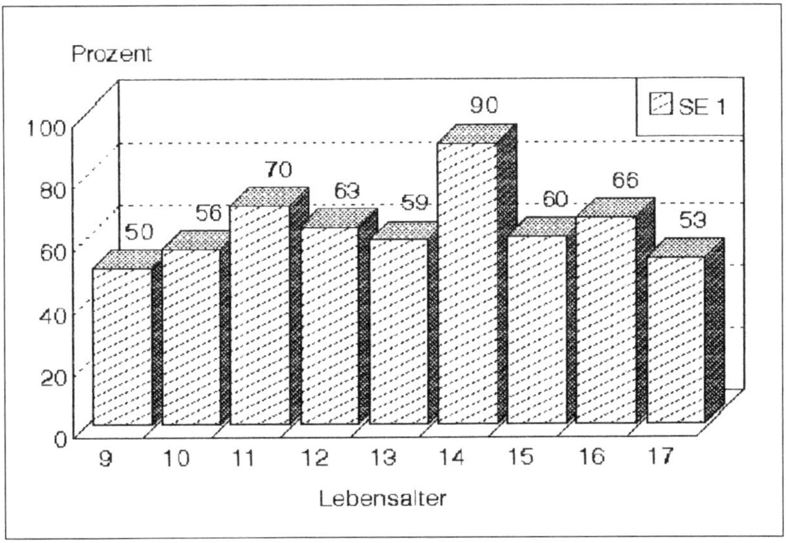

Das Untersuchungsdesign erfuhr eine eindrucksvolle Bestätigung. Es wurden in erster Linie jene semantischen Einheiten wiedergegeben, die vom Untersuchungsinstrumentarium in die erste Kategorie eingereiht worden waren. Die Trennung zwischen den drei Ebenen wurde durchgehend vorgenommen, obwohl in einigen Jahrgängen Ebene 2 und 3 nur unwesentlich auseinander gehalten wurden. Das ist vermutlich ein Effekt der geringen Probandenzahl. Daß es eine bestimmte Gruppe von semantischen Einheiten gibt, die als sinntragende Einheiten gelten können, ist gesichert. Zwar reproduzierte niemand alle semantischen Einheiten dieser Ebene, aber sie kamen mit 80% doch der erreichten Anzahl sehr nahe. Bei diesen semantischen Einheiten gibt es eine hohe Übereinstimmung über die einzelnen Altersgruppen hinaus. Das ist ganz natürlich, da das Grundmuster der Erzählung, das diese erst zu einer sinnhaften Einheit macht, gewahrt bleiben muß.

Im Vergleich zur reproduzierten Wortwahl stellt sich heraus, daß es keinen gesicherten Zusammenhang zwischen der Länge der Nacherzählung und der Anzahl der reproduzierten Einheiten der Ebene 1 gibt. Längere Nacherzählungen enthielten nicht auch gleichzeitig mehr sinnkonstituierende Einheiten. Größere Ausführlichkeit ist somit kein Garant für größere Verstehensleistungen.

***Grafik 3:* Wortumfang und semantische Einheiten**

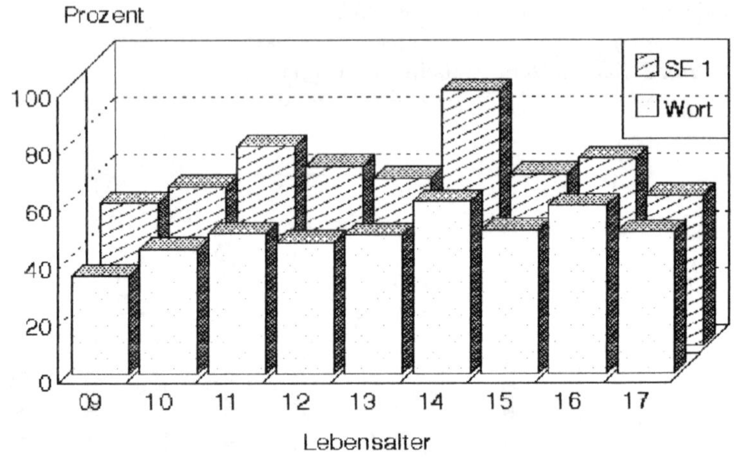

Wort = Wortumfang
SE 1 = Semantische Einheiten 1. Ordnung

Vor diesem Hintergrund läßt sich der Verstehensprozeß einer Geschichte genauer beschreiben. Die Erzählung wird vom Hörer zergliedert. Er teilt sie in Ebenen unterschiedlicher Wichtigkeit ein. In der vorliegenden Untersuchung wurde das Zerlegen in einer Handlungs-, Struktur- und Individualitätsebene deutlich. Die drei Ebenen kann man – wie auch einige Ergebnisse naheliegen, in eine sinnkonstituierende und eine umstandsbeschreibende Ebene zusammenfassen. Ob sich hier die von der analytischen Geschichtstheorie behauptete Unterteilung in Erzählen und Beschreiben widerspiegelt, muß durch weitere Untersuchungen geprüft werden.

c) Weggelassene Einheiten

Auch bei denjenigen semantischen Einheiten, die weggelassen wurden, zeigt sich eine Übereinstimmung. Drei Elemente wurden altersunabhängig oft weggelassen. Die Einheiten 12, 13 und 14 der obersten semantischen Ebene wurden selten reproduziert. Nur 17% der Probanden nannten SE 12, 21% SE 13 und 23% SE 14.

SE 12: Der Priester erzählte dem Wanderprediger die Geschichte (17%).
SE 13: Der Wanderprediger zeigte die Frau als Hexe an (21%).
SE 14: Die Frau erzählt, daß der Kräutertee geholfen hat (23%).

Wenn man sich vergegenwärtigt, daß 71% der Probanden die semantischen Einheiten 1, 5 und 6 (Ehepaar wünscht sich ein Kind, das Kind wird geboren, das Kind ist krank) reproduzierten, muß es wohl besondere Gründe haben, die die Schüler veranlaßte, diese Einheiten am wenigsten zu reproduzieren. Der Grund liegt wohl darin, daß die Schüler eine geradlinig gerichtete Geschichte bevorzugen. Die Wanderpredigerepisode komplizierte die Geschichte um eine zusätzliche Dimension. Sie stellt die Verbindung von innen und außen her, indem sie die Lokalgeschichte mit der allgemeinen Geschichte verbindet. Aus der Sicht der Schüler ist es aber eine Abweichung der Geradlinigkeit der Hexengeschichte. Anders verhält es sich mit der SE 14. Hier handelt es sich offensichtlich um eine Fehlkategorisierung im Untersuchungsdesign.

d) Mechanismen der Nacherzählung

Der Nacherzählungsprozeß verläuft in zwei verbundenen, aber doch unterscheidbaren inneren Prozeduren. Die erste ist ein bewußtseinsinterner Zergliederungsprozeß, der Wichtigkeitsurteile fällt. Der Ausgangstext wird in semantische Elemente zergliedert, die dann nach subjektiver Wichtigkeit klassifiziert werden. Eine solche Einteilung in klassenunterschiedliche Bedeutungsgehalte ist Vorbedingung für die Reproduktion. In dieser Einteilung in Wichtigkeitsklassen liegt die eigentliche Verstehensleistung. Wieviele Wichtigkeitsklassen gebildet werden bzw. in verschiedenen Altersstufen gebildet werden können, läßt sich aus dieser Untersuchung nicht abschließend beantworten. Mehr als vier dürften es in dieser Altersstufe wohl nicht sein, die bewußtseinsintern auseinandergehalten werden können. Diese Wichtigkeitsurteile bilden verschiedene semantische Ebenen. Bei der Reproduktion wird die wichtigste Ebene als Leitlinie benutzt. Die beiden anderen semantischen Ebenen sind nur subsidiär tätig, ohne daß sie die erste Ebene dominieren können. Diejenigen semantischen Einheiten, die die Verlaufsgestalt (den Plot) der Handlung wiedergeben, wurden auch als die wichtigsten angesehen.

Nachdem die Wichtigkeitsurteile gefällt und die semantischen Ebenen gebildet worden sind, setzt *innerhalb* der einzelnen Ebenen ein Hierarchisierungsprozeß ein. Die einzelnen semantischen Einheiten innerhalb der verschiedenen Ebenen stehen nicht gleichgewichtig nebeneinander, sondern werden auch in wichtige und unwichtige unterteilt. Die Probanden nehmen also auch *innerhalb* der einzelnen Ebenen eine Wertung vor, indem sie innerhalb der Handlungs-, Struktur- und Individualitätsebene die einzelnen semantischen Einheiten hierarchisierten. Dadurch bekommen sie eine neue, eine subjektive Ordnung. In der internen Hierarchisierung werden wichtige und unwichtige Einheiten voneinander geschieden. Es zeigt sich, daß die einzelnen semantischen Einheiten unterschiedlich oft genannt wurden.

Grafik 4

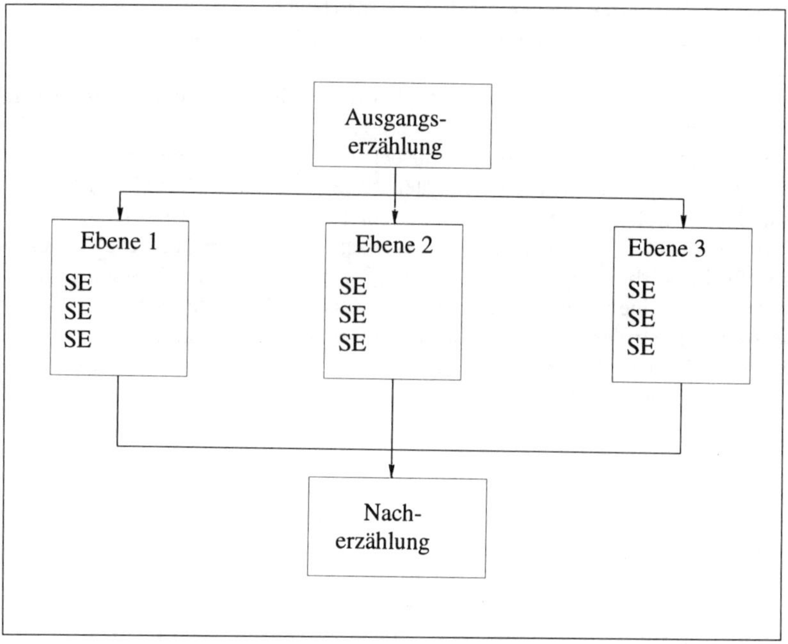

Es kamen auch Auslassungen vor, d.h. bestimmte semantische Einheiten wurden von keinem Probanden reproduziert. Die Auslassung bestimmter Einheiten kann als eine unbewußte Kritik an der Ausgangsgeschichte gewertet werden, wenn diese Einheiten subjektiv zu uninteressant oder nicht nachvollziehbar waren. Auch eine falsche Klassifizierung im Untersuchungsansatz ist nicht auszuschließen.

Wichtig ist für die Schüler das, wofür sie ein besonders Interesse ausgebildet haben, bzw. wofür sie in besonderer Weise sensibilisiert sind. Die Annahme, daß das in erhöhtem Maße reproduziert wird, was der Autor der Geschichte intendiert hat, bzw. was in der Geschichte »objektiv« enthalten ist, ist wohl bis zu einem gewissen Grade falsch. Reproduziert wird das, wofür sie in besonderem Maße sensibilisiert worden sind. Hier spiele die in andere, Zusammenhang dargestellten Doppelkategorien des Geschichtsbewußtseins eine besondere Rolle[10]. Die Ausbildung von zeitbezogenem moralischem Bewußtsein, Identitätsbewußtsein, historisch-sozialem Bewußtsein und politisches Bewußtsein, die die historische Gesellschaftlichkeit einer Geschichte zum Ausdruck bringen, steuern die Wichtigkeitsurteile.

Nach der Hierarchisierung auf den einzelnen semantischen Ebenen werden die semantischen Einheiten wieder zu einer neuen, der Nacherzählungsgeschichte verbunden. Von Interesse ist aber an dieser Stelle, nach welchem Erzählplan die einzelnen Einheiten wieder zusammengesetzt werden. Die Varianz von Erzählplänen bzw. Erzähltypen ist hier wohl sehr eng, da im bewußten Nacherzählungsakt ja der Sinngehalt der Ausgangserzählung – wenn auch innerhalb einer gewissen narrativen Toleranz – gewahrt bleiben muß. Spontane Wechsel der Erzähltypen im Sinne Rüsens ließen sich nicht beobachten und sind auch solange nicht zu erwarten, wie die Schüler und Schülerinnen den Erzählakt nacherzählend ausführen. Ein spontaner Wechsel des Erzählaktes vom Nacherzählen zum Umerzählen kam nicht vor. Die Ausgangserzählung war nach dem Erzähltyp des genetischen Erzählens konstruiert. Ihre Verlaufsgestalt ließe sich in dem Satz zusammenfassen: »Wie zwei Frauen zu Tode kamen«.

e) Historizitätswahrnehmung

Wie lassen sich die Befunde auf dem Hintergrund der geschichtstheoretischen Erkenntnisse über die Narrativität des Geschichtsbewußtseins und des historischen Denkens interpretieren? Für eine historisch gerichtete Untersuchung ist nun nicht die Frage relevant, ob mit der Verstehensleistung des Handlungsablaufes auch diejenigen Gehalte gewahrt bleiben, die eine Geschichte zu einer historischen Erzählung machen. Kommt es zu einer Wahrnehmung der Historizität der Erzäh

***Grafik 5:* Semantische Einheiten** (Ebenen 1, 2 und 3)

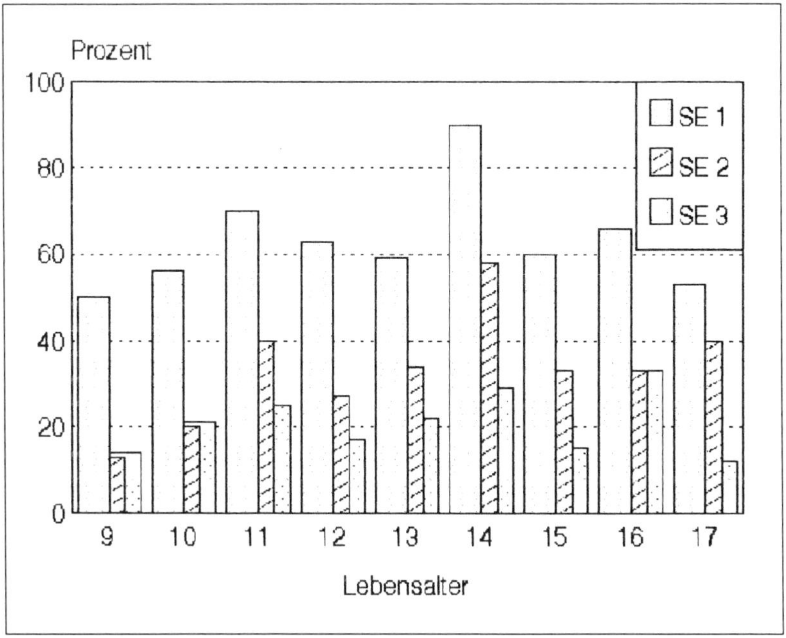

lung? Eine solche Historizität garantieren Aussagen zu historischen Sachbedingtheiten und zeitbedingten Orientierungen. Die Angaben, die also Strukturaussagen enthalten, waren im Untersuchungsdesign der zweiten semantischen Ebene zugeordnet worden. Die historische Individualität, die das erzählte Ereignis zu einem einmaligen und besonderen Fall machen, bildeten die dritte semantische Ebene.

So trennscharf, wie sich die Grenze zwischen Ebene eins und zwei darstellte, war die Differenz von Ebene zwei zu drei nicht. Für das siebte Lebensjahr stellte sich das wie folgt dar. Zwischen der ersten und der zweiten Ebene lagen 31 Punkte, zwischen zwei und drei dagegen nur 14. Für das zwölfte Lebensjahr, also für das 7. Schuljahr, in dem der »eigentliche« Geschichtsunterricht beginnt, betrug die Differenz zwischen Ebene eins und zwei 36 Punkte und zwischen Ebene zwei und drei 10 Punkte. Im Nacherzählen verringert sich die Differenz zwischen der Ebene zwei und drei. Altersunabhängig konzentrierten sich die Probanden darauf, den Handlungsgehalt der Erzählung zu reproduzieren und konzentrierten sich auf deren Actiongestalt. Damit waren sie in der Lage, eine Geschichte zu erzählen, sie waren aber nur in einem sehr eingeschränkten Maße fähig, die Historizität in der Geschichte wiederzugeben. Die dritte semantische Ebene wurde kaum als Ausdruck historischer Umstände wahrgenommen, sondern deren Elemente waren für die Schüler und Schülerinnen vor allem Füllworte, die die Geschichte anschaulicher aber nicht historischer machte. Altersunabhängig werden in hohem Maße diejenigen semantischen Einheiten beim Nacherzählen fortgelassen, die kausale Zuordnungen und Motive der handelnden Personen (semantische Einheiten der Ebene zwei) sowie historische Umstände, Orts- und Zeitangaben und Personennamen (semantische Einheiten der Ebene III) enthalten. Im Nacherzählen wurde der Geschichte ihre zeitliche und räumliche Dimension genommen, die sie mit Historie verbinden.

f) Rhetorische Gestalt

Ein weiteres Muster hinsichtlich der Wiedergabehierarchie bezieht sich auf die rhetorische Gestalt der Erzählung. Auch wenn man nicht mit den Begriffen der klassischen Rhetorik (wie Exordium. expositio, complicatio etc.) arbeiten will, haben auch historische Erzählungen eine rhetorische Gestalt. Auch unsere Befragungsgeschichten besaßen die Minimalstruktur von Erzählung aus Anfang, Mitte und Schluß. Das Vorstellen der Personen und ihr Problem, die Anklage aufgrund des Muttermals und Folter und Tod stellten diese drei Abschnitte dar. Anfang und Ende der Erzählung stellten in der subjektiven Häufigkeitshierarchie signifikant wichtigere Elemente dar. Sie werden überdurchschnittlich häufig reproduziert. Die semantischen Einheiten, die in der Mitte lagen, die also den Handlungsknoten darstellten und das historische Problem enthielten, wurden signifikant weniger oft wiederholt. Dieses Ergebnis wurde auch bei anderen Nacherzählungen bestätigt.

Zusammenfassend kann man sagen, daß die Ausgangserzählung in der Nacherzählung in ihre einzelnen semantischen Einheiten zerlegt, intern gewertet und entsprechend einer Wichtigkeitshierarchie reproduziert wird. Dabei werden die Erzählungen auf etwas reduziert, für das man den Arbeitsbegriff der Action-Gestalt wählen kann. Zusätzlich zu der eben geschildertern Hierarchisierung und Auswahl aus den semantischen Einheiten läßt sich beim Nacherzählen ein Prozeß beobachten, der sich Entspezifizierung nennen läßt. Entspezifisierung ist jener Prozeß, in dem konkrete und spezielle Angaben der Ausgangserzählung ihrer konkreten und individuellen Gestalt entkleidet und durch generalisierte, allgemeine und unspezifische Aussagen ersetzt werden. Die konkrete Ortsangabe »Osnabrück« wird zur »Stadt«, »Margarete und Johannes« zu »zwei Leute«. Darin könnte man ein Vorteil sehen, denn sozialgeschichtliche Vorgänge werden für den Unterricht zwar personifiziert, um die Verständlichkeit zu erleichtern. Sie sind aber zum Verständnis sozialgeschichtlicher Prozesse nicht wichtig. Im Gegenteil, sie können den Struktur- und Prozeßcharakter sogar verstellen. Wenn aber von der Besonderheit der Hexenanklage abgesehen wird, wird der spezifische Sinn, warum diese Geschichte erzählt wird, verfehlt. Diese Tendenz zur Entspezifizierung war durchgehend durch alle Altersgruppen zu beobachten, sie nahm allerdings ab dem 16. Lebensjahr ab.

5 Wahrheitswert

Ein wichtiges Kriterium, daß das historische Erzählen vom poetischen unterscheidet liegt in seinem Authentizitätsanspruch. Es beansprucht, nur das zu erzählen, was wahr ist. Diese Authentizitätserwartungen – unabhängig an welchen Kriterien sie festgemacht werden – an die Gattung historisches Erzählen sind lebensgeschichtlich sehr früh ausgebildet. Im sechsten Lebensjahr sind die Grundlagen vorhanden, Geschichten in erfundene und wahre einzuteilen. In der Untersuchung ließen sich mehrere Strategien beobachten, Erzählungen Wahrheitswert zuzusprechen bzw. ihn zu verneinen. Im Anschluß an die Nacherzählung wurden die Probanden befragt, ob sie die Geschichte für wahr hielten. Woher nehmen die Kinder die Gewißheit, daß die erzählte Geschichte wahr ist?

a) Die Kinder des Grundschulalters orientierten sich an der ihnen zur Verfügung stehenden kulturellen *Figurenwelt.* Sie machten ihre Einteilung von realen und imaginären Figuren zur Grundlage, um der Geschichte das Prädikat »wahr« oder »nicht wahr« zuzuschreiben. Wenn die Existenz der in der Erzählung vorkommenden Personen durch vorgängiges Wissen gesichert ist, so wird auf die Authentizität der gesamten Geschichte geschlossen. So wurden der Hexengeschichte der Wahrheitswert abgesprochen, weil einige Schüler nicht an die Existenz von Hexen glaubten. In der zweiten, hier nicht ausgewerteten Geschichte, in der Grafen und Bauern vorkamen, wurde weniger oft am Wahrheitsgehalt gezweifelt. Wie die bisherigen Befragungen zeigen, gibt es offensichtlich fiktionsverbürgende Symbole, die dem Lernenden anzeigen, ob es sich um eine fiktive oder eine historische Geschichte handelt. Solche Fiktionssymbole sind Hexen, Drachen und vom menschlichen Normaltyp abweichende Körpermerkmale und Kräfte. Es sind solche Merkmale, die bereits als fiktionsanzeigendes Indizes erlernt worden sind. Schwieriger ist es dagegen mit realitätsanzeigenden Merkmalen. Alle Personen, die heute leben oder als historische erkannt worden sind, gelten ab da in neuen Erzählungen als verbürgt und zeigen deren Wahrheitswert an.

(1)
Interviewer: Glaubst Du, daß die Geschichte wahr ist?
B.: Nein.
I.: Warum nicht?
B.: Weil ich nicht an Hexen glaube.
I.: Aber früher glaubten die Leute daran.
B.: Glaube ich nicht dran.
I.: Ich danke Dir (Björn 11 Jahre).

(2)
I.: Also glaubst Du, daß die Geschichte so passiert ist oder nicht?
J.: Nein.
I.: Die Geschichte ist so also Deiner Meinung nach nicht passiert, gut. Warum?
J.: Na, weil's keine Hexen gibt (Jens 11 Jahre).

b) Wahr ist eine Geschichte aber auch, wenn sie mit dem vorhandenen Wirklichkeitswissen in Einklang gebracht werden kann. Ist das nicht möglich, wird an ihrer Authentizität gezweifelt. Die 11jährige Daniela vermag keinen Zusammenhang zwischen Kräutertrank und Kindersegen zu erkennen:

(3)
I.: Glaubst Du, daß diese Geschichte, so wie ich sie erzählt habe, wahr ist?
D.: So ein bißchen ja, aber nicht ganz.
I.: Warum glaubst Du denn, daß sie nicht wahr sein könnte?
D.: Mit den Hexen, weil man ja sagt, Hexen gibt es nicht so 'ne und mit den Kräutern, daß nachher 'nen Kind bekommt, das also glaub ich nicht, wenn man Tee trinkt und dann schwupps. Die Geschichte ist also nur so ein bißchen wahr, so leicht, aber nicht ganz (Daniela 11 Jahre).

c) Eine weitere Strategie macht die Wahrheit an der Zeit fest, in der die Geschichte spielt. Die Trennung von Fiktion und Wirklichkeit erfolgt durch Verzeitlichung. Diese Strategie setzt voraus, daß die grundlegende Erkenntnis des Zeitbewußtseins bereits erfolgt sein muß, indem es »jetzt« und »früher« trennen kann. Auch die erste wirklich grundlegende Operation des Geschichtsbewußtsein, die Integration von Wirklichkeits- und Zeitbewußsein hat stattgefunden. Was nicht gegenwärtig ist, muß noch nicht unwirklich sein, denn etwas, was es nicht gibt, kann es ja gegeben haben. Diese Strategie verweist das Unwirkliche und Unglaubliche ebenso in die Vergangenheit wie das Historische. Alles was die Gegenwartserfahrungen nicht bestätigen, kann es ja in der Vergangenheit gegeben haben. Die Vergangenheit ist zunächst ein Sinnhorizont, in dem alles möglich war.

(4)

I: Glaubst Du denn, daß die Geschichte wahr ist?
A: (nickt)
I: Ja? Und warum?
A: Weiß ich nicht... warum.
I.: Meinst Du denn, daß es Hexen gibt?
A: Näh! Gibt's nicht!
I: Gibt keine Hexen?
A: Näh! Früher gab's aber schon Hexen. Früher. Wo die Cowboys lebten und d' Sheriff...
I: Die Sheriffs...
A: Und die Ritters...
I: Und da gab's Hexen?
A: Ja (Alexander 5 Jahre).

(5)
I.: O.K., danke. Glaubst Du, daß die Geschichte wahr ist?
Jamasu: Ja.
I.: Und warum?
J.: Weil früher war das oft.
I.: O.K. Danke (Jamasu 11 Jahre).

d) Wichtigsten Indizien für den Wahrheitsgehalt sind Namensnennung und Ortszuweisung. Die Ortsangaben Osnabrück, Lohstraße, Bocksturm sind für die Schüler Wirklichkeit, an deren Realität es keinen Zweifel gibt. Dieser Schritt wird aber erst getan, wenn die Historizität der alltäglichen Lebenswelt bereits zum festen Wissenbestand geworden ist. Das ist dann der Fall, wenn erkannt wird, daß das, was gegenwärtig ist, früher entstanden ist. Es besitzt eine Historizität, die durch ein Alter gekennzeichnet ist, das die Lebenszeit einzelner Menschen übersteigt.

(6)
I.: Warum glaubst Du, daß die Geschichte so wahr ist?
N.: Ja früher dachten die, glaubten die in Osnabrück an Hexen und so und da in Osnabrück da sind ja auch der Bucksturm oder was das war haben die die auch verbrannt, also ja die rote Haare hatten, dachten sie, das wären Hexen und da haben die dann die Eltern davon verbrannt (Nadine 11 Jahre).

(7)
I: »Glaubst Du, daß die Geschichte war ist?«
P: »Ja, das nehme ich doch schon an.«
I: »Warum?«
P: »In Osnabrück gibt es mehrere Gefängnistürme, so wie ich es gesehen habe. Und auch, daß auch im Mittelalter Hexenglaube bestand.«
I: »Möchtest Du sonst noch etwas zu dieser Geschichte sagen?«
P: »Ich fand sie etwas kompliziert, aber den Inhalt habe ich verstanden.«
I: »Warum fandest Du die Geschichte kompliziert?«
P: »Z.B. soll der Priester normal nichts weitererzählen. Er hat aber dem Wanderprediger alles weitererzählt« (Peter 12 Jahre).

e) Von dieser Strategie, der Verzeitlichung, die Vergangenheit als Zeit ansieht, in der alles möglich war, ist eine andere Strategie zu unterscheiden, die die Datierbarkeit der Geschichte zum authentizitätsverbürgenden Kriterium macht. Solche echte

Historizität trennt sowohl »früher« und »heute« als auch »wahr« und »fiktiv«. In der Vergangenheit ist nicht mehr alles möglich. Daß die Vergangenheit anders ist als die Gegenwart, gehört genau so zum Wissen wie daß die Vergangenheit sich auch in wahr und fiktiv einteilen läßt.

> (8)
> I.: Danke schön. Glaubst Du, daß die Geschichte wahr ist?
> Jeanette: Könnte sein.
> I.: Warum?
> J.: Ja, weil man früher auch an Hexen geglaubt hat.
> I.: Danke (Jeanette 11 Jahre).

> (9)
> I.: O.K., glaubst Du, daß die Geschichte wahr ist?
> Thomas: ... Ja.
> I.: Warum?
> T.: Weil es früher alle geglaubt haben, daß es Hexen gibt.
> I.: Danke (Thomas 11 Jahre).

> (10)
> I.: Glaubst Du, daß die Geschichte wahr ist?
> M.: In welcher Zeit spielt das?
> I.: Am Anfang der Geschichte wurde gesagt: »... vor 400 Jahren...!
> M.: Ja, ... kann wohl sein. (Markus 13 Jahre)

> (11)
> D.: Ja doch, zur Zeit der Inquisition da war es ja schon so, daß die das so gemacht haben. Muß ja nur einfach ein Zufall gewesen sein, daß das Kind ein Muttermal am Kopf hatte und dann war es schnell so, daß es dann eine Hexe war und das Kind war vom Teufel und so (Dirk 14 Jahre).

> (12)
> I: Glaubst Du, daß sich die Geschichte wirklich ereignet hat?
> M: Vor 400 Jahren? Ja (Michael 17 Jahre).

f) Wissen hat auch eine soziale Funktion, die mit gesellschaftlichem Prestige verbunden ist. Darauf verweisen einige Schülerargumente. Ab dem 13 Lebensjahr las ein Großteil der Probanden die historische Glaubwürdigkeit der Erzählung – altersunabhängig – nicht an Textmerkmalen oder der Referentialität ab, sondern an der Autorität der Befrager (Geschichtsstudenten) und dem Prestige der Institution Universität. Da die Befrager Geschichte studierten und von der Universität kamen, schlossen Schüler und Schülerinnen auf den Wahrheitscharakter der ihnen präsentierten Nacherzählungsgeschichte.

Jenseits dieser verschiedenen Einstellungsmuster deuten die empirische Anzeichen darauf hin, daß Authentizitätsansprüche an das historische Erzählen von Formen des metonymischen Denkens ihren Ausgang nehmen. Diese Trope ist offensichtlich an der Genese von Glaubwürdigkeitsmustern beteiligt. Sie verbürgt sie allerdings noch nicht, da durch Übergeneralisierung häufig auch dort die Glaubwürdigkeit verworfen wird, wo der Rest der Geschichte authentisch ist.

g) Nach Verstehensfähigkeit und Wahrheitsgehalt ist *narrative Toleranz* ein weiteres Kriterium historischer Verstehensfähigkeit. Narrative Tolerenz drückt sich darin aus, daß der Höhrer/Leser akzeptiert, daß eine Geschichte unterschiedliche Textformen annehmen kann und doch sinnidetentisch bleibt. Im Gegensatz zu manchen Formen des dogmatischen (Gesetzestexten) und poetischen (Gedichten) Wissens, das wortwörtlich weitergegeben wird, beruht historisches Nacherzählen auf einer solchen Toleranz. Erzähltext und Erzählsinn lassen sich voneinander ablösen, und deshalb wird eine Nacherzählung auch dann akzeptiert wird, wenn sie nicht wortwörtlich der Ausgangserzählung folgt. Die Nacherzählung muß sinnidentisch aber nicht wortidentisch sein. Hinzu kommt noch eine andere wichtige Eigenschaft der Narrativität, die die Applikation der Erzählung auf die Lebenswelt erlaubt. Jede Erzählung enthält mehr Sinn, als der Autor intendiert hat. Diese Eigenschaft, semantisch Überschüsse bereitzustellen, macht die Erzählung leistungsfähiger als Chronik und Annalen. Diese Tatsache begründete auch die Dominanz der Narrativität in der Geschichtsschreibung. Erzählen ist sinnproduktiv. Es legt erlebten wie berichteten Ereignissen Sinn bei, indem sie bestimmte Ereignisse mittels bestimmter Erzählpläne zu einer Geschichte verbindet. Diese Geschichte selbst, nicht allein der Erzähler ist insofern selbst sinnproduktiv, als sie mehr Sinn enthält, als der Erzähler zu erzählen beabsichtigte. Der Leser und Zuhörer entnimmt ihnen (auch) nichtintendierten Sinn. Insofern ist auch ein Umerzählen nicht ein willkürliches Umgehen mit Geschichte, da die Erzählungen auch denjenigen Sinn nahelegen, in dem sie selbst umgeschrieben werden kann. In der lebensgeschichtlichen Phase der narrativen Regidität wird diese überschüssige Sinnproduktivität von Geschichte noch negiert. Narrative Toleranz entsteht dann, wenn entdeckt wird, daß in einer Geschichte mehr Sinn steckt, als sie expressis verbis ausdrückt. Dadurch wird erfahren, daß auch andere legitimen Deutungen des gleichen Ereigniszusammenhanges möglich sind. Im Zusammenhang dieser Erfahrungen entwickelt sich historische Toleranz. Verschiedene Textvarianten der gleichen Geschichte wurden bis ins 12. Lebensjahr kritisiert. Die späteren Altersgruppen akzeptierten, daß man das auch so sagen könne.

6 Forschungsperspektiven

Ergebnisse dieser Untersuchung dürfen nur begrenzt generalisiert werden, da sie nicht für alle Arten von Geschichte Gültigkeit besitzen dürften. Es werden sich für Alltagsgeschichten vermutlich anderer Ergebnisse finden lassen, als für historische, da historische Rollen und historische Handlungsmuster von anderer Art sind, als die aus dem Alltag bekannten. Der Historizitätscharakter verfremdet den Handlungsablauf und erfordert vermutlich größere Aufmerksamkeit. Diesen Tatbestand liest man aus den Untersuchungen von Bodo von Borries heraus, die deutlich machen, daß gegenwärtige Handlungsarten und Bewertungsmuster in die

Geschichte hineingetragen werden und damit die historische Eigentümlichkeit überlageren.

Auch wenn bei der Reichweite der vorliegenden Ergebnisse Vorsicht am Platze ist, lassen sich doch weiterführende Fragen stellen, die in neuen Untersuchungen gelöst werden könnten.

Die Ergebnisse sind nur für einen besonderen Typ von historischer Erzählungen relevant, den man eine geschlossene Erzählung nennen könnte. Ein solcher Typus stellt die benutzte Hexengeschichte dar. Sie besitzt einen hohen Handlungs- aber nur geringere Reflexions- und Beschreibungsanteile. Sie besitzt zudem einen klaren Anfang und mit dem Tod der Frauen einen ebenso klaren Schluß. Solche Erzählungen stellen nicht den Hauptanteil im Geschichtsunterricht dar. Unsere *Schulbuchtexte* sind, obwohl auch sie zum Erzählakt Nacherzählen auffordern, von ganz anderer Art. Sie sind eher beschreibend, reflexiv und mit vielen Nachgeschichten versehen allen ... handelnd und abgeschlossen. Wie solche Texte rezipiert werden, soll Teil einer weiteren Untersuchung sein.

Hinzu kommt aber noch eine andere Art von Geschichte. Schulbuchtexte stellen in der Unterrichtspraxis nicht die häufigste Form der Nacherzählungsgeschichte dar, sondern Erzählungen, die die Schüler selbst konstruieren. Im *quellenorientierten Unterricht* soll ja die nacherzählungsfähige Geschichte erst aus Quellenbruchstücken narrativierend hergestellt werden. Der Erzählakt Erzählen im ursprünglichen Sinne verlangt, daß die Erzählung, die weitergegeben wird, erst hergestellt wird. Schulisch geschieht das in der Form der Quellenarbeit. Zumindest ist es in der Theorie so. Über die Vor- und Nachteile der Quellenarbeit ist bereits alles gesagt; an der gegenwärtigen Praxis der Quellenarbeit ist aber so manches zu kritisieren. Das soll hier ausgespart werden. In der Quellenarbeit konstruiert der Schüler aus isolierten Quellenstellen narrative Sinngebilde, von denen wir hoffen, daß sie vergessensresistenter sind als bereits vorgegebene Geschichten. Auf welche Weise in der Quellenarbeit semantische Einheiten gebildet und hierarchisiert werden, um dann in eine Zeitverlaufsgestalt übergeführt zu werden, soll eine weitere Untersuchung zeigen, für die die Daten bereits erhoben sind.

Die vorliegenden Ergebnisse erlauben auch einen Blick auf den Charakter von Geschichten. Man kann die Ergebnisse nämlich nicht nur zur Erkenntnis der narrativen Kompetenz von Schülern und Schülerinnen nutzen, sondern auch als erste Anleitung zur Konstruktion verstehensfähiger Geschichten. Es läßt sich dann fragen, wie eine Geschichte strukturiert sein muß, um optimale Verstehensvoraussetzungen zu bieten. Wenn sicher herausfinden ließe, welche Grammatikkategorien bei der Reproduktionsleistung bevorzugt werden, ließe sich die Klage über die abnehmende Lesefähigkeit (die ja wohl eher eine Verstehensunfähigkeit ist) neu diskutieren, anstatt Schriftlichkeit zugunsten einer falsch verstandenen, weil aktionistischen Handlungsorientierung zurückzudrängen. Wenn sich herausfinden ließe, welche die ideale Reihenfolge von Semantikkategorien ist, um reproduziert zu werden, wäre viel gewonnen. Hier müßten sich subjektive Verstehensfähigkeit der Rezipienten mit Regeln der rhetorischen Textproduktion verbinden lassen.

7 Bewertung der Ergebnisse

Die Ergebnisse lassen erneut Zweifel darüber aufkommen, Geschichte im Grund- und Orientierungsbereich einzusetzen. In diesen Altersstufe werden nach den jetzigen Befunden zwar die zur Verhandlung stehenden Sachverhalte verstanden, aber in nur einem eingeschränkten Sinne. Sie werden nämlich ihres besonderen historischen Charakters entkleidet und auf eine zeitlich neutrale Ebene gehoben. Die Kinder können dann zwar an der kulturellen Kommunikation teilnehmen, in der lokalgeschichtliche oder zeitgeschichtliche Ereignisse eine Rolle spielen. Ihnen entgeht aber der historische Charakter. Andersartige Denkweisen und besondere Umstände werden als solche nicht wahrgenommen. Auch bei den Jahrgängen ab Klasse sieben gibt es noch ähnliche Schwierigkeiten. Alterität wird nicht als Alterität wahrgenommen, wenn sie nicht als solche thematisiert wird.

Rolf Schörken hat seinen Aufsatz »Geschichte erzählen heute« überschrieben. Vor dem Hintergrund der berichteten Ergebnisse , kann man sich die Frage stellen, wo und wie wird im heutigen Geschichtsunterricht erzählt? Wo lernen Schülerinnen und Schüler historisches Erzählen? Ich behaupte gar nicht. Was gelernt wird, sind in hohem Maße Existenzaussagen: wen und was es in der Vergangenheit gegeben hat. Diese Aussagen nehmen aber keine Verlaufsgestalt an und werden nicht in narrative Strukturen integriert. Zu einem ähnlich negativen Ergebnis muß man kommen, wenn man die heutigen Schulbücher ansieht. Eine rhetorische Gestaltung ist nicht zu entdecken; und wenn sie vorhanden sein sollte, so wird sie durch die Art der unterrichtlichen Behandlung wieder zunichte gemacht. Auch hier dominieren Existenzaussagen, die nur durch eine äußre Chronologie und nicht durch einen inneren und gegliederten Sinnzusammenhang verbunden sind. So führt die Frage nach den historischen Erzählen heute zur Frage nach der historischen Erzählung heute. Welches sind die Gattungsformen didaktischen Erzählens heute? Eine Typologie steht noch aus.

Literatur

Brown, A.L. und Smiley, S.S., Rating the importance of structural units of prose passages: A problem of metacognitive development, in: Child Ddevelopment 48 (1977), p. 1-8

Eco, Umberto, Lector in Fabula. Die Mitarbeit der Interpretation in erzählenden Texten, München 1987

Ehlich, Konrad (Hg.), Erzählen im Alltag, Frankfurt/M.1980

Elling, Elmar, Aspekte kindlichen Erzählens, Münster 1987

Grewendorf, Günther (Hg.), Sprechakttheorie und Semantik, Frankfurt/M. 1979

Hoppe-Graff, Siegfried und Schöler, Hermann, Wie gut verstehen und behalten Kinder einfache Geschichten? – Wichtigkeitsurteile und Reproduktionsdaten, in: Arbeiten der Forschungsgruppe Sprache und Kognition am Lehrstuhl Psychologie III der Universität Mannheim, Bericht Nr. 17, Oktober 1980

Kegel, Gerd, Sprache und Sprechen des Kindes, Reinbek 1974

Klein, Klaus-Peter, Zur Konstitution von Erzählungen, in: Hindelang, Götz und Zillig, Werner (Hg.), Sprache: Verstehen und Handeln, Tübingen 1981, S. 333-340

Martens, Karin (Hg.), Kindliche Kommunikation. Theoretische Perspektiven, empirische Analysen, methodologische Grundlagen, Frankfurt/M. 1979

Müller, Günther, Erzählzeit und erzählte Zeit, in: Festschrift Paul Kluckhohn und Hermann Schneider gewidmet zu ihrem 60. Geburtstag. Herausgegeben von ihren Tübinger Schülern, Tübingen 1948, S. 195-212

Pandel, Hans-Jürgen, Historisches Erzählen, in: Geschichte lernen 1 (1988) H. 2, S. 8-12

Pandel, Hans-Jürgen, Historische Narrativität und die Genese der Erzählkompetenz. Hypothesen und Ergebnisse einer Vorstudie, in: Süßmuth, Hans (Hg.): Geschichtsunterricht im vereinten Deutschland. Auf der Suche nach Neuorientierung (Teil I), Baden-Baden 1991, S. 169-180

Pandel, Hans-Jürgen, Geschichtlickeit und Gesellschaftlichkeit im Geschichtsbewußtsein, in: von Borries, Bodo, Pandel, Hans-Jürgen und Rüsen, Jörn (Hg.): Geschichtsbewußtsein empirisch, Pfaffenweiler 1991, S. 3-23

Petersen, Jürgen H., Kategorien des Erzählens, in: Poetica 9 (1977) S. 167-195

Romaine, Suzanne, The Language of Children and Adolescents, Oxford 1984, insb. S. 146 ff

Rüsen, Jörn, Die vier Typen des historischen Erzählens, in: Koselleck, Reinhart u.a. (Hg.), Formen der Geschichtsschreibung, München 1982, S. 514-605

Rüsen, Jörn, Geschichtsdidaktische Konsequenzen aus einer erzähltheoretischen Historik, in: Quandt, Siegfried und Süßmuth, Hans (Hg.), Historisches Erzählen, Göttingen 1982, S. 129-170

Rüsen, Jörn, Historisches Erzählen als geschichtsdidaktisches Prinzip, in: Behre, Göran und Norborg, Lars-Anne (Hg.), Geschichtsdidaktik, Geschichtswissenschaft, Gesellschaft, Stockholm 1985, S. 63-82

Schörken Rolf, Geschichte erzählen heute, in: Niemetz, Gerold (Hg.), Aktuelle Probleme der Geschichtsdidaktik, Stuttgart 1990, S. 137-158

Sommer, Manfred, Lebenswelt und Zeitbewußtsein, Frankfurt/M. 1990

Anmerkungen

1 Rüsen, Jörn, Die vier Typen des historischen Erzählens, in: Koselleck, Reinhart u.a. (Hg.), Formen der Geschichtsschreibung, München 1982, S. 514-605; Rüsen, Jörn, Geschichtsdidaktische Konsequenzen aus einer erzähltheoretischen Historik, in: Quandt, Siegfried und Süßmuth, Hans (Hg.), Historisches Erzählen, Göttingen 1982, S. 129-170; Rüsen, Jörn, Historisches Erzählen als geschichtsdidaktisches Prinzip, in: Behre, Göran und Norborg, Lars-Anne (Hg.), Geschichtsdidaktik, Geschichtswissenschaft, Gesellschaft, Stockholm 1985, S. 63-82

2 Schörken Rolf, Geschichte erzählen heute, in: Niemetz, Gerold (Hg.), Aktuelle Probleme der Geschichtsdidaktik, Stuttgart 1990, S. 137-158

3 Z.B. Elling, Elmar, Aspekte kindlichen Erzählens, Münster 1987

4 Vergl. zu den Erzählakten: Pandel, Hans-Jürgen, Historisches Erzählen, in: Geschichte lernen 1 (1988) H. 2, S. 8-12

5 Stein, N.L. und Glenn, C.G., An analysis of story comprehension in elementary school children, in: Freedle, R.O. (Hg.), New directions in discourse procesing, Vol. 2, Norwood, N.Y. 1979

6 Hoppe-Graff, Siegfried und Schöler, Hermann, Wie gut verstehen und behalten Kinder einfache Geschichten? – Wichtigkeitsurteile und Reproduktionsdaten, in: Arbeiten der Forschungsgruppe Sprache und Kognition am Lehrstuhl Psychologie III der Universität Mannheim, Bericht Nr. 17, Oktober 1980

7 Brown, A.L. und Smiley, S.S., Rating the importance os structural units of prose passages: A problem of metacognitive development, in: Child Development 48 (1977), p. 1-8

8 Vergl. Pandel, Hans-Jürgen, Historische Narrativität und die Genese der Erzählkompetenz

9 Strohner, Hans, Textverstehen, Opladen 1990

10 Pandel, Hans-Jürgen, Geschichtlickeit und Gesellschaftlichkeit im Geschichtsbewußtsein, in: von Borries, Bodo, Pandel, Hans-Jürgen und Rüsen, Jörn (Hg.): Geschichtsbewußtsein empirisch, Pfaffenweiler 1991, S. 3-23

Westdeutsche Schulbücher – Ostdeutsche Schüler

Schulbucheinschätzungen durch Schüler und ein Vergleich ihrer Interessen an ausgewählten Themen mit der Darstellung in den Schulgeschichtsbüchern

Waltraut Herzberg

1 Zielsetzung der Untersuchung

Es scheint in Anbetracht der deutschen und europäischen Entwicklung nützlich, der Frage nachzugehen, wie unter bestimmten historischen Bedingungen entwickelte Schulgeschichtsbücher von Schülern eines Systems aufgenommen werden, das sich in einem anderen gesellschaftlichen Rahmen (gesellschaftliche Zielstellungen und Erfahrungen, Lehrerausbildung, geläufige Lernformen usw.) entwickelt hat.

Werden die auf einem anderen gesellschaftlichen Hintergrund erarbeiteten Schulgeschichtsbücher komplikationslos angenommen, abgelehnt oder wird ihnen mit Gleichmut begegnet?

Dazu sollen erste Antworten mit den Ergebnissen einer empirischen Untersuchung versucht werden, die sich als Pilotforschung für weitergehende Arbeiten versteht.

1. Der Ablauf der Schulbuchaktion in den östlichen Bundesländern im Herbst 1990 zeigte, daß die Verlage ebenso wie die Politiker und Wirtschaftsexperten von der »friedlichen Revolution« und deren Folgen überrascht waren.

Entsprechend der veränderten Situation mußte schnell gehandelt werden. Auf Grund der pro-westlichen Einstellung der ostdeutschen Bevölkerung konnte eine positive Aufnahme der westdeutschen Schulgeschichtsbücher vermutet werden. Die vorliegende Befragung verfolgt hauptsächlich das Ziel, eine genauere Beschreibung des Ersteindrucks westdeutscher Schulgeschichtsbücher bei ostdeutschen Schülern (s. Anmerkung 1) im Herbst 1990 und Frühjahr 1991 zu geben.

2. Die vorliegende Arbeit will auf empirischer Basis die Ausprägung von Schülerinteressen an historischen Themen ermitteln und sowohl geschlechts- als auch leistungsspezifische Unterschiede erfassen. Diese Ergebnisse sollen mit der Art der Darstellung in den gängigen Schulgeschichtsbüchern verglichen werden, um möglicherweise Hinweise für eine effektivere Mediengestaltung zu geben.

3. Die Arbeit versteht sich als Diskussionsangebot und mit seinen vorliegenden Materialien und Fragestellungen als Ausgangspunkt für nachfolgende Untersuchungen. Dabei wird an Forschungsarbeiten zum Ost-West-Vergleich von Kindern und Jugendlichen und an Arbeiten über ähnliche historische Situationen im Zusammenhang mit Schulbuchaktionen, z.B. dem Export sowjetischer Geschichtslehrbücher in die DDR, gedacht.

2 Zum Ablauf der empirischen Untersuchungen

Schülerbefragungen größeren Umfangs waren in der DDR nur einem engen Kreis von Fachleuten bestimmter Institutionen gestattet. Alle Forschungsarbeiten (Fragestellungen, Untersuchungsmethoden, Auswertungsergebnisse) unterlagen strenger staatlicher Kontrolle. Die Zahl der Publikationen zu entsprechenden Untersuchungsverfahren und -ergebnissen beschränkte sich im Vergleich zu westdeutschen Arbeiten auf ein Minimum. So erklärt sich der Stand der empirischen Forschung. Erst jetzt gelangen umfangreichere Ergebnisse an die Öffentlichkeit.

Die vorliegende Schülerbefragung ist als Kontingenzanalyse angelegt; sie knüpft an die Lehrerbefragung vom Februar 1991 an (Zückert 1991) und versucht, erste Erfahrungen zu berücksichtigen.

Die anonyme Befragung der 634 Schülerinnen und Schüler wurde in Zusammenarbeit mit Studentinnen der Humboldt-Universität und interessierten Geschichtslehrern unterschiedlicher Ostberliner Stadtbezirke im Mai 1991 durchgeführt; durch sie wurden auch die entsprechenden Klassen ausgewählt. Die Befragung fand durch die jeweiligen Geschichtslehrer in 30 9. Klassen vor der Behandlung des Themas »Zweiter Weltkrieg« statt. Sie wurde in 15 Leistungsklassen, d.h. Klassen, in denen bereits leistungsstärkere Schüler auf den Besuch des Gymnasiums vorbereitet wurden, durchgeführt und in 15 »normalen« Klassen der Polytechnischen Oberschule. In beiden Gruppen wurden je 317 Schüler erfaßt.

Außerdem wurden die entsprechenden Geschichtslehrer um die Beantwortung eines gesonderten Lehrerfragebogens gebeten, der analog zum Schülerfragebogen entwickelt worden war. Bedauerlicherweise waren nur 23 von ihnen zu schriftlichen Auskünften bereit. Dieses Defizit zwingt dazu, die Lehrerantworten vom Mai 1991 weitestgehend aus der Darstellung auszuschließen und mehr als geplant mit der vorhergegangenen Lehrerbefragung vom Februar 1991 zu vergleichen, bei der es ebenfalls um Schulbucheinschätzungen ging.

Der Schülerfragebogen besteht aus 65 Items, die in vier thematische Bereiche gegliedert sind:

- sozialstatistische Angaben,
- Einschätzung der westdeutschen Schulgeschichtsbücher zu Beginn des Schuljahres unter Angabe von Gründen,
- Einschätzung der Schulgeschichtsbücher im Mai 1991 und Angabe von Gründen,

- Ausprägung von Interessen an bestimmten Themen zum Zweiten Weltkrieg und Medienwünsche.

Die Fragen sind jeweils als geschlossene Fragen formuliert. Bei jedem Frageblock gibt es die Möglichkeit einer zusätzlichen offenen Antwort.

3 Einschätzung der westdeutschen Schulgeschichtsbücher durch Ost-Berliner Schüler

3.1 Schulbuchverteilung und Medienwünsche

In Ostberlin konnte im Schuljahr 1990/91 in der Mehrheit der Schulen mit westdeutschen Schulgeschichtsbüchern gearbeitet werden. In der Regel hatten sich die Geschichtslehrer selbst Verlage und Titel ausgewählt, kein Lehrer hatte sich vor der Schulbuchauswahl mit Schülern beraten (Zückert, ebenda, 788).

Demnach wurden in Ostberlin überwiegend

- »Entdecken und Verstehen« (Cornelsen),
- »Geschichtsbuch« (Cornelsen),
- »Geschichtliche Weltkunde« (Diesterweg),
- »Reise in die Vergangenheit« (Westermann),
- »Lebendige Vergangenheit« (Klett) verwendet (s. Grafik 1).

Von den 30 befragten 9.Klassen arbeiteten 26 mit nur einem Schulbuch, die restlichen 4 Klassen mit mehreren. Aus Gesprächen mit Berliner Lehrern und Schülern ist bekannt, daß in den Schulen nur Schulbücher, keine ergänzenden Materialien westdeutscher Verlage zur Verfügung standen. Damit wurde der Geschichtsunterricht im Schuljahr 1990/91 auf folgender Materialbasis erteilt:

- Kein Lehrplan oder Rahmenplan; die »Arbeitsgrundlage« der Akademie der Pädagogischen Wissenschaften vom April 1990 war nicht mehr verbindlich,
- ein westdeutsches Schulgeschichtsbuch in den Klassen 9 und 10, weiterhin die Geschichtslehrbücher des Verlages Volk und Wissen in den Klassen 5 bis 8,
- Geschichtswandkarten, Dias usw. der DDR-Zeit.

Der überwiegende Teil der Geschichtslehrer bereitete sich dennoch mit mehreren westdeutschen Schulgeschichtsbüchern auf den Unterricht vor (Zückert, ebenda, 789). Viele nutzten die Geschichtsbücher des Verlages Volk und Wissen zur gleichen Klassenstufe als kontroverses (oder unterstützendes?) Material.

Aus dieser Situation erklärt sich der Wunsch von Lehrern und Schülern nach schulbuchergänzenden Unterrichtsmaterialien, deren Bedeutung auch im Normalfall unbestritten ist (Hug 1985, 180). Den Zeichen der Zeit entsprechend, wünschten sich Schülerinnen und Schüler aus Leistungs- und Oberschulklassen insgesamt zu 92% Videos als ergänzendes Medium für den Geschichtsunterricht (s. Grafik 2).

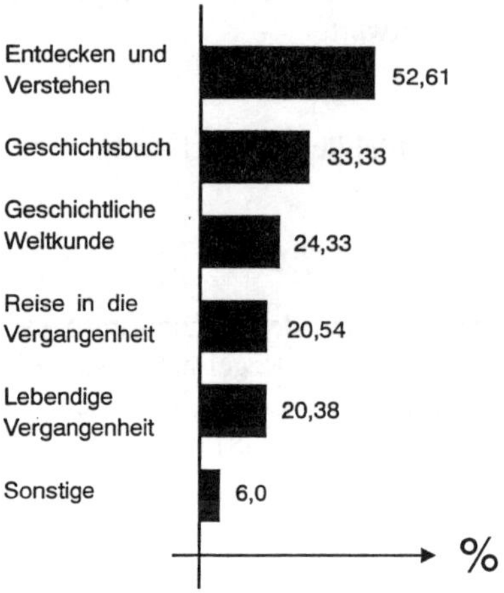

Grafik 1: **Häufigkeit der verwendeten Schulgeschichtsbücher**
(N = 634, Angaben in %, Mehrfachangaben möglich)

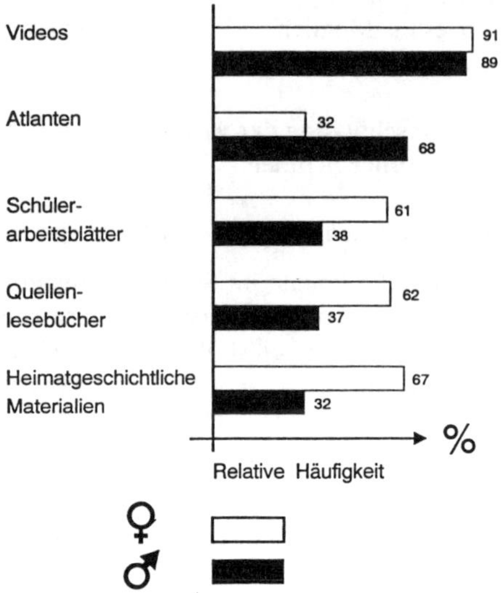

Grafik 2: **»Welche Materialien wünschst Du Dir noch für den Unterricht?«**
(Nach Geschlecht)

Vor dem Hintergrund des Einheitsunterrichts (einheitliche Ziele, Inhalte, Methoden, Materialien usw. für eine relativ einheitliche »Schülermasse«) sind geschlechtsspezifische, leistungsabhängige und Lehrer-Schüler-Unterschiede in Bezug auf die geäußerten Medienwünsche interessant: Insgesamt wünschten sich die Jungen an zweiter Stelle historische Atlanten. Ihr besseres räumliches und abstraktes Denkvermögen erklärt diese Vorliebe. Während von den Mädchen die heimatgeschichtlichen Materialsammlungen, Quellenlesebücher und Arbeitsblätter bevorzugt werden, zeigt sich in der Gunst der Jungen gegenüber diesen Medien eine eher gegenläufige Tendenz. Diese Ausrichtung der Mädchen ist mit stärkerer sozialer Einbindung in das Umfeld und mit ausgeprägterem Fleißverhalten erklärbar (Hoffmann 1991, 53).

Vergleicht man die Medienwünsche der Leistungsklassen mit denen der Oberschulklassen, fällt auf, daß auch hier unterschiedliche Medien favorisiert werden. Leistungsklassen bevorzugen historische Atlanten und Quellenlesebücher vor anderen Medien. In Oberschulklassen rangieren Arbeitsblätter an herausragender Stelle. Sowohl in der Lehrerbefragung (Zückert, ebenda) als auch in der vorliegenden Schülerbefragung wurde nicht gesondert nach den Spezifika dieser gewünschten Arbeitsblätter gefragt. Aber aus Hospitationen und Lehrergesprächen ist bekannt, daß Arbeitsblätter überwiegend als kombinierte Material-Aufgaben-Blätter eingesetzt werden, mit denen sich der Unterricht in gewisser Weise nach den detaillierten Vorstellungen des Lehrers programmieren läßt. Damit erklärt sich auch die Vorliebe der Lehrer für dieses Medium (Zückert, ebenda).

3.2. Einschätzungen zu Beginn und gegen Ende des Schuljahres 1990/91

Lehrer und Schüler schätzten zu Beginn des Schuljahres 1990/91 die westdeutschen Schulbücher überwiegend positiv ein. Nach der Zückertschen Befragung sehen 46% der befragten Lehrer die entschiedenen Vorzüge der westdeutschen Schulgeschichtsbücher gegenüber den DDR-Lehrbüchern in deren inhaltlicher Konzeption, 58% im didaktisch methodischen Profil (wobei nicht gesichert wurde, was darunter verstanden wird) und 88% in der ansprechenden Gestaltung (Zückert, ebenda, 798).

Den Schülern gefielen in erster Linie die ansprechenden Bilder, danach die gut verständlichen Texte, die vielen Quellen und das gute Papier. 86% finden die Schulbücher sehr gut und gut.

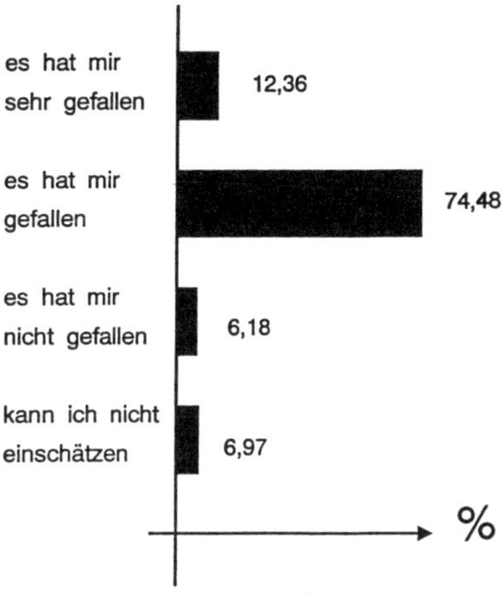

***Grafik 3:* »Wie hast Du zu Beginn des Schuljahres dieses neue Geschichtsbuch eingeschätzt?«**
(N = 631)

Es fällt auf, daß sich die Extremgruppen – sehr gefallen und nicht gefallen – gering halten und verhältnismäßig wenig Schüler nicht in der Lage sind, sich zu positionieren (s. Grafik 3).

Ausgeglichen ist dieses Bild auch in der Weise, daß es keine signifikanten Unterschiede zwischen den Einschätzungen der Jungen und Mädchen gibt, auch nicht zwischen Leistungsklassen und Normalklassen. Allerdings neigen Schüler mit schwachen Leistungen eher zu positiveren Einschätzungen als andere.

Die Einschätzungen vom Schuljahresende unterscheiden sich in einigen Punkten erheblich von der anfänglichen. Ein dreiviertel Jahr Geschichtsunterricht und damit auch eine intensivere Beschäftigung mit dem Buch veranlaßten die Schüler zu veränderten Wertungen. Die negativen Einschätzungen erhöhten sich um 15% auf Kosten der extrem positiven. Der Ergebnisse zeigen aber auch, daß das

Gros der Schüler stabil in den Einschätzungen ist:

- 85% derer, denen das Buch am Anfang gefiel, bleiben bei ihrer Meinung,
- 69% derer, denen das Schulbuch am Anfang nicht gefiel, bleiben auch bei ihrer Meinung.

Die auffallendsten Veränderungen werden bei den Schülern sichtbar, die sich anfangs extrem positiv entschieden. Diese Gruppe baut sich um 75% ab. Die Unentschlossenen des Anfangs reduzieren sich um 65%. Ein detaillierter Vergleich der Einschätzungen zu jedem einzelnen Schulbuch zeigt, daß alle o. g. Schulgeschichtsbücher in der gleichen Weise gesehen werden. Es deutet sich lediglich eine leichte Bevorzugung der »Geschichtlichen Weltkunde« an (s. Grafik 4).

Bei den Einschätzungen wurde offensichtlich mit dem vorhergegangenen Volk-und-Wissen-Buch verglichen. Das geht aus den Begründungen sowohl zu den positiven als auch negativen Einschätzungen hervor. 77% der Schüler, denen das westdeutsche Schulgeschichtsbuch nicht gefiel, gaben die fehlenden Zusammenfassungen als Begründung an.

Die positiven Einschätzungen berufen sich auf folgendes (Angaben in %):

•	Die Quellen sind interessant	43
•	Die Texte sind gut verständlich	40
•	Die Bilder sprechen mich an	37
•	Es ist übersichtlich gegliedert	36
•	Es hat gute Zusammenfassungen	18
•	Es weckt mein Interesse für das Fach Geschichte	16
•	Die Aufgaben sind abwechslungsreich	5

Sowohl die Qualität der Einschätzungen als auch die legitime Methode des Vergleichs mit den gewohnten Büchern weisen darauf hin, daß die 15- bis 16jährigen Schüler über eine relativ ausgeprägte kritische Unteilsfähigkeit verfügen. Inwieweit es sich dabei um eine feste Persönlichkeitseigenschaft handelte oder die Mehrheit eher auf den Wogen der Zeit schwamm, konnte und sollte mit der vorliegenden Befragung nicht geklärt werden. Grundsätzliche Kritikbereitschaft wird DDR-Jugendlichen auch nach anderen Untersuchungen zugesprochen:»Generell gilt, daß die ostdeutschen Jugendlichen kritikbereiter als die westlichen Jugendlichen sind.« (Behnken 1991, 30). Im Mai/Juni 1990 traten rund zwei Drittel der Schüler Ostdeutschlands aus dem Jugendverband FDJ aus. Ihre Haltung gegenüber dem Fach Geschichte und den Lehrern ist eher distanziert. Geschichte rangiert im Kanon der Lieblingsfächer unter den letzten, »das Mißfallen an Schule konzentriert sich auf das Verhältnis zu Lehrern« (Behnken, ebenda, 329). Aber sowohl die relativ gute Einschätzung gegenüber den Volk-und-Wissen-Lehrbüchern als auch die Tatsache, daß die meisten Schüler mit der Frage: Fühlst Du Dich durch das Buch

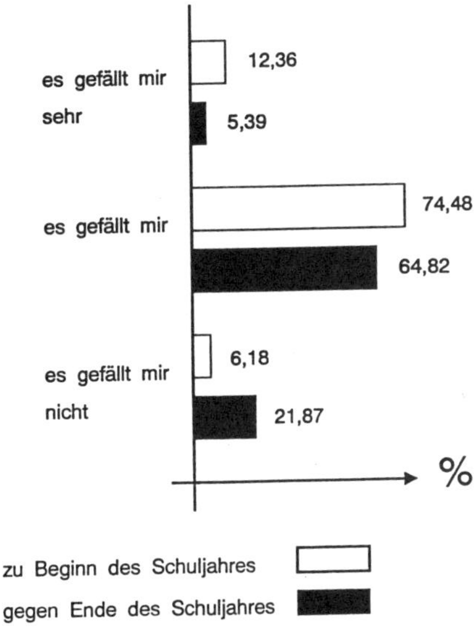

***Grafik 4:* Veränderung der Einschätzungen am Schuljahresende gegenüber denen am Schuljahresanfang** (in %)

bevormundet? nichts anfangen konnten, bzw. mit »nein« antworteten, spricht dafür, daß sie bis zu inhaltlichen Strukturen und Unterschieden noch nicht vorgedrungen waren.

Der gravierende Schwund positiver Einschätzungen gegenüber den westdeutschen Schulgeschichtsbüchern am Ende des Schuljahres sollte auch in Verbindung mit der Tatsache gesehen werden, daß eine eigenständige Nutzung des Schulbuches zur Erledigung von Hausaufgaben oder aus eigenem Interesse fast nicht stattfindet. Die anfängliche Neugier ist in Gleichgültigkeit gegenüber dem Fach und seinem Schulbuch abgerutscht. Nur jeder 5. Schüler möchte mehr mit dem Buch arbeiten, dem Rest ist es egal bzw. er lehnt es ab. Es spricht für die Fortsetzung frontaler Unterrichtsmethoden, wenn 42% der Schüler oft allein mit dem Buch im Unterricht arbeiten, nur 10% das Schulgeschichtsbuch für das Partnerlernen, bzw. 21% für das Gruppenlernen benutzen (wobei darunter in der Regel Abteilungslernen verstanden wird). Ohne Frage kann der häufig einseitige Einsatz des Schulbuchs die positive Hinwendung der Schüler zu diesem Medium töten. In weiteren empirischen Untersuchungen zum Schulbucheinsatz im Unterricht soll dieser Frage nachgegangen werden.

4 Schülerinteressen und Schulbuchdarstellungen

4.1 Zur Formulierung der Frage: In welchem Maße interessieren Dich folgende Aspekte bei der Behandlung des Themas »Zweiter Weltkrieg«?

Nach den Interessen an bestimmten Themen kann man bekanntlich nicht fragen, wenn die Betreffenden nicht zumindest eine grobe Vorstellung oder einen ungefähren Einblick in die Möglichkeiten der Themenbreite verfügen. In der Literatur wird in diesem Zusammenhang von der »Strukturierungsphase« (Sommer 1988, 192; Schittko 1988, 3) oder »Perspektivplanung« als Folge themenbezogener Bedingungsanalyse (Kuhn 1981, 196) gesprochen. Nun könnte gerade zum Thema Zweiter Weltkrieg entgegengehalten werden, daß die Schüler schon vor Beginn des Unterrichts so viel Vorkenntnisse aus den Medien besitzen, daß sie jederzeit, ohne

Vorgabe von Schwerpunkten, Interessengebiete angeben könnten. Bedingt durch vorsichtiges Mißtrauen gegenüber der sprachlichen Kompetenz der Schüler und in dem Bemühen um konzentrierte Systematisierung, entschied ich mich trotzdem bei der Ausarbeitung des Fragebogens für geschlossene Fragen mit vierstufiger Skalierung. Am Ende des Frageblocks sollte eine offene Frage die Möglichkeit geben, weitere Interessengebiete zu nennen und eventuelle Einbahnstraßen zu durchbrechen. Ich bin mir der Grenzen dieser Befragungstechnologie bewußt.

Bei der Formulierung der Themenangebote für den Fragebogen sollte in erster Linie von relevanten Bezügen ausgegangen werden. Sachstrukturelle Ordnungskategorien oder geschichtswissenschaftliche Disziplinen sollten nicht vordergründig zu diesem Thema angeboten werden, zumal vermutet wurde, daß die Schüler in der Mehrzahl damit ohnehin nichts anfangen konnten.

Andererseits durften schülerrelevante Themen qualitativ und quantitativ nicht derart beschaffen sein, daß damit das Ereignis des Krieges in seiner politisch-militärischen Dimension verwischt wurde. Dem sollte u.a. mit Themenangeboten zu unterschiedlichen historisch-geographischen Räumen begegnet werden, die außerdem noch Auskunft darüber versprachen, inwieweit sich durch die ideologisierte DDR-Schule verzogene Jugendliche, die in der vorhergegangenen Klassenstufe überwiegend von deutscher Nationalgeschichte erfahren hatten , für die weltweite oder europäische Dimension des Krieges interessierten (Lehrplan,1988). Daß die Frage zu den nationalgeschichtlichen Zusammenhängen nicht in den Fragenblock aufgenommen wurde, entpuppt sich jetzt als schmerzendes Defizit.

Die Fragestellung sollte ihre Relevanz aus der Beziehung zu aktuellen Fragen des Golfkrieges ableiten und sich partiell den Thementypen nähern, die Behrmann, Jeismann, Süssmuth 1979 als mögliches Auswahlsystem für die Strukturierung von Inhalten entwickelt hatten.

- Vorgeschichte der Gegenwart: in diesem Fall das gesamte Rahmenthema Zweiter Weltkrieg ;
- historische Analyse eines aktuellen Problems: die Einstellung der Deutschen zum Krieg, die Judenverfolgung als Vorgeschichte, Kriegskosten, Kriegstechnik, das Leben von Frauen, Kindern und Jugendlichen im Krieg aus geschlechts-und generationstypischem Interesse;
- Kontrastereignisse zur Gegenwart: die Greueltaten des Krieges als Ausdruck der Kämpfe von Armeen gegeneinander. In der Berichterstattung über den Golfkrieg wurden derartige Meldungen so ausgespart, daß bei den Zeitungslesern und Fernsehzuschauern das traditionelle Kriegsbild erschüttert wurde und der Verdacht aufkam, es handele sich um keinen richtigen Krieg.

4.2 Schülerinteressen an ausgewählten Aspekten zum Thema »Zweiter Weltkrieg«

In der Untersuchung des Zentralen Instituts für Jugendforschung zum Interesse der Schüler an der Geschichte des Zweiten Weltkrieges gaben 1988 64% der Befragten an, starkes Interesse für dieses Thema zu empfinden (Schubarth 1991,152). In der deutsch-deutschen Schülerbefragung von 1990 wurden 53% stark Interessierte ermittelt (Dennhardt, ebenda, Teil 2, 62). In der vorliegenden Arbeit pendelt das starke Interesse gegenüber einzelnen Themen zwischen 20 und 56%. Das Mittel liegt bei 40% Es ist möglich, daß das Interesse am Gesamtthema Zweiter Weltkrieg andere Werte ergeben hätte. Gegenüber den Untersuchungsergebnissen von Behnken, Dennhardt und Schubarth ist kritisch anzumerken, daß nicht erfaßt wurde, welche Assoziationen die Schüler haben, wenn sie »Zweiter Weltkrieg« hören oder lesen. Es liegt nach der vorliegenden Untersuchung nahe, daß sich die Schülervorstellungen zu diesem Thema auf bestimmte historische Aspekte konzentrieren.

Die Auswertung zeigt eine starke Bevorzugung bestimmter thematischer Aspekte.

Starkes Interesse	(Angaben in %)
• Greueltaten	56
• Einstellung der Deutschen zum Krieg	55
• Das Leben der Kinder und Jugendlichen im Krieg	55
• Die Judenverfolgung	55
• Die Ereignisse in Berlin	42
• Weltgeschichtliche Zusammenhänge	23
• Europäische Zusammenhänge	23
• Kriegskosten	19

(s. auch Grafik 5 und 6).

Diese gravierenden Interessenunterschiede werfen einige Fragen auf, zum Beispiel nach der Genese von Geschichtsinteressen, nach west-ostdeutschen Differenzen oder Gemeinsamkeiten, geschlechtsspezifischen Ausprägungen von Interessen, deren Berücksichtigung im Unterrichtsalltag, in den Medien usw.

Die pädagogisch-psychologische Literatur der DDR bietet für die o.g. Problemkreise keine Lösungsansätze.

In »Jugend und Jugendforschung in der DDR«, einer Publikation des Zentralinstituts für Jugendforschung in Leipzig von 1991, bezeichnet Müller als wesentlich strukturierende Elemente für Orientierungen den intellektuellen Entwicklungsstand, das Geschlecht, die eigene politische Position und die soziale Herkunft. Geistige Aufgeschlossenheit und Allgemeinbildung spielen nach seiner Meinung z.B. eine große Rolle bei der Findung einer Europa-Identität (1991, 124 ff.). Die Ergebnisse der vorliegenden Befragung stützen diese These. Im Rahmen der Gesamtheit aller Befragten haben Schüler mit besseren Geschichtsnoten stärkeres Interesse an europäischen und weltgeschichtlichen Zusammenhängen. Die gleiche Aussage trifft für Leistungsklasssen gegenüber Oberschulklassen zu. Aber gegenüber der Kriegstechnik zeigen Leistungsklassen ein deutlich niedrigeres Interesse als die Schüler der Normalklassen in den Polytechnischen Oberschulen.

Relativ hoch ist insgesamt die Anzahl der Schüler, die sich für die Ereignisse in Berlin interessieren (42%). Vom lernpsychologischen Standpunkt betrachtet, ist die Bevorzugung nahegelegener Regionalgeschichte verständlich. Die Shell-Studie kommt zu gleichen Ergebnissen: Die befragten Schüler fühlen sich mehr als Bürger ihres Wohnortes, als daß sie meinen, Bürger ihres Staates, ihres Bundeslandes oder Europas zu sein (Behnken, ebenda, 49).

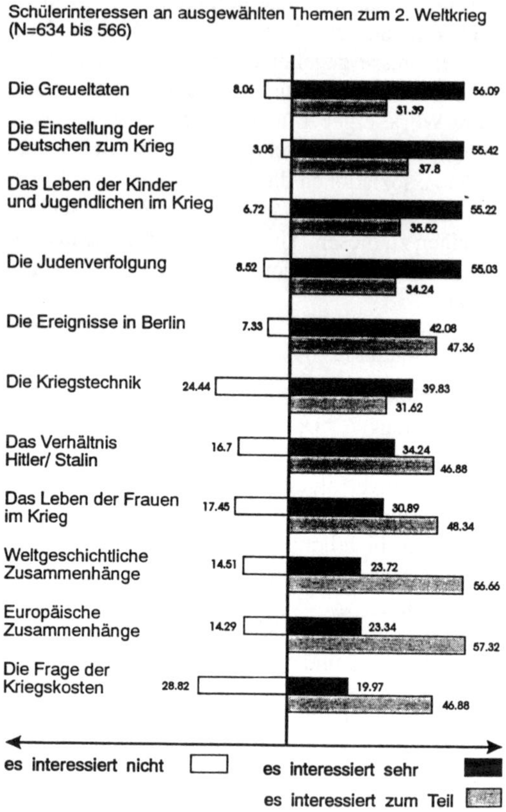

Grafik 5: **Schülerinteressen an ausgewählten Themen zum Zweiten Weltkrieg** (N = 634 bis 566)

Die Verbindung zwischen einer gewissen Europa-Identität und Interessen an europäischen Zusammenhängen nicht leugnend, verwundert es allerdings, daß sich vor der »Vereinigung« 52% der Jugendlichen als Europäer fühlten, während in der vorliegenden Befragung insgesamt nur 23% der Jugendlichen (28 % der Leistungsklassenschüler, 18 % der Oberschüler) großes Interesse an europäischen Zusammenhängen haben. Erklärungsansätze liegen sowohl in den derzeitigen sozialpolitischen Befindlichkeiten der Ostdeutschen (das Hemd wird ihnen näher als der Rock) als auch eventuell in der Schüleraversion gegen das Wort »Zusammenhänge«. Es wird zum Zeitpunkt der Befragung immer deutlicher, daß die Krise die Vereinigungsfreuden erdrückt und sowohl die »Deutschlandbegeisterung« als auch die Interessen an Europa niederschlägt. Das allgemeine Dilemma erzwingt die vordergründige Sicht auf die eigene Person, die eigene Familie und den unmittelbaren Lebensraum. Immerhin gibt es im Sommer 1991 in Ostdeutschland den vollkommen ungewohnten Zustand, daß über 1 Million Menschen arbeitslos sind und zusätzlich 2 Millionen als Kurzarbeiter in absehbarer Zeit keine Arbeit

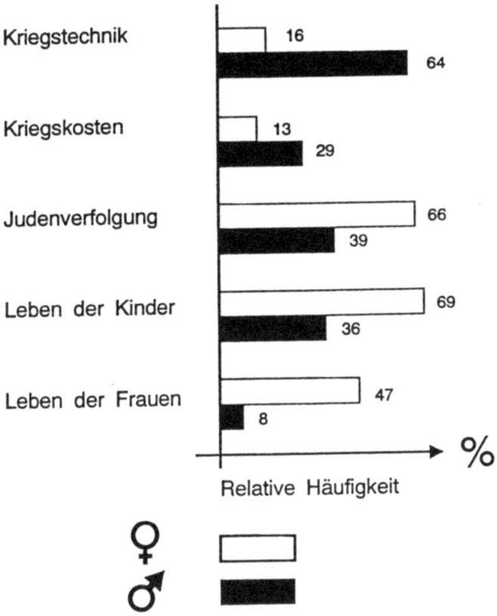

Grafik 6: **Schülerinteressen an ausgewählten Themen zum Zweiten Weltkrieg** (Nach Geschlecht, N = 634 bis 566)

mehr haben werden. Monatlich wandern 15-20 000 Menschen in den Westen Deutschlands ab.

Der Parteienstreit um die Kosten der deutschen Einheit läßt zu dieser Zeit das Finanzierungsloch und die immer stärker werdenden Lasten der Vereinigung ahnen. Bei Ostdeutschen entsteht immer mehr der Eindruck, der Westen lehne sie ab (Stolpe 1991). Gleichzeitig beteiligt sich die Bundesrepublik recht großzügig an der Finanzierung des Golfkrieges.

Obwohl bei den Jugendlichen die DDR-Identität beharrlich abnimmt (Belwe 1991, 31; Förster 1991, 37) und die Zustimmung zur Vereinigung noch anhält, schwindet das optimistische Gefühl, Bürger in einem bald vereinten Europa zu sein. Die Entpolitisierung wächst (Schörken 1991, 13).

Die sensibilisierte Mentalität der Jugendlichen – Schubarth spricht sogar von psycho-sozialer Kränkung (1991, 13) – pegelt sich in der Mitte des Jahres 1991 im Zusammenhang mit dem Unterrichtsstoff »Zweiter Weltkrieg« auf Greueltaten, Einstellungsfragen und das Leben Gleichaltriger ein. Daß Einstellungsfragen interessieren, ist zur Zeit der Diskussion über den Sinn oder Unsinn des Golfkrieges relativ plausibel. Problematischer ist eine Erklärung des hohen Interesses an den Greueltaten im Zweiten Weltkrieg.

Das Instrumentarium der zugrundeliegenden Befragung war nicht darauf ausgerichtet, Bewußtseinsstrukturen von Jugendlichen zu erfassen, deshalb kann dieses Phänomen aus den vorliegenden Daten nicht erklärt werden.

Dennoch sollen angesichts der ausländerfeindlichen Entwicklung unter den ostdeutschen Jugendlichen in den letzten Jahren einige mögliche Erklärungszusammenhänge und -ansätze in Richtung Extremismus, zu dem in diesem Fall das starke Interesse an Greueltaten mit Vorbehalt gerechnet wird, genannt werden.

- »Das Jugendalter zählt zu den «identitätskritischen Lebenslagen». Die Heranwachsenden versuchen aufgrund der geforderten sozialen und personalen Selbstbestimmung als Entwicklungsaufgabe, aber auch gewachsener Kompetenzen, in verstärktem Maße die Frage nach der Erkenntnis des eigenen Selbst zu beantworten« (Müller/Schubarth 1992, 26). Das geschieht u.a., indem sich die Jugendlichen ausprobieren und alternative Varianten zur Erwachsenen- bzw. Elternwelt entwickeln. Die Überschreitung von Tabu-Zonen als auch die Nun-Gerade-Haltung sind mögliche Wege, das eigene, relativ hohe Selbstwertgefühl überzogen zu demonstrieren. Setzt man auf generell humanistische Sozialisationsprozesse in den Familien, in der Schule und in der Gesellschaft, kann die Greueltat u.U. im wirklichen Leben das Andersartige, Fremde, Neugierverursachende sein.

- Jugendliche in Ostdeutschland erlebten in und nach der Wende durch den gesellschaftlichen Umbruch eine vielfach potenzierte Identitätskrise, weil gewohnte Sozialisationsfaktoren wegfielen, z.B. die gewohnten Lebenszusammenhänge in den Schulen, im Freundeskreis oder Freizeitumfeld. Entsolidarisierung, Vereinsamung und Verlust von Geborgenheit nahmen zu. Von der DDR-Schule vorgegebene, bzw. eingeimpfte Wertungsmechanismen (Freund-Feind-Bilder, das Ideal von der harmonischen sozialistischen Menschengemeinschaft, Vorbilder usw.) brachen zusammen. Damit entstand für die Jugendlichen ein Orientierungsvakuum, das sie mit neuen Feindbildern und möglicherweise neuen Extremen aufzufüllen versuchten. Das sich ausbreitende Angstgefühl soll durch Training von Stärke (evtl. auch beim Betrachten von Bildern des Greuels) überwunden werden. Die Leiden und Schwächen der anderen machen die eigenen Minderwertigkeitsgefühle erträglicher.
- Andererseits schließt die Friedensliebe die Erfahrung von kriegerischen Greueltaten nicht aus, sondern erwächst als logische Schlußfolgerung oder alternative Lösungssuche eigentlich aus diesen Kenntnissen, wenn sie als Mangel an Humanität und Konfliktlösungsunfähigkeit eingeordnet wurden. Aus der im Unterricht vorhergegangenen Beschäftigung mit der Entstehung und Etablierung des Nationalsozialismus in Deutschland kann es außerdem kaum eine andere Erwartung geben, als die auf Greueltaten im Zusammenhang mit einem Krieg. Außerdem begegnete den Schülern mit dem Thema Zweiter Weltkrieg in drei Schuljahren im Geschichtsunterricht der elfte Krieg (Lehrplan 1988). Es ist nicht auszuschließen,, daß die Lehrer in guter Absicht des »Betroffenmachens« die Greueltaten von Krieg zu Krieg anwachsen ließen und nun von den Schülern eine weitere Steigerung erwartet wurde.
- Wenn Schüler in ihrem Schuldasein durchschnittlich mehr Fernsehstunden (18 000 Stunden) als Unterrichtsstunden (15 000 Stunden) ausgesetzt sind, erleben sie Gewalt auf dem Bildschirm als völlig alltägliche Erscheinung in den menschlichen Beziehungen. Das Fernsehgerät im elterlichen Wohnzimmer ist die eingekaufte Inkonsequenz der humanitären Familienerziehung. Da ein großer Teil von Jugendlichen bereits über ein eigenes Gerät verfügt, geschieht der Konsum von Gewalt in zunehmendem Maße immer unkontrollierter. Die Berichterstattung über den Golfkrieg fiel für Erwachsene wie für Jugendliche aus dem »Kriegsrahmen«- es gab keine kriegsüblichen Greueltaten. Die Interessen am Thema Zweiter Weltkrieg können durchaus auch als

Fortsetzung der Medienerfahrungen und als Antithese zur Golfkriegsberichterstattung verstanden werden.

- Eine direkte Verbindung zwischen Interesse an Greueltaten und Gewaltbereitschaft von Jugendlichen erscheint absurd, zumal sie sich in der Zeit der Wende zu 76% mit der Friedensbewegung identifizierten, bzw. diese gut fanden (Behnken, ebenda, 41). In der vorliegenden Befragung interessierten sich 63% der Mädchen und 46% der Jungen für die Behandlung von Greueltaten des Zweiten Weltkrieges im Geschichtsunterricht. Es ist bekannt, daß Mädchen grundsätzlich weniger gewaltbereit sind als Jungen.

Die Untersuchungsergebnisse bestätigen Standpunkte der westdeutschen Geschichtsdidaktik zur Ausprägung geschlechtsspezifischer Interessen. Auch Ostberliner Schülerinnen bevorzugen sozialgeschichtliche Themen, z.B. das Leben der Frauen, Jugendlichen und Kinder im Krieg, die Verfolgung der Juden. Jungen befassen sich dagegen lieber mit technischen Sachverhalten.

Bemerkenswert ist die Tatsache, daß die Geschichtszensuren der Mädchen im allgemeinen nicht schlechter sind als die der Jungen. Darin unterscheiden sich ostdeutsche Schülerinnen von den westdeutschen. Die Ursachen dafür können im Einheitsunterricht ebenso wie in der Gleichberechtigungspolitik der DDR-Zeit gesehen werden.

4.3 Vergleichende Analyse der Schulbuchdarstellungen

Wie spiegeln die Schulgeschichtsbücher die individuell schon stark ausgeprägte Interessenlandschaft der Schüler wider?

Bei der Analyse der Schulgeschichtsbücher sollen im folgenden zwei Aspekte im Vordergrund stehen, denen von den Schülern starkes Interesse entgegengebracht wurde:

- das Leben der Frauen, Kinder und Jugendlichen im Krieg und
- die Einstellung der Deutschen zum Krieg.

Von dem ersten Thema ist bekannt, daß es Jugendliche bei der Behandlung historischer Stoffe unterschiedlicher Epochen immer interessiert; von dem zweiten wird angenommen, daß es in den nächsten Jahren seine Aktualität nicht verlieren wird.

Quantitativ und qualitativ werden die o.g. Aspekte in den Schulgeschichtsbüchern sehr unterschiedlich behandelt – schon die Abbildungen machen das deutlich.

Abgesehen von einigen Karikaturen, Abbildungen von Plakaten und dem Picasso-Gemälde »Guernica« wird die bildhafte Anschauung in den zugrundeliegenden Schulgeschichtsbüchern durchweg über Fotografien realisiert. Bei der Analyse der Schulbücher fällt auf, daß besonders »Entdecken und Verstehen« und »Lebendige Vergangenheit« anstreben, ein Bild vom Leben der Frauen, Kinder und Jugendlichen im Krieg zu rekonstruieren (das »Geschichtsbuch« wurde aufgrund seines Arbeitsbuchcharakters aus der vergleichenden Bildanalyse ausgeschlossen). Die

»Reise in die Vergangenheit« besticht zwar durch scharfe Abbildungen, hat aber den Schwerpunkt eher auf die politische Geschichte gelegt, ähnlich wie die »Geschichtliche Weltkunde«.

Die Bildforschung steckt in den Anfängen. Aber in der Geschichtswissenschaft steht fest, daß historische Bilder nur im Zusammenhang mit dem Fotografen/Künstler, dem Entstehungsdatum, dem Zweck der Fotografie und der genauen Bezeichnung des fotografischen Gegenstandes ihren Quellencharakter zufriedenstellend erfüllen können. Gerade an dieser Stelle stoßen offensichtlich die Schulbuchautoren und -verlage an ihre Grenzen. Bildnachweise lassen sich generell nur in den u.g. Schulbüchern finden; sie sind aber zu gleichen Fotos unterschiedlich. Außerdem ersetzen sie nicht die fehlenden verbalen Quellenangaben. Diese gibt es

in keinem der in der Untersuchung verwendeten Schulgeschichtsbücher. Bilder werden wieder und wieder reproduziert, die Quellenangaben bleiben auf der Strecke. So erklärt sich das Bild der Frauen und Kinder aus dem Warschauer Ghetto in drei unterschiedlichen Schulbüchern mit drei unterschiedlichen Bildunterschriften:

> »Entdecken und Verstehen«, 127:
> *Überlebende der Aufstände im Warschauer Ghetto ergeben sich der SS. Foto 1943.*

»Geschichtliche Weltkunde«, 156:
Bewohner des Warschauer Ghettos werden von den Angehörigen der Waffen-SS zusammengetrieben

»Reise in die Vergangenheit«, 132:
Das Gesicht des Krieges
1.Dieses Bild entstand bei der Zerstörung des Warschauer Ghettos im April 1943. Hier hatten sich die zur Vernichtung bestimmten Juden in einem Verzweiflungskampf erhoben. Bei der Niederschlagung wurden auch die Frauen und Kinder aus den Kellern herausgetrieben, zu Sammelplätzen geführt und anschließend in das Vernichtungslager Treblinka transportiert.

Von diesem Foto ist inzwischen bekannt, daß sich SS-Soldaten bei ihrer akkuraten Pflichterfüllung »Menschenvernichtung« ähnlich wie Jäger vor erlegtem Wild fotografierten. Der SS-Mann rechts im Hintergrund wurde am 3.5.1969 von einem Erfurter Gericht zum Tode verurteilt. Über den Jungen im Vordergrund gibt es unterschiedliche Aussagen, u.a. die, daß er als einziger seiner Familie das Konzentrationslager Bergen-Belsen überlebte und später in New York als Arzt lebte (Hannig 1989, 12).Geht man davon aus, daß die Fotografie eine zeitgebundene Sichtweise ist und diese eine Fotografie nicht dem Ereignis/Zustand, den z.B. die o.g. Bildunterschriften nennen, gleichzusetzen ist, sondern nur ein Zeitsplitter dieses Ereignisses ist, wird eine genaue Bildunterschrift doppelt vermißt.

Es sollte künftig auch zum Umgang mit unserer gemeinsamen nationalsozialistischen Vergangenheit gehören, daß die Bilder zur Judenverfolgung als das gekennzeichnet werden, was sie sind – Fotos von Mördern und Mordgehilfen, die wir geerbt haben. Wie geschah das? Auch die Geschichte dieses Fotos ist wissenswert. Die Geschichte des Bildes ist auch immer die Geschichte des Fotografen, seiner Bildobjekte oder -subjekte, derer, die das Bild anschauten, aufbewahrten, auswählten, in Zusammenhänge stellten, usw.

Wenn zum Aspekt Leben der Frauen, Kinder und Jugendlichen im Krieg vorrangig Bildmaterial verglichen wurde, liegt das auch darin begründet, daß Texte und Quellen in den Schulgeschichtsbüchern zu diesem Sachverhalt kaum etwas hergeben. Zwar wird in allen Büchern dem Schicksal der Geschwister Scholl, durch Quellenmaterial unterstützt, viel Raum gegeben, aber damit erschöpft sich schon in der »Reise in die Vergangenheit« und in der »Geschichtlichen Weltkunde« das Thema Frauen, Kinder und Jugendliche verbal. »Entdecken und Verstehen« und das »Geschichtsbuch« bieten Interessenten etwas mehr Material, indem sowohl bei der Aufzählung von Verbrechen durch deutsche Truppen als auch durch die Alliierten Frauen und Kinder als Leidtragende genannt werden (»Entdecken und Verstehen«, 127, 129) Im gleichen Schulbuch wird durch eine Quelle sehr beeindruckend das Leben von Ostarbeiterinnen in Berliner Lagern geschildert (S. 130). In diesem Zusammenhang ist auch der Lebenslauf der Sozialdemokratin Irma Keilhack (»Geschichtsbuch«, 148/149) interessant. Zum Frauenalltag im Krieg gibt es leider nur zwei Sätze (ebenda, 142). In der »Lebendigen Vergangenheit« wird neben dem Material zur »Weißen Rose« und einer Tagebuchnotiz von Anne Frank kurz vermerkt: »In der Kriegsindustrie mußten Frauen die eingezogenen Männer vertreten und schwerste Arbeit verrichten ... Auch alte Männer und Kinder in Uniformen können das Ende nicht mehr aufhalten.« (S. 88)

Auch der Atombombenabwurf auf Hiroshima und Nagasaki ist in sozialgeschichtlichem Kontext bedeutsam. Er ist in den beiden Cornelsen-Büchern auf ein Minimum beschränkt.

Der Tod von ca. 140 000 Menschen innerhalb von zwei Tagen ist in »Entdecken und Verstehen«, unterstützt von einem Foto zu einer Trümmerwüste, mit wenigen Sätzen beschrieben:

> »In Ostasien ging der Krieg zwischen Japan und den USA weiter, weil Japan eine Kapitulation ablehnte. Am 6. August 1945 warfen die Amerikaner über der japanischen Stadt Hiroshima, in der 340 000 Menschen lebten, erstmals eine Atombombe ab. Durch die Explosion starben 80 000 Menschen sofort, 40 000 Menschen erlitten gefährliche Strahlungsverletzungen und Verbrennungen, an denen sie innerhalb weniger Monate starben. Die Stadt wurde fast völlig zerstört. Noch heute leiden viele Überlebende an den Spätfolgen der Strahlenschäden. Nach dem Abwurf einer zweiten Atombombe über Nagasaki kapitulierte Japan bedingungslos am 2. September 1945.« (S.135)

Durch zwei nachfolgende Anwendungsaufgaben soll die Relevanz des Themas deutlich werden. Das Textangebot im »Geschichtsbuch« ist ähnlich sparsam angelegt. Er bietet wenig sachliche Informationen. Die Sätze machen weder betroffen noch regen sie Problemdiskussionen an. Die Vorstellung, daß Schüler in der heutigen Zeit nach dem Geschichtsunterricht zum Zweiten Weltkrieg nur diese Fakten oder Rudimente von ihnen wissen, stimmt höchst nachdenklich.

Entschieden anders wird dieses Thema in der »Geschichtlichen Weltkunde«, der »Reise in die Vergangenheit« und der »Lebendigen Vergangenheit« gehandhabt. Einerseits wird der Atombombenabwurf wie eine dramatische Handlung beschrieben:

> »Das Ende des Krieges in Asien wurde durch eine Waffe bestimmt, die ein neues Zeitalter der kriegerischen Bedrohung einleitete: die Atombombe.
> Am 6. August 1945, 2.45 Uhr morgens, starten drei überschwere, viermotorige Bombenflugzeuge der Amerikaner von einer kleinen Marianeninsel aus gegen Japan. Das mittlere der drei Flugzeuge trug eine Atombombe. Es wurde von Oberst Tibbets geführt, und er hatte seiner Maschine den Namen seiner Mutter gegeben, »Enola Gay« ... Man hatte unten Fliegeralarm gegeben, dann aber wieder entwarnt, da nur drei Flugzeuge gesichtet waren, die keinen allzu großen Schaden anrichten konnten. Die Flak schwieg. 9.15 Uhr. Über dem Mittelpunkt der Stadt klinkte der Bombenschütze seine Last aus ...«. (»Reise in die Vergangenheit«, 140)

Andererseits werden die Entwicklung und der Abwurf der Atombombe stark problematisiert:

> »Eigentlich war die Atombombe nicht für Hiroshima gebaut worden, eher für Hamburg, Essen oder Breslau ... In Europa ging aber der Krieg zu Ende, bevor die Bombe fertig war ... Nie zuvor war in ein wissenschaftliches Programm so viel Geld

geflossen ... Später wurde oft die Frage gestellt, ob der Einsatz der Atombombe überhaupt notwendig war ... Infolge dieser Entwicklung ist die Selbstvernichtung der Menschheit durch Atomwaffen möglich.« (»Lebendige Vergangenheit«, 102).

Es ist schwer vorstellbar, daß es nach dem Studium dieser Texte keine interessante Schülerdiskussion geben könnte.

Die Einstellung der Deutschen zum Krieg erscheint in den meisten Schulgeschichtsbüchern eher als Desiderat in den Darstellungen denn als differenzierte Abhandlung. Die Mehrheit der Nationalsozialisten hat den Krieg getragen. Zum Widerstandskampf fand nur eine Minderheit. Wie verhielten sich die anderen und warum verhielten sie sich so? Im »Geschichtsbuch«, von dem diese Thematik relativ ausführlich behandelt wird, wird das Problem angesprochen: »Dennoch haben viele Menschen in Deutschland später gesagt, sie hätten diese Zeit in guter Erinnerung, manchmal fügten sie allerdings hinzu: Jedenfalls wenn sie dabei nicht an den Krieg dächten. Warum konnte die Mehrheit der Bevölkerung mit dieser Zeit zufrieden sein – solange man dabei nicht an den Krieg dachte? Vielleicht deswegen, weil die Menschen vieles von dem, was wir hier beschreiben, nicht erlebt haben, ja sie erlebten – wenn man das so sagen kann – das Gegenteil: z.B. beruflichen Aufstieg und nicht politische Verfolgung. Das ist schwer zu begreifen: Alle lebten in demselben Land, aber sie erlebten nicht dasselbe. Viele hatten wohl Angst, die volle Wahrheit über die Zeit, in der sie lebten, zu erfahren, denn diese schien ihnen zu bedrohlich. Kennen wir das auch von uns? Gibt es Fragen, mit denen wir uns nicht auseinandersetzen, weil sie zu gefährlich sind?

Wenn Sie den folgenden Text und die Dokumente lesen, ist es wichtig zu fragen: Wer wußte was? Wer war beteiligt, wer hielt sich fern und in welcher Weise fühlte er sich in seinen Handlungen und Überzeugungen vom nationalsozialistischen Herrschaftsystem betroffen?« (»Geschichtsbuch«, 123) Unter dem Thema »Leben in der Diktatur: Vom Mitmachen und vom Rückzug ins Private« wird im gleichen Buch ergiebiges Quellenmaterial zur Antwortsuche auf o.g. Probleme zur Verfügung gestellt (ebenda, 146-149).

Kritischer sind die Darstellungen in den anderen Schulgeschichtsbüchern zu sehen. Während in der »Reise in die Vergangenheit« lediglich das Schwarz-Weiß-Bild von Kriegsbefürwortern und Widerstandskämpfern angeboten wird, bleibt die Darstellung in der »Lebendigen Vergangenheit« eher global, z.T. sogar widersprüchlich, wie nachfolgende Sätze zeigen:

»*Nicht alle waren dafür*
Viele Deutsche blieben Nazigegner. Trotz schärfster Verfolgung leisteten Menschen unterschiedlicher gesellschaftlicher und politischer Herkunft aktiv Widerstand gegen das NS-System.
Viele Deutsche hatten sich von den Anfangserfolgen und von der Propaganda blenden lassen, viele wurden aber auch durch Willkür und Terror der neuen Machthaber eingeschüchtert. Doch Teile des deutschen Volkes standen in Gegnerschaft zum NS-System.« (»Lebendige Vergangenheit«, 90)

Nicht alle – viele – Teile des deutschen Volkes? Die Aussagen bleiben ungenau, sie geben für die Frage nach den Einstellungen der Deutschen zum Krieg nichts her; selbst für die Frage nach den Einstellungen zum NS-Regime reicht das nicht aus.

Auch die »Geschichtliche Weltkunde« und »Entdecken und Verstehen« bleiben in ihren Darstellungen weit hinter den entsprechenden Inhalten des »Geschichtsbuches« zurück. Zu wenigen Quellen und Sachtexten, in denen Scham darüber, ein Deutscher zu sein (»Geschichtliche Weltkunde«, 146; »Entdecken und Verstehen«, 123) oder reserviertes Verhalten, bzw. einzelne Proteste gegen Hitlers Vernichtungskrieg (»Geschichtliche Weltkunde«, 149, 159; »Entdecken und Verstehen«, 129) ausgedrückt werden, kommen lediglich jeweils drei sparsame Textsätze dazu, z.B.:»Die meisten aber verdrängten das Gesehene oder Gehörte. Selbst unter den Schrecken des Krieges lebend, dachten viele nur daran, wie sie sich und ihre Familie retten konnten. Erleichtert wurde die Verdrängung dadurch, daß das Regime durchaus um Geheimhaltung bemüht war.« (»Geschichtliche Weltkunde«, 155)

Wer sich den historischen Methoden Distanzierung und Differenzierung verpflichtet fühlt, muß mit den Darstellungen zur Einstellung der Deutschen zum Krieg in den letztgenannten vier Schulgeschichtsbüchern einigermaßen unzufrieden sein. Ähnlich wird es dem gehen, der in der historischen Betrachtung der NS-Zeit berechtigte Relevanzen zur analytischen Betrachtung der DDR-Vergangenheit sieht.

In keinem der hier verwendeten Schulgeschichtsbücher konnte ein thematischer Aspekt durchgängig erschöpfend dargestellt werden. Materialreichtum zu einem Wirklichkeitsbereich einerseits bedingt starke Text-und Bild-Begrenzungen zu weiteren Ereignissen andererseits. Den Anspruch, ausgeprägte Interessen an bestimmten Sachverhalten zu befriedigen, kann das Schulgeschichtsbuch nur partiell bzw. nicht erfüllen. Es bedarf angesichts der unterschiedlichen Interessenausprägungen der Schüler und der in dieser Zeit relativ weit entwickelten Medienvorlieben immer der Komplettierung durch andere Medien.

Die Konsequenz dieser These mündet in der erneuten Frage, welche Funktion die Schulbücher im Zusammenspiel mit anderen Medien in Zukunft ausüben sollten und welchen Charakter sie demnach zu tragen haben.

5 Vorläufiger Ertrag der Untersuchung

1. Von der überwiegenden Mehrheit der Schüler wurden im Herbst und Frühjahr des Schuljahres 1990/91 die neuen westdeutschen Schulgeschichtsbücher positiv eingeschätzt. Darin stimmen die Schüler mit den Geschichtslehrern überein.

Die Akzeptanz ist sowohl auf die jahrelang vorhergegangene »stille Revolution« zurückzuführen als auch auf ein gut entwickeltes kritisches Einschätzungsvermögen bei den 15- bis 16jährigen Jugendlichen.

Dafür sprechen:

- die Stabilität des größten Teils der Einschätzungen zu Beginn und gegen Ende des Schuljahres,
- der Abbau extrem positiver Einschätzungen zugunsten einer kritischeren Sicht gegen Ende des Schuljahres,
- der legitime Vergleich mit den vorhergegangenen Volk-und-Wissen-Büchern bei der Angabe von Begründungen und
- die Einschätzungsbegründungen selbst, die in der Mehrzahl charakteristische äußere Merkmale der westdeutschen Schulgeschichtsbücher treffen.

2. In gewisser Beziehung steht mit dem o.g. Sachverhalt in Zusammenhang, daß die Schüler dieser Altersstufe über individuell differenzierte Medieninteressen verfügen. Einerseits lassen sich leistungsabhängige Unterschiede erkennen, andererseits werden durch die vorliegenden Befragungsergebnisse geschlechtsspezifische Ausprägungen deutlich.

3. Aus der vergleichsweise herangezogenen Lehrerbefragung ist nicht erkennbar, daß die Lehrer diese o.g. individuellen Fähigkeiten und Neigungen der Schüler bei der Planung und Durchführung des Geschichtsunterrichts nutzen. Die Untersuchungsergebnisse deuten eher darauf hin, daß sich an den Lehrstrategien (überwiegend Frontalunterricht) kaum etwas verändert hat. In nachfolgenden Untersuchungen sollte die reale Mitwirkung der Schüler am und im Unterricht analysiert werden, um weitergehende theoretische Standpunkte zur Qualifizierung des Geschichtsunterrichts vorzubereiten.

4. Einerseits zeigen sich in der Interessenausprägung der Schüler an bestimmten Aspekten historischer Themen starke individuelle, leistungsabhängige und geschlechtsspezifische Unterschiede (ähnlich wie bei den Medienwünschen), andererseits werden bestimmte Aspekte (z.B. Sozialgeschichte) von der Mehrheit der Schüler mit starkem Interesse bedacht.

Ob sich diese Differenzierungen aus tagespolitischen Relevanzen ergeben oder generellen Charakter tragen, muß in weiterführenden Untersuchungen geklärt werden.

5. Der Vergleich herausragender Interessengebiete von Schülern mit der Darstellung entsprechender Aspekte historischer Themen in den Schulgeschichtsbüchern führt zu dem Resüme', daß die Schulgeschichtsbücher den Schülern, wenn überhaupt, nur partiell entgegenkommen oder sich, anders gesagt, an den Durchschnittsschüler richten, den es in der Realität nicht gibt.

Da aber im Geschichtsunterricht fast ausschließlich mit einem Schulbuch gearbeitet wird (s. auch Hug 1985, 137), andere Medien die Ausnahme sind, wird einerseits das Schulgeschichtsbuch ständig überfordert und werden andererseits die Defizite bei der Berücksichtigung der Schülerinteressen laufend vorprogrammiert.

Die Untersuchungsergebnisse erzwingen u.a. die Schlußfolgerung, daß sowohl die Nutzer als auch die Produzenten und Schulbehörden im Schulgeschichtsbuch nicht das Medium, sondern ein Medium für den Unterricht sehen sollten. In der Theorie ist das seit langem bekannt, aber in der Praxis stellt sich die Situation anders dar. Es müssen Wege gefunden werden, die übergroße Diskrepanz zwischen Theorie und Praxis zu überwinden. Ein Ansatz besteht darin, daß ernsthaft an einer »Elementarisierung« der Lernmaterialien gearbeitet wird. Dazu gehört, daß die Funktion des Schulgeschichtsbuches neu bestimmt werden muß. Es sollte von seinem überzogen multiplen Anspruch befreit werden und auf ein Basis-Material beschränkt werden, das durch andere Medien vielfältig komplettierfähig wird. Die Effektivität in der Nutzung dieses »Kombinations-Mediums« wird weitestgehend davon bestimmt sein, ob es ähnlich wie die Schulgeschichtsbücher in der Gegenwart, ständig zugriffsbereit für Lehrer und Schüler ist.

Der europäische Integrationsprozeß verstärkt die Medienproblematik für den Geschichtsunterricht; er wird zugleich als Generator für alternative und hoffentlich unkonventionelle Lösungen wirken.

Anhang

Fragebogen

Einschätzung der Geschichtsschulbücher Kl. 9 Schülerbefragung

```
Ort:             Bezirk:                    Schule:          Datum:

0. Sozialstatistik
- Welchem Geschlecht gehörst Du an?   Junge    ( )  Mädchen   ( )
- Wie war Deine letzte Geschichtsnote? 1      2     3     4     5
                                      ( )    ( )   ( )   ( )   ( )

1. Welches Geschichtsbuch hast Du für dieses Schuljahr?
- Lebendige Vergangenheit  (Klett)                              ( )
- Geschichtliche Weltkunde  (Diesterweg)                        ( )
- Entdecken und Verstehen  (Cornelsen)                          ( )
- Geschichtsbuch  (Cornelsen)                                   ( )
- Reise in die Vergangenheit  (Westermann)                      ( )
- Geschichte  (Bayrischer Schulbuchverlag)                      ( )
- sonstige

2. Wie hast Du zu Beginn des Schuljahres dieses neue
Geschichtsbuch eingeschätzt?
```

- Es hat mir sehr gefallen ( )
- Es hat mir gefallen ( )
- Es hat mir nicht gefallen ( )
- Kann ich nicht einschätzen ( )

3. Wenn es Dir gefallen hat, kreuze an, warum!
- Wegen des guten Papiers ( )
- Wegen der ansprechenden Bilder ( )
- Wegen der gut verständlichen Texte ( )
- Wegen der vielen Quellen ( )
- Es ist besser als das Geschichtsbuch der 8.Kl. (VVW) ( )
- Aus anderen Gründen.......................................( )

4. Wenn es Dir nicht gefallen hat, kreuze an, warum!
- Wegen der Bilder ( )
- Wegen der vielen Quellen ( )
- Wegen der schwer verständlichen Texte ( )
- Es ist schlechter als das Geschichtsbuch der 8. Kl. (VVW) ( )
- Aus anderen Gründen ....

5. Wie oft und in welcher Form arbeitet Ihr mit dem Geschichtsbuch im Unterricht?

	oft	mitunter	selten
- Ich arbeite allein mit dem Buch	( )	( )	( )
- Wir arbeiten im Partnerlernen	( )	( )	( )
- Wir arbeiten im Gruppenlernen	( )	( )	( )

- Möchtest Du mehr mit dem Buch arbeiten?

ja	ist egal	nein
( )	( )	( )

6. Wie schätzt Du das Geschichtsschulbuch jetzt ein?
- Es gefällt mir sehr ( )
- Es gefällt mir ( )
- Es gefällt mir nicht ( )
- Kann ich nicht einschätzen ( )

7. Wenn es Dir jetzt gefällt, gib die Gründe dafür an!
- Die Bilder sprechen mich an ( )
- Die Quellen sind interessant ( )
- Die Texte sind gut verständlich ( )
- Die Aufgaben sind abwechslungsreich ( )
- Es hat gute Zusammenfassungen ( )
- Es ist übersichtlich gegliedert ( )

- Es weckt mein Interesse für das Fach Geschichte ( )
- Andere Gründe...

8. Wenn es Dir jetzt nicht gefällt, gib die Gründe dafür an!
- Die Bilder sprechen mich nicht an ( )
- Die Quellen sind uninteressant ( )
- Die Texte sind schwer verständlich ( )
- Die Aufgaben sind nicht abwechslungsreich ( )
- Es hat keine,bzw. schlechte Zusammenfassungen ( )
- Es ist unübersichtlich gegliedert ( )
- Es weckt kein Interesse für das Fach Geschichte ( )
- Andere Gründe...

9. Ich arbeite mit dem Buch zu Hause	oft	mitunter	nicht
- Aus eigenem Interesse	( )	( )	( )
- Zur Erledigung der Hausaufgaben	( )	( )	( )

10. Fühlst Du Dich durch das Buch bevormundet?

oft	mitunter	gar nicht	kann ich nicht beantworten
( )	( )	( )	( )

11. In welchem Maße interessieren Dich folgende Themen bei der Behandlung des 2. Weltkrieges?

	sehr	zum Teil	nicht	kann ich nicht beantworten
- Weltgeschichtliche Zusammenhänge	( )	( )	( )	( )
- Europäische Zusammenhänge	( )	( )	( )	( )
- Die Ereignisse in Berlin	( )	( )	( )	( )
- Die Einstellung der Deutschen zum Krieg	( )	( )	( )	( )
- Das Verhältnis Hitler/Stalin	( )	( )	( )	( )
- Die Frage der Kriegskosten	( )	( )	( )	( )
- Die Greueltaten	( )	( )	( )	( )
- Die Kriegstechnik	( )	( )	( )	( )
- Die Judenverfolgung	( )	( )	( )	( )
- Das Leben der Kinder und Jugendlichen im Krieg	( )	( )	( )	( )

```
- Das Leben der Frauen
  im Krieg             ( )        ( )         ( )        ( )
- Andere Themen.........................................

12. Welche Materialien wünschst Du Dir noch für den
Geschichtsunterricht?
- Schülerarbeitsblätter                                      ( )
- Quellenlesebücher                                          ( )
- Heimatgeschichtliche Materialsammlungen                    ( )
- Videos                                                     ( )
- Atlanten                                                   ( )
- Ein anderes Geschichtsbuch                                 ( )
```

Anmerkungen

1 Mit Lehrern und Schülern werden im Text sowohl weibliche als auch männliche Personen bezeichnet.

2 Der Untersuchung zugrunde liegende Schulgeschichtsbücher:
»Entdecken und Verstehen« Band 3 Von 1917 bis zur Gegenwart, hrsg. von Th. Berger, K.-H. Müller, H.-G. Oomen; Frankfurt am Main (Cornelsen) 1989
»Geschichtsbuch« 4 Die Menschen und ihre Geschichte in Darstellungen und Dokumenten, hrsg. von P. Hüttenberger, B. Mütter; Berlin (Cornelsen) 1990
»Geschichtliche Weltkunde« Klasse 9 Ausgabe für Polytechnische Oberschulen. Von der Oktoberrevolution bis zum Ende des Zweiten Weltkrieges von J. Hoffmann, E. Krautkrämer, W. Hug; Frankfurt am Main (Diesterweg) 1990
»Lebendige Vergangenheit« Band 4 von A. Höfer, K. Leinen, Ch. Pies, E. Wagner, Stuttgart (Klett) 1988
»Die Reise in die Vergangenheit« Ein geschichtliches Arbeitsbuch von H. Ebeling, Ausgabe N Band 3; Braunschweig (Westermann) 1981

Literatur

Behnken, I. u.a.: Schülerstudie '90 Jugendliche im Prozeß der Vereinigung; München (Juventa) 1991

Belwe, K.: Psycho-soziale Befindlichkeit der Menschen in den neuen Bundesländern nach der Wende im Herbst 1989. Analysen und Berichte Nr. 1/1991. Als Manuskript veröffentlicht durch Gesamtdeutsches Institut – Bundesanstalt für gesamtdeutsche Aufgaben

Dennhardt, R.: Deutsch-deutsche Schülerbefragung 1990. Deutsche Schüler im Sommer 1990 – Skeptische Demokraten auf dem Weg in ein vereintes Deutschland; München (Deutsches Jugendinstitut) 1990

Friedrich, W.; Griese, H. (Hrsg.): Jugend und Jugendforschung in der DDR. Gesellschaftspolitische Situationen, Sozialisation und Mentalitätsentwicklung in den achtziger Jahren; Opladen (Leske +Budrich) 1991

Hannig, J.: Bilder, die Geschichte machen, in: Geschichte in Wissenschaft und Unterricht 1989,1

Hoffmann, A.: Jugend und Schule, in: Friedrich, W., Griese, H. (Hrsg.): Jugend und Jugendforschung in der DDR; Opladen (Leske + Budrich) 1991

Hug, W.: Geschichtsunterricht in der Praxis der Sekundarstufe I; Frankfurt am Main, Berlin, München (Diesterweg) 1985

Kuhn, A.: Die Entstehung der Familie und der geschlechtsspezifischen Rollenzuweisung in Deutschland (1750-1850), in: Kuhn, A., Schneider, G. (Hrsg.): Geschichtsunterricht 5-10; München, Wien, Baltimore 1981

Lehmann, R.H., Mirow, J.: Ein Erklärungsmodell: Hintergründe außerschulischer Geschichtsinteressen und schulischer Geschichtskenntnisse, in: Von Borries, B., Pandel, H.-J., Rüsen,J. (Hrsg.): Geschichtsbewußtsein empirisch; Pfaffenweiler (Centaurus) 1991

Lehrplan Geschichte Klassen 5 bis 10; Berlin (Volk und Wissen) 1988

Müller, H. : Lebenswerte und nationale Identität, in: Friedrich, W., Griese, H. (Hrsg.): ebenda

Müller, H., Schubarth, W.: Rechtsextremismus und aktuelle Befindlichkeiten von Jugendlichen in den neuen Bundesländern, in: Aus Politik und Zeitgeschichte, Beilage zur Wochenzeitung Das Parlament Nr. 38 1992

Schittko, K.: Das Konzept des wahldifferenzierten Unterrichts – Erziehung zur Selbständigkeit und Kooperation, in: Bönsch, H., Schäffner, L. (Hrsg.): Wahldifferenzierter Unterricht in der Hauptschule. Theorie und Praxis. Eine Schriftenreihe aus dem Fachbereich Erziehungswissenschaften I der Universität Hannover, Band 20; Hannover 1988

Schörken, R.: Zur Ausgangslage der politischen Bildung in den neuen Bundesländern, in: Aus Politik und Zeitgeschichte, Beilage zur Wochenzeitung Das Parlament vom 22.2.1991, B 9

Schubarth, W.: Konturen des Geschichtsbildes DDR-Jugendlicher, in: Friedrich, W., Griese, H. (Hrsg.): ebenda

Sommer, W.: Geschichtsunterricht und wahldifferenzierter Unterricht, in: Bönsch, M., Schäffner, L. (Hrsg.): ebenda

Zückert, U.: Erste Erfahrungen mit neuen Geschichtsbüchern im Schuljahr 1990/91, in: Geschichte Erziehung Politik 2 (1991) 9

Das Fach Geschichte im Denken von Schülerinnen und Schülern

Werkstattbericht einer empirischen Studie in Nordhessen

Kurt Pohl

Nach 15 Jahren Geschichtsunterricht, Ausprobieren und Entwickeln verschiedener Ansätze befragte der Autor die Adressaten selbst, bestärkt durch den häufig anzutreffenden Hinweis in der Literatur[1] auf das Fehlen empirischer Studien.

In der Untersuchung möchte ich feststellen, ob die vielfältigen Reformen Auswirkungen gehabt haben. Ohne der Monographie vorgreifen zu können, sollen erste Ergebnisse im Rahmen des Designs dargestellt werden. Dabei habe ich mich vor allem auf jene Bereiche meiner Untersuchung gestützt, die die Einstellung der SchülerInnen zum Unterricht und zu Stoffen erfassen. Hier lagen in der älteren empirischen Forschung Schwerpunkte, so daß Veränderungen durch Vergleiche festgestellt werden können, allerdings ohne schon Erklärungen zu liefern. Schulformeffekte, Notenverteilung und Geschlechterdifferenzierung werden angesprochen.

Zunächst müssen weitere, zentrale Untersuchungsbereiche vernachlässigt werden: Methodenvorlieben, Verbindungen zur kognitiven Seite, bes. die Gegenüberstellung von ›Strukturerfassen‹ und ›Personalisieren‹. Am Ende soll durch Faktorenanalyse und Clustern Typenbildung möglich sein. Ein ausführliches Einbinden der Ergebnisse in historische Längsschnitte bisheriger Studien und didaktischer Diskussion war im vorgegebenen Rahmen weder leistbar[2] noch sinnvoll.

1 Das Design

1.1 Sample

Die meisten älteren Bezugsstudien untersuchten 9. und 10.Klassen, d.h. SchülerInnen im Durchschnittsalter von 15 bis 16 Jahren. Mir erschien es für einen Trendvergleich sinnvoll, diese Setzung nachzuvollziehen. Dafür spricht auch, daß diese Gruppe in Hessen schon zwei bis drei Jahre Geschichtsunterricht hatte und die Diskussion entwicklungspsychologischer Probleme eher vernachlässigbar ist, als bei jüngeren Kindern[3].

Ausgehend von der mir im gegebenen Rahmen besonders zugänglichen Region Nordhessen wurde die Schulrealität bezüglich Verteilung der Schulformen im Sekundarbereich I berücksichtigt. Auf Sonderschulen und Berufsschulen habe ich verzichtet, da in beiden Fällen nicht die einheitlichen Richtlinien der allgemeinbildenden Schulen des Mittelstufenbereichs gelten.

Mein Sample umfaßt etwas mehr als 10% dieser Gesamtpopulation, bezogen auf die traditionellen Schulformen[4]:

	Nordhessen		Sample Nordhessen	
Gymnasium	6.538	33,8%	753	34,9%
Realschule	7.072	36,5%	861	39,9%
Hauptschule	2.941	15,2%	217	10,1%
Integr. Gesamtschule	2.808	14,5%	326	15,1%
Zusammen	19.359	100,0%	2.157	100,0%

Die Abweichungen im Real- und Hauptschulbereich sind darin begründet, daß die Klassengrößen im Realschulbereich z.T. über 30 lagen, im Hauptschulbereich z.T. nur 12 SchülerInnen pro Klasse teilnahmen. Untersuchungszeitraum war für den Pretest März bis April 1992. Die Hauptuntersuchung begann Ende Mai und endete im Oktober. Vier zusätzliche Hauptschulklassen mußten aufgrund der geschilderten niedrigen Frequenz pro Klasse im November nachbefragt werden.

Es ist keine Zufallsstichprobe im Sinne sozialwissenschaftlicher Repräsentanz, was bei den Ergebnissen zu berücksichtigen ist; die Stichprobe repräsentiert aber zahlenmäßig hinreichend proportional die angesprochenen Schulformen der Sekundarstufe I. Zudem war ich bemüht, die Verteilung anderer Faktoren zu berücksichtigen: Stadt Kassel, Baunatal als Industriestadt, ländliche Kleinstädte und das katholische Fulda wurden mit ihren unterschiedlichen Strukturen einbezogen[5]. Die Daten lassen den Vergleich von Schulformen auf Basis gemeinsamer Lehrpläne[6] bezüglich verschiedener Parameter zu.

Als Kontrollgebiete wurden eine südhessische, ländliche additive Gesamtschule (AGS)[7], eine Frankfurter integrierte Gesamtschule (IGS)[8] und ein Gymnasium in Baden-Württemberg[9] gewonnen. Die Vergleiche zu diesen Schulen sind erst im Rahmen der Gesamtdarstellung ergiebig.

1.2 Zur Durchführung

Die Untersuchung wurde in 121 Klassen durchgeführt. In vier Fällen wurden Lerngruppen zusammengefaßt, ansonsten besuchte ich jede Klasse für sich. Das Zusammenfassen von mehr als 50 Schülerinnen und Schülern erwies sich auch im Gymnasium eher als ungeeignet: Unruhe und häufigeres Abschreiben beeinflussen wohl die Daten nicht grundsätzlich, sind aber Störfaktoren und beinhalten eine Ungleichartigkeit. Ähnliches gilt für die Durchführung der Untersuchung in der 6.Stunde, hier wird unaufmerksamer gearbeitet. Bei dergleichen Studien sind solche Störfaktoren wohl nur durch großen Personaleinsatz auszuschalten, was dann wieder das Problem unterschiedlicher Akzeptanz für die Untersuchenden aufwirft.

Es erwies sich als sinnvoll, die Untersuchung selbst durchzuführen und nicht an Kolleginnen oder Kollegen zu delegieren[10]. Ich kann nach Durchsicht der Bögen vermuten, daß das Vertrauen in die Anonymität bei schulinterner Durchführung geringer ist, was sich in Häufung von Unsinnsantworten und Verweigerungen zeigt! Die Schülerinnen und Schüler reagierten auch zurückhaltender und eher mit Unsinnsantworten, wenn die Lehrkraft darauf bestand, im Raum zu bleiben (und durch die Reihen ging). Dies geschah in sechs Fällen. In der Regel blieb ich mit den Schülerinnen und Schülern allein in der Klasse.

Zur Überprüfung der Verständlichkeit und zum Ausschluß eventueller Mehrdeutigkeiten von Fragen, zu bewertenden Statements und Bildvorlagen wurden in einem ersten Schritt HauptschülerInnen und ein Grundkurs 13 meiner Schule zuerst schriftlich befragt, dann in einer Aussprache gebeten, Unverständliches oder Störendes zu benennen. Der so bereinigte Bogen konnte bis auf zwei Nuancen im Pretest seine Brauchbarkeit in einer Schulstunde erweisen.

Er war offenbar in der vorgegebenen Zeit bearbeitbar. Die 45 Minuten reichen vom Gesamtsample nur 137 Schülerinnen und Schülern (ca. 5%) nicht aus, sie überzogen um wenige Minuten, was z.T. auch mit späterem Beginn zu tun hatte (aus Gym: 54, R: 55, H: 14, IGS: 14). Die ersten, die fertig waren, gaben nach 25 bis 30 Minuten ab, wobei längere Bearbeitungszeit mit höherer Schulstufe einhergeht – wie ich denke, ein Indiz für die Ernsthaftigkeit der Bearbeitung. Mädchen, die als erste abgaben, taten dies durchschnittlich später, als zuerst abgebende Jungen in anderen Klassen. Im Gymnasium und der IGS waren mal Mädchen mal Jungen in gleicher Zahl zuerst fertig. Im Realschulbereich gaben doppelt soviele Jungen zuerst ab. Im Hauptschulbereich waren es in allen Klassen nur zweimal Mädchen, die zuerst abgaben. Es kann wohl geschlußfolgert werden, daß Mädchen gründlicher arbeiten und – fast banal – der höhere Wissensstand zu längerer Bearbeitungszeit in den 10. Klassen und im Gymnasium führt. Daß hier die IGS am nächsten zum Gymnasium liegt, ist (positiv) erstaunlich[11]. Bei der Durchführung war offensichtlich, daß dort, wo Mädchen in Überzahl waren, die Umfrage ruhiger verlief und etwas länger als im Schnitt dauerte[12].

Die Problematik der Unterrichtenden konnte nicht einbezogen werden, da weder der Eindruck eines kurzen Gesprächs, noch die Äußerungen der Schülerinnen und Schüler in irgendeiner Form objektivierbar sind. Hier wird die Auswertung von Lehrerinnen- und Lehrerbögen – allerdings ohne direkten Bezug zu bestimmten Klassen oder Schulen, allerdings zu Lehrämtern – helfen können, Vermutungen anzustellen[13].

Auf die Untersuchung, ob Lehrerin oder Lehrer in der Klasse unterrichtet, mußte verzichtet werden, da nur so wenige Kolleginnen (keine 20%) im Sample das Fach repräsentierten, daß wünschenswerte Vergleiche z.B. zum Interesse der Mädchen in Abhängigkeit vom Geschlecht der Lehrperson nicht hätten nachgewiesen werden können. Selbst Hypothesen wären hochgradig zufällig. Erschwerend kommen weitere Faktoren hinzu. Es ist unklar, ob fachfremder Unterricht als Klassenlehrerin oder Klassenlehrer vorliegt (die Fächerkombinationen mit Lehrbefähigung wurden nicht erfragt), wie lange in der Klasse unterrichtet wurde, welche Kollegiumsstruktur (bezogen auf das Geschlecht) die Klasse hat. Die geschlechtsspezifische Binnenverteilung der Schülerinnen und Schüler je Klassen bezüglich gewonnener Aussagen festzustellen, wird Aufgabe eines späteren Aufsatzes sein müssen. Dabei wird es darum gehen, ob Interessen, die kognitive Seite, Noten und implizite Geschichtstheorie von dieser Zusammensetzung abhängen.

1.3 Inhaltliche Setzungen

Der Bogen für die Schülerinnen und Schüler fordert Ankreuzen in einer Skala (in der Regel 1 bis 5) und Stichworte auf Fragen. Dazu treten Sortieraufgaben auf Bildimpulse. Folgende Bereiche werden angesprochen:

1. Welche Interessen gibt es (vier Skalenimpulse, drei offene Fragen)?
   - In diesem Bereich geht es um Teilreplikationen zur Feststellung von veränderten Wünschen an das Fach. Der vorliegende Aufsatz gibt hierzu das gewonnene Material wieder.
   - Dazu wurde nach beliebten Unterrichtsformen gefragt, affirmative Präsentation von Film, Dia und Tonträgern *neben* kommunikativen Formen wie Gruppenarbeit und Diskussion am häufigsten genannt. Es deuten sich Unterschiede zwischen einzelnen Klassen, aber auch den Schulformen Gymnasium und Integrierte Gesamtschule einerseits, Haupt- und Realschule andererseits an.

2. Was wird gewußt? Dazu wurden Bildimpulse präsentiert, sechs Darstellungen von Arbeitsvorgängen verschiedener Epochen, neun Herrscherpersönlichkeiten und fünf deutsche Staatsoberhäupter.
   - Epochenreihung gelingt überwiegend gut, dabei werden durchaus unterschiedliche Merkmale benannt. Obwohl überall Arbeit das Motiv des Bildes ist, assoziieren die Schülerinnen und Schüler bei der Begründung ihrer Zuordnung auch Mode, Darstellungsart, Lebewesen oder nennen einfach die Epoche als Kennzeichen. Wenige nennen mehrere Merkmale, einige beschreiben den Arbeitsprozeß. Es wird zu prüfen sein, ob hier Korrelationen mit Wünschen, Schulform, Geschlecht oder ›impliziter Geschichtstheorie‹ bestehen. Stereotype Vorstellungen, daß z.B. Jungen eher Technik und Mädchen Mode angeben, lassen sich nicht bestätigen.
   - Auch ohne die Namen von Herrschern zu kennen, gelingt häufig das zeitliche Einordnen in eine Reihenfolge. Bestimmte Personen werden funktionell beschrieben, als Pharao, griechischer Herrscher oder Kaiser. Bei anderen erscheint der Name direkt. Schließlich gibt es Zuordnungen, orientiert an einem richtigen Kontext. Zeitlich nahe und daher vom Aussehen ähnlich, werden Zeitgenossen genannt. Innerhalb einer ideologischen Struktur wird der Name »verwechselt«, Lenin erscheint als Stalin oder gar Marx .
   - Ebenfalls in den kognitiven Bereich fällt die Frage nach den Ursachen der NS-Machtergreifung.

3. Wie wird der Nationalsozialismus eingeschätzt; woher kommt das Wissen; was wissen Schülerinnen und Schüler über die Machtergreifung? (siebenmal skaliert, dreimal offen)
   - Die Einschätzung des Nationalsozialismus, aber auch von Diktaturen allgemein ist überwiegend negativ, es zeigen sich allerdings bezüglich des historischen Erinnerns Schlußstrichtendenzen, wie sie auch in anderen Untersuchungen nachgewiesen wurden[14].
   - Das Wissen entstammt unterschiedlichen Quellen, wobei die Schule insgesamt ganz vorne steht. Hier wird noch untersucht, ob bei denen, die keinen Geschichts(!)unterricht über jene Zeit hatten, andere Kenntnisse und Einstellungen vorliegen, als bei den anderen Schülerinnen und Schülern, die von Fernsehen, Religions- und Deutschunterricht, Freunden und Verwandten Informationen erhielten.
   - Der Kenntnisstand über die ›Machtergreifung‹ ist nicht hinreichend, oft wird der Stoff in Geschichte gar nicht unterrichtet[15]. Das Wissen über die Machtergreifung ist offenbar immer noch überwiegend von gängigen Erklärungsmustern geprägt[16].
4. Woher beziehen sie ihre Informationen? (eine skalierte, zwei offene Fragen)
   - Der skalierte Teil repliziert ältere Untersuchungen und nennt dabei auch traditionelle Medien wie Radio und Zeitung. Hier werden sozial erwünschte Ergebnisse und Wirklichkeit genau zu trennen sein. Immerhin liegen Geschichtsunterricht, Film und Fernsehen in der Rangliste vorn, Museen zusammen mit Radio, Eltern und Freunden am Ende, was im Kontrast zu älteren Untersuchungen gerade bezüglich personaler Vermittlung von Geschichte eine Veränderung zeigt.
5. Welche instrumentellen Fertigkeiten liegen vor? (zwei Fragen mit Stichwortangabe)
   - Instrumentelle Fertigkeiten, das scheint banal, hängen offenbar stark von der Schulform ab; daß hier durch Querschlüsse mit den anderen Bereichen auch auf den Unterricht geschlossen werden kann, ist zu hoffen. Die Frage nach der gewünschten Unterrichtsmethode soll in Zusammenspiel mit der nach Vorbereitung eines Referates Einblick geben in Vorstellungen der Schülerinnen und Schüler, wie sie sich Geschichte erschließen (wollen). Dabei wird angestrebt, zugleich festzustellen, ob Referate überhaupt bekannt sind, in Geschichte gehalten werden und wie sich dies bei den Betroffenen widerspiegelt.
6. Welche implizite ›Geschichtstheorie‹ wird deutlich? (dreimal skaliert, einmal offen)
   - ›Implizite Geschichtstheorien‹ werden wohl in Gruppen zusammenzufassen sein. Daß dabei Geschlecht oder Schulform Bausteine sind, kann nach den unten dargestellten Differenzen und der Forschungslage allgemein vermutet werden.

- Während die skalierten Fragen das Movens der Geschichte zu benennen trachten, lautet die offene Frage: »Was waren Deiner Meinung nach die für unser heutiges Leben wichtigsten historischen Ereignisse?« Da hier Kognition, Einschätzung und evtl. angeflogene Schlagworte zusammentreffen, ist eine Aussage zu diesem Bereich erst am Ende der Untersuchung möglich. Ich hoffe hier Querverbindungen zur moralischen Ebene des Geschichtsbildes zu erhalten.

Wie schon dargestellt, kann hier nur auf den Bereich Interessen näher eingegangen werden. Die eben angerissenen Aussagen lassen sich aufgrund erster Eindrücke als Hypothesen bezeichnen.

2 Einzelergebnisse

Für das Verständnis des Untersuchungsgebietes, aber auch im Sinne aufarbeitbarer, für Verküpfungen und Parallelen heranziehbarer Rahmendaten erscheinen folgende Einzelergebnisse darstellenswert.

2.1 Unterrichtsorganisation

In Hessen geben die gültigen Rahmenrichtlinien (RRL) vor, an bestimmten Schnittpunkten die Fächergrenzen von Geschichte, Erdkunde und Sozialkunde zu überspringen. Dies ist der Rest einer ursprünglich viel weiter gefaßten Vorgabe, der Integration in einen gesellschaftswissenschaftlichen Lernbereich.

Der häufig vorkommende Einsatz in nur einem der drei Fächer, hier Geschichte, steht dem entgegen. Die Kooperation mit KollegInnen gelingt nur äußerst selten, am ehesten vielleicht im Rahmen von zur Regel gewordenen einmal im Jahr stattfindenden Projektwochen[17]. Diese Einsatzform der LehrerInnen wird im Untersuchungsgebiet in 30% der Fällen praktiziert, vor allem in Gymnasien[18]. In Hauptschulen und Integrierten Gesamtschulen (IGS) kommt diese Separierung nicht vor.

Eher möglich ist die in den RRL angeregte Zusammenarbeit beim Einsatz einer Lehrkraft in zwei oder gar allen drei Fächern des Bereiches. Diese Organisationsform ist überwiegend in Additiven Gesamtschulen (AGS), z.T. aber unter Ausschluß des Gymnasialzweiges (!) zu finden[19]. 34 % der SchülerInnen erleben im Untersuchungsgebiet einen solchen Unterrichtseinsatz, allerdings nur in seltenen Fällen mit integrierten Einheiten.

Eine Integration aller drei Fächer erleben etwa 36%, als Prinzip in den IGS, überwiegend im Hautschulbereich und häufig in Haupt- und Realschulzweigen der AGS. Die Klassenbucheintragungen zeigen, daß es sich häufig um epochalisierendes Vorgehen handelt, also um mehrwöchige Einheiten, die einem der drei Bereiche zuzuordnen sind. Die historischen Anteile haben dabei stets, zumindest in der

Formulierung des Eintrags, aktualisierendere Bezüge als die Mehrzahl der Notierungen für das separate Fach Geschichte im zuerst beschriebenen Sinn[20].

2.2 Noten in Geschichte

Noten sind, davon gehe ich aus, nicht zugleich genaues Abbild von Leistungsfähigkeit und Leistung. Daher beziehen sich die Notenvergleiche, z.B. zwischen den Geschlechtern und Schulformen, auf das Vergeben bzw. Erhalten von Noten, nicht auf wertende Aussagen über Qualitäten von SchülerInnen oder notengebenden LehrerInnen. Allgemein wird davon ausgegangen, daß die sog. Normalverteilung greift, was allerdings nach meiner Erfahrung nicht zutrifft. Sie ist mithin auch nicht das Maß, das angelegt wird. Vielmehr versuche ich innerhalb meines Samples, Gruppen auf signifikante Unterschiede hin zu testen. Die Verbindung zu von mir gemessenen kognitiven Leistungen muß vorerst unterbleiben.

Vernachlässigt man die immerhin erheblichen 10% Nichtangaben, ergibt sich eine Notenverteilung von:

Note	**Anzahl**	**Prozente**
1	114	6
2	579	30
3	830	43
4	375	19
5	35	2
6	3	0

Wenn dies geschlechtsspezifisch aufgegliedert wird, ist zu erkennen, daß Mädchen weniger häufig gute Noten bekommen, ein recht ausgeglichener Mittelwert nur dadurch zustandekommt, daß einige Jungen als Ausreißer im negativen Bereich liegen. Daß es sich hier um Verhaltensnoten handelt, mag unterstellt werden. Es könnte sein, daß Lehrer und Lehrerinnen Mädchen nicht die Spitzennoten geben, weil sie der Literatur glauben, daß diese geschichtsuninteressiert seien. Handelt es sich hier um den Effekt der sich selbst erfüllenden Prognose? Kann es auch am quantitativen Grad der Mitarbeit liegen? Oder ist die Art der Geschichtsvermittlung entscheidend für Desinteresse und damit schlechtere Noten? Fachfremder Unterricht scheint nicht ohne Einfluß auf den Gesamtzusammenhang zu sein! Hier werden Korrelationen und auch die Auswertung der Lehrerinnen- und Lehrerfragebögen weiteren Aufschluß geben.

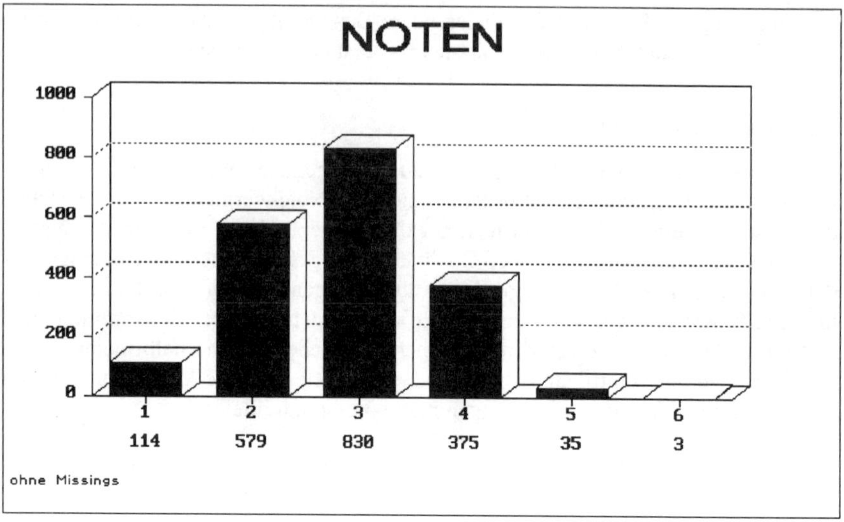

Dazu treten noch Unterschiede bei der Benotung in verschiedenen Schulformen.

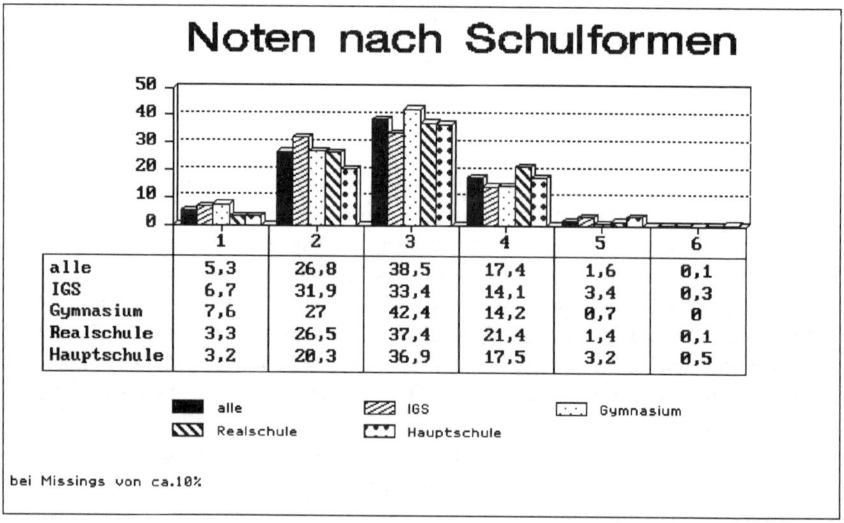

	1	2	3	4	5	6
alle	5,3	26,8	38,5	17,4	1,6	0,1
IGS	6,7	31,9	33,4	14,1	3,4	0,3
Gymnasium	7,6	27	42,4	14,2	0,7	0
Realschule	3,3	26,5	37,4	21,4	1,4	0,1
Hauptschule	3,2	20,3	36,9	17,5	3,2	0,5

3 Interesse an Geschichte

3.1 Das Fach Geschichte

Dieser Schwerpunkt soll hier genauer erörtert werden. Zuerst ist zu trennen zwischen Geschichte als Historie und dem Schulfach, das bei Nennung des Wortes die Konnotation der SchülerInnen dominiert. Für letzteres gibt es eine große Zahl von Daten, die seit Beginn des Jahrhunderts mit unterschiedlichsten Fragestellungen erhoben wurden[21]. Danach liegt der Geschichtsunterricht beim Vergleich mit anderen Schulfächern eher im Mittelfeld, wobei höheres Alter und männliches Geschlecht Faktoren für eine positivere Einstellung sind[22]. Auch die Note könnte eine Rolle spielen[23].

Diese Aspekte wurden im Design berücksichtigt. Eine Listung anderer Fächer konnte schon bei der ersten Näherung ausgeschlossen werden, da wohl nur eine ähnlich komplexe Untersuchung wie die von Seelig hier harte Daten produziert hätte. Bei reiner Nachfrage »Interessiert Dich Geschichte?«, wären die eben angedeuteten Probleme aufgetreten. Deshalb entschloß ich mich zu folgenden drei Fragen, die auf den ersten ersten Blick teilweise redundant erscheinen:

1. »Ich fänd es richtig, Geschichtsunterricht abzuschaffen.«
2. »Geschichte interessiert mich.«
3. »Ich lerne Geschichte eigentlich nur wegen der Note.«
1 = volle Zustimmung, 2 = Zustimmung, 3 = unentschlossen, 4 = Ablehnung, 5 = volle Ablehnung

Frage 2 »riskiert« die doppelte Konnotation von Fach und Historie, was durch Vergleich mit anderen Fragebereichen aufgeschlüsselt werden kann. Dies wird in die oben dargestellten Bereiche 2 (Wissen) und 6 (Geschichtstheorie) einzubeziehen sein. Dazu treten Fragen nach speziellen Interessengebieten, als Ankreuzaufgabe und zum anderen als Bitte um kreative erdachte Stoffe in Stichworten.

Das erste Statement greift die häufig auftretende Frage nach dem »Haßfach« ganz konkret aber in einer funktional handlungsbezogenen Art auf. Nicht abstrakte Ablehnung kann geäußert werden, es geht um konkrete Fortexistenz des Faches. Durch eine 5er Skala ist Gelegenheit gegeben, einschränkende Gedanken durch Trendangabe zu dokumentieren – darauf wurde beim hier exemplarisch durchgeführten Erklären der Skala hingewiesen[24].

Notenfixierung scheint nicht vorzuliegen, allerdings streuen die Werte sehr[25]. Unentschlossen ist ca. ein Viertel der Befragten. Die Gruppe wirklicher Gegner von Fach und Inhalt liegt zwische 8 und 9%, während mehr als die Hälfte das Fach erhalten wissen wollen und den Stoff für interessant halten. Daß Schülerinnen und Schüler über die Bedingungen diskutieren wollen, unter denen das Fach weitergeführt wird und was unter interessant gemeint ist, wie es die Binnenverteilung der 5er Skala ausweist, kann an gerade behandeltem Stoff ebenso liegen wie an Lehrmethoden und außerschulischen Einflüssen.

Von den Zahlen her ergibt sich folgendes Bild[26]:

	abschaffen	Interesse	lernen wegen Note
volle Zustimmung	8	15	13
Zustimmung	10	40	23
unentschlossen	22	21	23
Ablehnung	31	15	26
volle Ablehnung	29	9	15

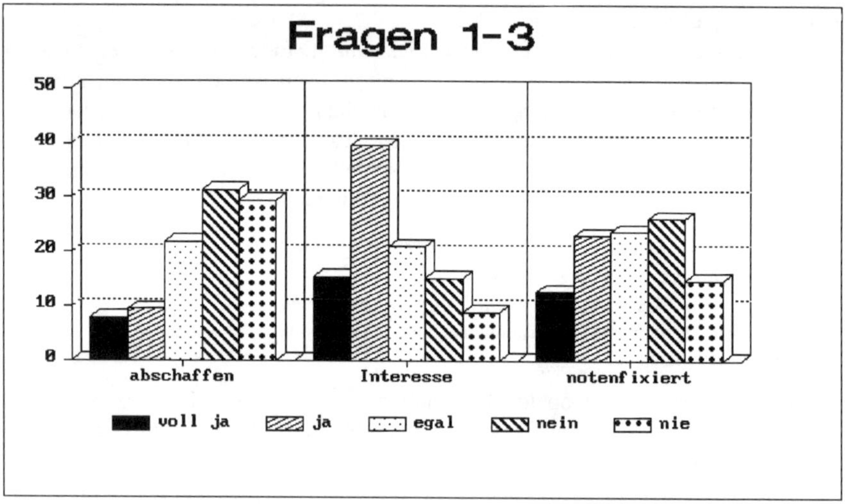

Tatsächlich spielt die Note eine nicht unerhebliche Rolle. Schülerinnen und Schüler mit einer 1 lehnen es überdurchschnittlich stark ab, wegen der Note zu lernen; über die Hälfte jener mit Note 5 halten diese ›Motivation‹ hingegen für zutreffend[27]. Das Interesse differiert hinsichtlich der Notenstufen.

	Interesse (%)	nicht abschaffen! (%)
Note 1	81	84
Note 2	71	75
Note 3	54	60
Note 4	29	40
Note 5	26	29

Für Note 6 ist die Gruppe zu klein, um Sinnvolles darzustellen.

Jene mit den Noten 4 oder 5 halten also in noch durchaus nennenswerter Zahl die Abschaffung von Geschichte für nicht sinnvoll. Zudem kann vermutet werden, daß es sich um grundsätzliche Ablehnung von Schulfächern handelt[28].

Bei »Interesse« stimmen 55% zu, das Fach behalten wollen mit 61% sogar noch mehr. Ein Vergleich mit den Zahlen früherer Untersuchungen ist deshalb schwierig, weil unterschiedliche Erhebungsmethoden verwendet wurden[29]. Grundsätzlich wird das Fach nicht abgelehnt. Ein Überblick über Daten früherer Studien kann einen grundsätzlichen Trend gegen Geschichte als Fach meines Erachtens nach widerlegen. Es stellt sich vielmehr, wie auch meine Daten belegen, eine Polarisierung heraus, die auch nicht, wie häufig versucht, allein am Geschlecht oder der Schulform festzumachen ist. Es gibt jeweils eine relevante Gruppe von Befürwortenden und eine (kleinere) Gruppe der Ablehnenden, je nach Fragestellung oder Interviewaufbau werden dann fiktive Plätze errechnet, die wegen dieser hohen Varianz im mittleren Bereich liegen.

Ich denke aus dieser Berechnung herauszukommen, durch Charakterisieren von Typen, denen jeweils unterschiedliche Zugänge zu öffnen wären, so meine didaktisch-methodische Konsequenz.

Wo interessante Stoffe genannt und Gruppenarbeit gefordert wird, ist die Ablehnung des Interesses an Geschichtsunterricht gering, das läßt sich, ohne hier die Zahlen darzustellen, so deutlich feststellen.[30]

3.1.1 Schulformeffekte

Schulformeffekte bei der Fachoption gibt es in meiner Erhebung folgende, wobei die Mittelwertunterschiede statistisch gesichert wurden[31]

Schulform	**Interesse**	**abschaffen**	**Lernen wg. Note**
IGS	2,7	3,6	3,1
Gymnasium	2,4	3,9	3,2
Hauptschule	2,8	3,2	2,8
Realschule	2,7	3,6	3,0

Gymnasiastinnen und Gymnasiasten zeigen vornehme Zurückhaltung bei der Notenfixierung, drücken am meisten Interesse aus und sind am wenigsten bereit, auf das Fach zu verzichten. Es zeigt sich aber, wie bei den anderen Schulformen auch[32], daß volle Zustimmung oder Ablehnung nicht so häufig angekreuzt wird. Vielmehr werden jene Kategorien gewählt, die Mitsprache über die Bedingungen beinhalten[33].

3.1.2 Effekte des Geschlechts

Eine Tradition ist die Feststellung, Mädchen würden sich weniger für Geschichte interessieren[34]. In der Monographie wird sich ein ausführlicher Teil mit diesem Umstand beschäftigen. Hier möchte ich, bevor die eigenen Zahlen präsentiert werden, zumindest auf die Möglichkeit differenzierterer Umgehensweisen eingehen.

Eine Untersuchung aus dem Jahr 1972 zeigt dabei deutlich die Zusammenhänge guter Noten mit der Fachoption[35], wie ich sie oben schon nachgewiesen habe. Aber fast wie bei Roth werden Mädchen und schwache Schüler in eine Gruppe gesteckt: »Abgelehnt wird der Geschichtsunterricht vor allem von Schülern, denen eine mindere Begabung zugesprochen wird bzw. von ...Mädchen«[36]. Leider ist dabei nicht, wie ich das »nachgeholt« habe, die notenmäßige Schlechterstellung von Mädchen statistisch erfaßt. Dennoch ist der Feststellung zuzustimmen und bezüglich patriarchaler Grundstrukturen weiterzudenken: »Der Geschichtsunterricht ist, so wie er erteilt wird, nur für die von der Gesellschaft bevorzugten Schüler von Bedeutung und Interesse«[37]. Das konnte drei Jahre später noch schärfer formuliert werden, den Aspekt der Geschlechter fokussierend: »Die gesellschaftlichen Bedingungen, zu denen insbesondere auch die geschlechtsspezifischen Rollenerwartungen (also die Überzeugungen über das Wesen der Frau) gehören, regen Mädchen weniger an, Kenntnisse und Interessen für das Fach Geschichte zu erwerben«[38], Veränderungen der Bücher, Inhalte und Methoden haben hier u.U. erste Verbesserungen gebracht. Auch wenn in meiner Untersuchung Mädchen immer noch weniger generelles Interesse an Geschichte zeigen als Jungen, würden sie es weniger gern abschaffen, obwohl sie nicht so sehr an der (ja auch eher durchschnittlichen) Note interessiert sind[39]! Die folgenden Daten spiegeln, unter Vernachlässigung von »Missings« (weit unter 1%), Pretest und Hauptuntersuchung in Prozent.

	abschaffen		**Interesse**		**wegen Note lernen**	
	Mädchen	**Jungen**	**Mädchen**	**Jungen**	**Mädchen**	**Jungen**
volle Zustimmung	9	7	10	21	14	11
Zustimmung	10	9	40	39	26	20
unentschlossen	24	20	22	20	24	24
Ablehnung	32	30	18	13	24	28
volle Ablehnung	25	34	10	7	12	17

Die Hoffnung vor allem der Mädchen, so würde ich schon hier behaupten, daß andere Inhalte und Methoden das Fach doch interessant machen können, basiert auf einer Fülle von Themengebieten, die sie bisher interessiert haben, aber auch auf dem großen Wunsch nach Umweltgeschichte (81%; Jungen:66%). Interessant ist in diesem Zusammenhang auch, daß bei ihrer Stoffwahl mit 51,3% »Geschichte der Emanzipation« als weiterer, bisher nicht behandelter Stoff schon an dritter Stelle rangiert, hinter »Geschichte anderer Kulturen« (58%)[40]. Das ist nicht der Wunsch nach Behandlung des ›Fremden‹, wie bei Roth oder Küppers dargestellt, sondern der nach Lebensbezug!

3.2. Stoffoptionen

3.2.1 Skalierte, vorgegebene Themen

Damit ist schon die Notwendigkeit erwiesen, zu den Inhaltsoptionen überzugehen. Dazu habe ich zum einen eine Matrix von Hug für Lehrerinnen und Lehrer benutzt[41], zum anderen offene Antworten gefordert. Veränderungen in der Schwerpunktsetzung von Lehrenden im historischen Vergleich sind zu ermitteln. Hier ist zudem auch ein Vergleich mit den Interessen der Lernenden zu erreichen, über die gleichlautende Frage in deren Bogen. Im LehrerInnen- und SchülerInnenbogen sind Vorlieben für einzelne Themenbereiche jeweils mit einer 5er Skala ankreuzbar. Hinzugefügt habe ich im SchülerInnenbogen »Umweltgeschichte«. Es wird eine Rangfolge erstellt, prozentual gewichtet.

Hier möchte ich nun die einzelnen Optionen präsentieren und dabei bemerkenswerte Unterschiede bezüglich Geschlecht und Schulform festhalten. Die Replikation bezogen auf die Lehrenden mit Hugs Ergebnissen, kann erst später erfolgen.

Die wichtigsten Bereiche häufiger Nennungen präsentiere ich der Anschaulichkeit halber als Grafik.

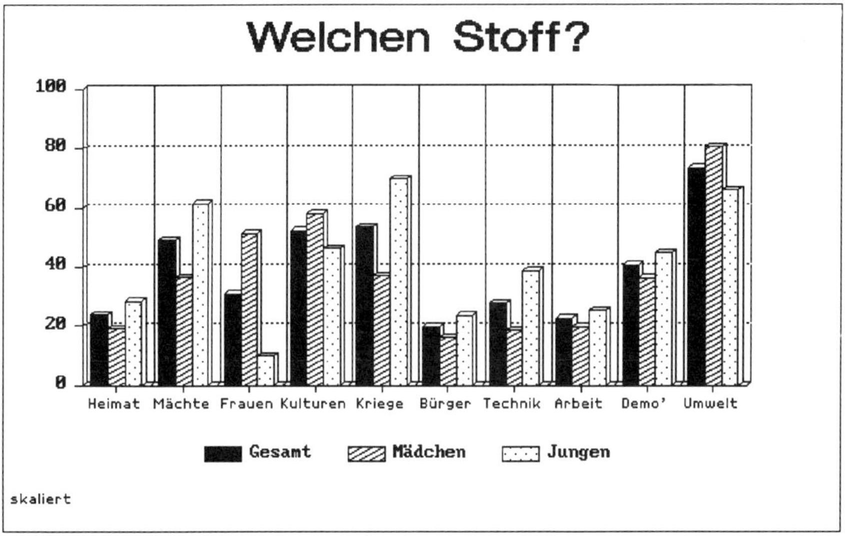

Mädchen und Jungen finden Umweltgeschichte besonders interessant (73%, wenn man, wie ab hier geschehen wird, »sehr stark« und »stark« interessiert zusammenzieht). Es folgen Kriege (53%)[42] und die Geschichte fremder Kulturen (52%)[43], Bereiche, die in älteren Studien ebenfalls weit vorn rangierten[44]. Noch erstaunlich stark ist das Interesse an der Geschichte von Groß- und Weltmächten (49%). Ob es sich dabei um die Kategorie Haupt- und Staatsaktionen handelt, von der Geschichtsdidaktik heute zurecht abgelehnt[45], möchte ich bezweifeln. Die verbal geäußerten Stoffwünsche zeigen vielmehr, daß es sich z.B. um Binnengeschichte der genannten Großmächte handelt, speziell die der USA, häufig auf Indianer oder den US-Bürgerkrieg eingeschränkt. Demokratieentwicklung (41%) und Emanzipation der Frau (31%) folgen. Industriegesellschaft (28%), Heimatgeschichte (23,9%), Arbeiterbewegung (23%) und Geschichte der Stadt und des Bürgertums (20%) bekommen weniger positive Nennungen als »kaum« und »gar nicht«.

Die geschlechtsspezifischen Schwerpunktsetzungen treten deutlich hervor. Lediglich bei den eher unbeliebten Inhalten gibt es kaum Unterschiede. Der Umfang der Zustimmung zu bestimmten Themen zeigt, vergleicht man fiktive Rangfolgeplätze, daß die Mädchen weniger häufig zustimmen. Eine Ausnahme bildet Rangplatz 1, Umwelt mit 81%. Der 1. Rangplatz bei Jungen, Kriege, erhält nur 70%. Dafür sind bei den Jungen die weiteren Nennungen öfter angekreuzt worden. Das läßt sich tabellarisch besser erfassen.

Platz	**Mädchenwahl**		**Jungenwahl**	
1	Umwelt	81%	Kriege	70%
2	andere Kulturen	58%	Umwelt	66%
3	Emanzipation	50%	Großmächte	61%
4	Kriege	37%	andere Kulturen	46%
	. . . und als letzte Plätze:			
9	Technik	19%	Bürgertum	24%
10	Bürgertum	16%	Emanzipation	10%

Vermutungen über Ursachen unterschiedlichen Beliebtheitsgrades von Geschichte (als Fach) können hier erhärtet werden.

Das aktuelle und durchaus mit persönlicher Betroffenheit besetzte Thema Umwelt interessiert sehr stark. Emanzipation ist für Mädchen sehr wichtig, bei den dieses Thema wählenden Jungen handelt es sich überwiegend um Gymnasiasten. Ich denke, der Aspekt des »Mitredenkönnens« ist hier der Schlüssel. Das gilt übrigens wohl gleichermaßen für die Schülerinnen vor allem im Hauptschulbereich, die Kriege ja immerhin mit mehr als einem Drittel behandelt wissen wollen. »Andere Kulturen« wurden schon immer stark angewählt. Hier zeigt die relative Nähe von Mädchen und Jungen zumindest in der Themenrangfolge, daß frühere Interpretationen bezüglich Jungen und ihrer Kulturferne überprüft werden müßten[46]. Ohne eine Koedukationsdebatte beginnen zu wollen: Es ist offenbar, daß sich die Interessengebiete von Mädchen und Jungen bezüglich Geschichte nicht mehr so grundlegend trennen lassen, wie zur Zeit separater Erziehung. Das gemeinsame Miteinanderreden und Erarbeiten von Sachverhalten eröffnet vielleicht schon unterschiedliche Perspektiven. Lehrerinnen und Lehrer gehen auf unterschiedliche Vorstellungen ein, können sich nicht an einseitigen Setzungen für ein Geschlecht orientieren, wenn sie ansprechend unterrichten wollen.

Schulformeffekte sind ebenfalls zu verzeichnen. Sie lassen sich wieder sehr gut in einer kontrastierenden Grafik präsentieren.

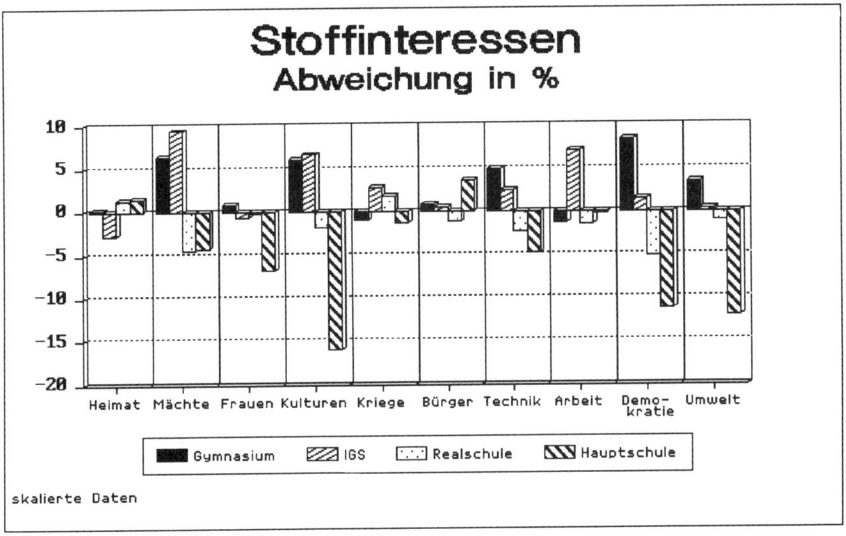

Vergleicht man die Unterschiede bei den Schulformen, fällt auf, daß in IGS und Gymnasium (Gy) offenbar mehr Interesse artikuliert wird, Realschule (R) und Hauptschule (H) in fast allen Bereichen unter dem Schnitt liegen. Heimatgeschichte bei beiden, Kriege im Realschul- und Bürgertum in Hauptschulbereich bilden die Ausnahme. Besonders gering ist das Interesse an »Groß- und Weltmächten«, sowie »Entwicklung der Demokratie« (Theorielastigkeit des Unterrichts, Schaubilder etc.?). Dieser Bereich bekommt seinen Gesamtwert durch besonders starkes Interesse im Gymnasium. Daß »fremde Kulturen« und »Umwelt« in der Hauptschule so selten angewählt werden, ist erstaunlich, zeigt aber erneut, daß mit alten Theorieansätzen wie ›Interesse am Abenteuerlichen und Praktischen bei Volksschülern‹[47] nicht mehr argumentiert werden darf. Es könnte allerdings auch bedeuten, daß der gesamte Frageimpuls hier eine Überforderung darstellt. Schließlich müssen historische Einzelheiten Großgebieten zugeordnet werden, die zudem noch recht fremd klingende Namen tragen. Nachfragen während der Untersuchung nach »Emanzipation« und »Stadt und Bürgertum« waren häufig. Hier gegebene Antworten fehlen jenen, die nicht fragten und dann vielleicht eher Desinteresse ankreuzen. Daß dies im Hauptschulbereich so geschehen sein mag, ist nicht auszuschließen. Die Erklärung überall zu geben, verbot sich vor allem aus Zeitgründen.

Besonders herausragende Bereiche in Integrierter Gesamtschule und Gymnasium sind »Groß- und Weltmächte«, dabei vor allem ›USA-Geschichte‹. Dazu kommen, mit Material aus dem verbalen Teil reich illustrierbar, »fremde Kulturen« und die ›Arbeiterbewegung‹ in der Integrierten Gesamtschule, sowie »Entwicklung der Demokratie« im Gymnasium. Umweltgeschichte bekommt offenbar wie Technik hohe Werte vor allem aus dem Gymnasium[48].

Was zeigt das? Offenbar gelingt es in IGS und Gymnasium eher, für Inhalte des Fachs zu motivieren. Zusammenhänge mit Methoden, lassen sich u.U. aus den von Schülerinnen und Schülern geäußerten Wünschen und der Frage »Vorbereitung eines Referats« ableiten, das Repertoire von Zugangsmöglichkeiten wird in diesem Bereich entfaltet. Erste Schätzungen zeigen, daß geringeres Interesse herrscht, wenn methodische Kompetenz zum Selbsterarbeiten auf Seiten der SchülerInnen unterentwickelt ist. Daß die Art der äußeren Organisation des Faches[49] hier keine Rolle spielt, scheint erwiesen, denn in diesem Punkt sind Gymnasium und IGS grundsätzlich unterschiedlich[50].

Wie beim grundsätzlichen Interesse am Fach weisen auch die Einzelbereiche höhere Werte aus, wenn eine bessere Note den Hintergrund der Meinungsäußerung bildet, wobei sich deutlich auch die Disproportion der Geschlechter in den einzelnen Bereichen spiegelt. Eine aus diesem Trend fallende Auffälligkeit zeigen jene, die die Note 4 haben: »Emanzipation der Frau« erzielt den höchsten Wert, obwohl alle anderen Stoffe trendgerecht unter dem Mittel liegen. Neben der Erklärung, daß 60% Mädchen diese Teilgruppe bilden kann sicher auch die Hoffnung auf etwas ganz anderes Ursache sein.

Erstaunlich ist das geringe Ausmaß der Wünsche nach dem Themenbereich ›Emanzipation‹ in der IGS, obwohl gerade hier die Kolleginnen vehemente Kritik am Fragebogen äußerten, es seien Frauen bei den Bildern nicht repräsentiert. »Andere Kulturen« aber auch das kaum erwartete »Groß- und Weltmächte« sind den IGS-SchülerInnen wichtig. Ein schon an anderen Stellen geäußerter Verdacht erhärtet sich: Stoff, der behandelt wurde, verliert an Reiz, Unbekanntes interessiert zunächst mehr! Pädagogisch gesehen wäre das ein sehr befriedigender Befund, da dies doch wohl intrinsische Motivation zum Lernen ausdrückt!

3.2.2 Offene Fragen

Um die Inhaltswünsche näher beschreiben zu können, wurden offene Antworten in Stichpunkten verlangt zu

I. Was würdest Du gern in Geschichte lernen?«
II. Was hat Dich im Geschichtsunterricht bisher am meisten interessiert?

Bei diesen Fragen nach Stoffoptionen wurde nicht begrenzt, wieviele Stichworte gegeben werden sollten. Zu I wurden 3.517, zu II 3.332 Themenstichworte genannt. Schon im Pretest stellte sich heraus, daß nur sehr wenige (unter 1%) mehr als drei Gebiete aufzählten. Überhaupt keine Nennungen gaben 14% ab, eine 87%, zwei 50%, drei boten nur noch 12% bezogen auf allgemeine Optionen. Beim bisher behandelten Stoff nannten 14% »nichts« interessant, 86% fanden ein Gebiet erwähnenswert. Zwei Gebiete nannten immerhin 49%, drei nur noch 22%. Da die beiden letzten Zahlen höher sind, als bei den allgemeinen Wünschen, kann festgestellt werden, es wird durchaus ansprechender Stoff vermittelt.

Bei der Auswertung habe ich nun nicht die Gesamtzahl möglicher Nennungen (also 3n) zugrundegelegt, da dann Nichtnennungen nahezu die Hälfte ausmachen[51]. Ich gehe vielmehr von der Zahl der Nennungen aus, was reale Interessen veranschaulichen läßt.

Es wurden dann 51 Kategorien gebildet, die wiederum zu zehn Großgruppen zusammengefaßt werden konnten. Dabei sind fachsystematische Begriffe zugrundegelegt. Herausragende Einzelwerte sind gesondert ausgewiesen, dasselbe gilt für Schnittmengen, die je Ordnungskriterium anderen Bereichen zugeordnet werden könnten.[52]

Die einzelnen Großgruppen sind in weiteren Schritten zu Dummyvariablen umgestaltet, welche dann auch die Nichtnennungen berücksichtigen lassen. Hier geht es zunächst um explizit geäußerte Wünsche.

Die Blöcke beinhalten:

I. *»Deutschland«*: Germanen, Mittelalter, Deutschland allgemein, Heimat, Deutsches Reich, Nachkriegsdeutschland, Weimarer Republik, NS-Zeit, Verfolgung im NS, Hitler.

II. *»Alltagsleben«*: Lebensumstände, Wirtschaft, Denken, Kultur allgemein, Sport, Mode, Musik/Tanz.

III. *»Die Welt ab 1492«*: Neuzeit allgemein, Entdeckungen, Franz. Revolution, Franz. Herrscher, USA, andere Länder und Kulturen, andere Kontinente, Europa, Weltmächte.

IV. *»Kriege«*: Kriege allgemein, Weltkriege, 1. Weltkrieg, 2. Weltkrieg, Kriegsursachen, Gegenwartskriege, Kolonialkriege, Dreißigjähriger Krieg.

V. *»Frühe Kulturen«*: Erdgeschichte, Archäologie, Menschwerdung, Steinzeit, Hochkulturen, Ägypten.

VI. *»Politik«*: für heute Wichtiges, Aktuelles.

VII. *»Sonstiges«*: Herrschaft und Unterdrückung, Kirchen-, Rechtsgeschichte, Überblick, alles.

VIII. *»Soziale Bewegungen«*: Umwelt-, Frauen- , Arbeiterbewegung.

IX. »*Technik*«: Industrialisierung[53], Technikgeschichte, Technikentwicklung incl. Verkehr.
X. »*Antike*«: Antike allgemein, antike Kultur, Griechenland, Rom.

Die folgende Tabellen zeigen zuerst die allgemeinen Stoffoptionen, dann die bisherigen Lieblingsstoffe, schließlich einen Vergleich besonders auffälliger Diskrepanzen. Kommentare beziehen sich auf die drei Teile.

	Wunschthema		**gern gehabt**		
	Platz	**Prozente**	**Platz**	**Prozente**	
I. Deutschland	1	18%	1	22%	
II. Alltagsleben	2	16%	7	3%	<<
III. Welt ab 1592	3	14%	2	19%	
IV. Kriege	4	13%	3	18%	
V. Frühe Kulturen	5	13%	4	15%	
VI. Politik	6	7%	10	2%	<<
VII. Sonstiges	7	6%	8	3%	
VIII. Soziale Bewegungen	8	5%	9	4%	
IX. Technik	9	4%	6	2%	
X. Antike	10	4%	5	12%	<<

Neben den Veränderungen ist insgesamt erstaunlich, daß die ersten fünf Bereiche beim Wunschthema dreiviertel, beim bisher gern gehabten Stoff sogar 86% der Nennungen abdecken. Bis auf den ›Einbruch‹ in Bereich »Alltagsleben«, der wohl direkt auf Vernachlässigung im Unterricht zurückgeführt werden muß, ergeben sich hier sehr einheitlich erscheinende Interessenlagen, die zumindest Bereiche ausschließen, die Didaktikern lieb und teuer aber auch von allgemeiner Wichtigkeit sind, z.T. von bestimmten Gruppen auch gewünscht werden. Die offenbarte Umweltoption bei den skalierten Werten findet hier keinen Niederschlag, ist zusammen mit Frauenbewegung bei 4% Wunschthema und nur knapp 1% unter bisher behandelten (!) Lieblingsthemen. Hier brechen sich gesellschaftlich notwendige Ansprüche an Schule, die auf Thematisierung drängen und verbal geäußerte Interessenlage der SchülerInnen offensichtlich.

Methodisch wichtig erscheint mir, daß die offenen Antworten hier den Effekt sozial erwünschter Antworten zurückdrängen, der, wie es scheint, bei vorgegebenen Optionen eher auftritt.

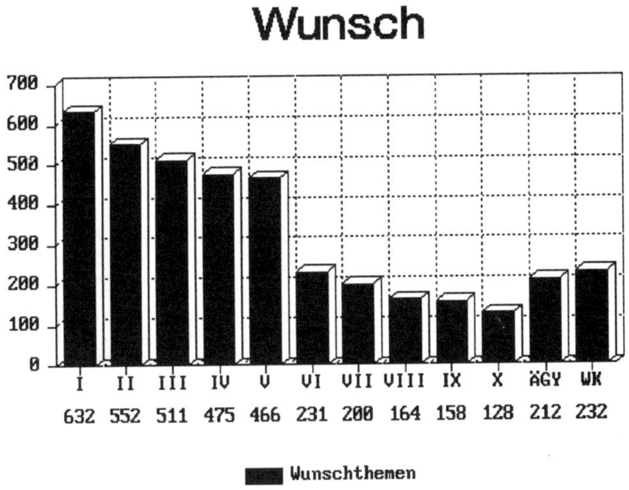

I Deutschland, II Alltagsleben, III Welt ab 1592, IV Kriege, V frühe Kulturen, VI Politik, VII Sonstiges, VIII Soziale Bewegungen, IX Technik, X Antike, ÄGY Ägypten, WK Weltkriege.

Zu 1: Beliebte Stoffgebiete, die neben die Gruppen gestellt wurden, erreichen z.T. höhere Prozentwerte als zusammengestellte Gruppen[54]. So wäre Ägypten mit 212 Nennungen (6%) auf Platz 7, die Weltkriege addiert sogar auf Platz 6 (232 Nennungen, 7%). Die kaum gewünschten »Persönlichkeiten« wurden im Bereich IX unter »Sonstiges« subsumiert. Nicht erfaßt sind dabei allerdings Hitler, Kolumbus, Ludwig XIV. und Napoleon, die in ihren Bereichen aufgehen. Rechnet man sie extra zusammen, ergibt sich für diesen früher so geschätzten Inhalt mit 120 Nennungen (knapp 4%) ein immer noch unwesentlicher Anteil.

Hier ist ein wesentliches Ergebnis bezogen auf ein Kernziel meiner Arbeit: Persönlichkeitsfixierung existiert nicht mehr! Auch wenn die Nennungen für bisher interessierenden Stoff mit 9% höher liegen, als beim freien Wunsch, was auf noch recht intensive Beschäftigung im Unterricht hindeutet, ist der Bereich marginal. Ob dennoch Persönlichkeiten besonderer Einfluß als Movens der Geschichte zugeschrieben wird, ist Bestandteil weiterer Auswertungen der Bögen. Dominanten Einfluß, soviel kann gesagt werden, haben Persönlichkeiten im Denken meiner Befragtengruppe nicht mehr. Einzelne Persönlichkeiten sind allerdings, das zeigt die Analyse des kognitiven Bereichs schon jetzt, bekannter, lösen Assoziationen aus[55]. Zumindest gibt es wohl kaum mehr das Motiv, das Roth und Küppers unterstellten, ›von den Taten dieser Männer lernen‹ zu wollen.

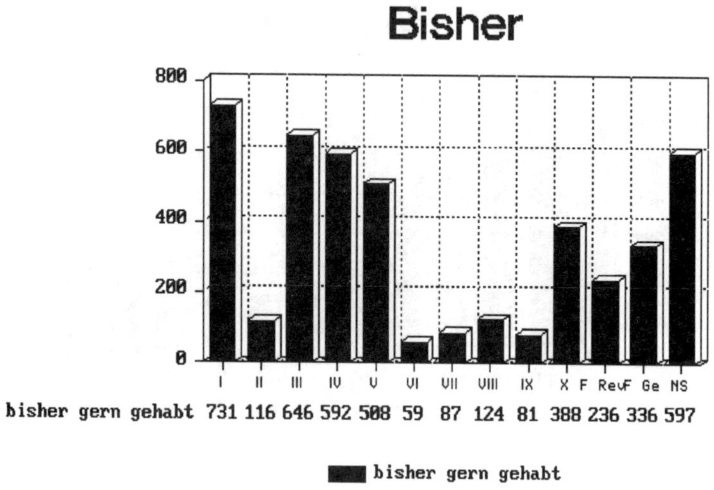

I Deutschland, II Alltagsleben, II Welt ab 1592, IV Kriege, V Frühe Kulturen, VI Politik, VII Sonstiges, VIII Soziale Bewegungen, IX Technik, X Antike, FRev Französische Revolution, FGe Französische Geschichte, NS NS-Zeit.

Zu 2: Hat der bisher behandelte Stoff gefallen? Welche Themen waren besonders interessant? Wie steht der Wunsch nach dem Thema dazu im Verhältnis? Diese zentralen Fragebereiche stellen sich Unterrichtende immer wieder. Meine Ergebnisse zeigen je Stoff durchaus unterschiedliche Antworten[56].

Teilbereiche haben ein sehr großes Gewicht. So zieht die Französische Revolution mehr Interesse auf sich, als die Bereiche Politik, Sonstiges (darunter: Persönlichkeiten!) und Soziale Bewegungen zusammen. Dies hat sicher auch mit der Schwerpunktsetzung des Unterrichts, sprich der Vernachlässigung dieser Bereiche zu tun. Französische Geschichte insgesamt liegt noch höher, hat mehr Nennungen als die eben genannten Bereiche *plus* Alltagsleben und Technik[57]!

Die einzelnen Vorlieben beim allgemeinen Stoffwunsch scheinen durchaus aus dem Unterricht zu stammen, sieht man sich die durchgängig hohen Werte von »Ägypten« an. Dagegen verblaßt offenbar der Wunsch, etwas über französische Herrscher zu arbeiten, obwohl dies sehr interessant war[58]. Vorlieben für Stoffe, die noch nicht behandelt wurden, ergeben sich vielleicht aus Unterrichtsspuren in Pausen- oder Busgesprächen, im Austausch mit älteren Geschwistern oder Freunden. Diese Kommunikation wird m.E. zuwenig beachtet[59], wirkt aber sehr direkt, da im Unterschied zu Regelunterricht recht affektiv berichtet und entsprechend nachgefragt wird. Hier erhoffe ich Antworten aus Fragestellungen zu Infoquellen, vor allem aber der Frage nach Vorbereitung eines Referats.

Zu 3: Vergleicht man die beiden Listen, ergeben sich drei Gruppen:

- Den Wünschen wurde nicht im gewünschten Maße entsprochen: Alltagsleben, Politik, Sonstiges[60];
- Erfüllung führt dazu, daß zwar positive Erinnerung bleibt, aber der Stoff nicht weiter gewünscht wird: Antike, z.T. Deutschland und Kriege; bei den Teilbereichen bes. stark: Französische Revolution, Französische Herrscher, Römisches Reich, z.T. auch Steinzeit;
- dauerhafte Interessen bestehen bei Detailthemen: USA, Ägypten, z.T. Technik.

Auch hier muß der Effekt berücksichtigt werden, daß manche Themen eben noch nicht behandelt wurden, von daher offenbar mehr Spannung ausstrahlen. Andererseits sind Nennungen auch auf den gerade behandelten Stoff bezogen.

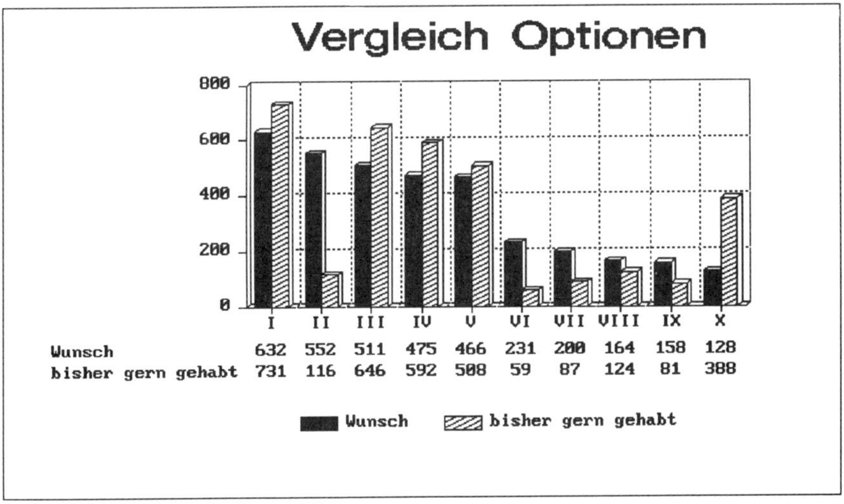

Nimmt man Teilbereiche heraus, werden unterschiedliche Schwerpunkte noch deutlicher. So war offenbar das 3. Reich mit Abstand interessantestes, bisher behandeltes Einzelthema mit 597 (18%) Nennungen[61]. Hier ist zudem zu berücksichtigen, daß ein Drittel der Befragten den Stoff noch gar nicht hatte. Diese zeigen noch mehr Interesse, was meine Vermutung verstärkt, daß die NS-Zeit interessant dargestellt wird und Gespräche unter den SchülerInnen dies transportieren. Mehr erfahren zu wollen, also tiefer zu gehen, erscheint allerdings weniger wichtig. Lediglich ›vernachlässigte‹ Details zu Hitler, Krieg und dem Widerstand werden in Stichwort-Antworten gefordert. Um Ideen zum Zusammenhang von Lernen, Weitererzählen und gleichzeitigem Ablagern zu fundieren, wird es nötig sein, das Material auch einer Mikroanalyse bezogen auf einzelne Klassen zu unterziehen.

4 Zwischenresümee

Empirische Arbeiten werden gefordert, sie sind offenbar auch mit beschränkten Mitteln im Rahmen eines gewissen Anspruchs möglich. Die Bedingungen müssen dabei genau reflektiert und dargestellt werden, um die Ergebnisse verstehen und in die bisherige Diskussion einordnen zu können. Hier war für mich wesentlich, daß ein Schulformvergleich auf Basis gleicher Lehrpläne durchgeführt wird. Die äußere Organisation des Faches spielt in meinem Untersuchungsgebiet für »Interesse« keine Rolle!

Die Schulformen und das Geschlecht spielen bei den Noten eine Rolle. Mädchen bekommen weniger Spitzennoten. Im Gymnasium sind schlechte Noten selten, »sehr gut« gibt es hier häufiger als in allen anderen Schulen. Die Realschule liegt mit ihren Werten näher an Hauptschulen, die IGS näher am Gymnasium.

Es ist nicht davon auszugehen, daß das Fach jemals allen gefallen wird. Dennoch sind pessimistische Aussagen nicht angebracht: Eine große Mehrheit der SchülerInnen will das Fach behalten und findet Geschichte interessant! Dabei gibt es bei den Interressenbekundungen kaum Unterschiede der Schulformen, beim Abschaffen des Faches käme am wenigsten, aber noch sehr starke Gegenwehr aus der Hauptschule.

Es kommt offenbar auch auf die Inhalte an, wobei Schülerinnen und Schüler auch Themen nennen, die in der didaktischen Diskussion nach langen Auseinandersetzungen zurückgedrängt wurden[62]. Themenvorlieben von Didaktik und Unterrichtenden etwa aus dem Bereich Sozial- und Wirtschaftsgeschichte finden offenbar nur im Bereich Alltagsgeschichte Anklang. Konsequenz eines schülerinnen- und schülerorientierten Vorgehens sollte das multiperspektivische Herangehen sein.

Vor allem Umweltgeschichte interessiert heute beide Geschlechter. Mädchen zeigen besonderes Interesse an Themen, die Geschichtsunterricht noch nicht oder nur wenig behandelt. Jungen finden ihre Themen hier eher wieder. Betrachtet man diese eher willkürliche Setzung zugunsten der Jungen, so ist es um so notwendiger, den von Mädchen gewünschten Bereich »Frauengeschichte« verbindlich aufzunehmen, die Geschichte aus dieser Perspektive anzugehen.

Anmerkungen

1 Vgl. zuletzt das Vorwort zu »Geschichtsbewußtsein empirisch«, v. Borries, Pandel, Rüsen (Hrsg.) Pfaffenweiler 1991.

2 Vgl. dazu J. Mirow: »Geschichtsbewußtsein durch Geschichtsunterricht?, in: ebenda.

3 Dies ist bes. wichtig für die Geschlechterfrage, vgl. dazu z.B. Bettina Hannover: »Spontanes Selbstkonzept und Pubertät«, in: BuE 45 (1992), S. 31-46.

4 Eine Angleichung der Schulzweige in den additiven Gesamtschulen (AGS) an traditionelle Schulformen ist inhaltlich durch gleiche Abschlußverordnungen gerechtfertigt. Formal beste-

hen zudem Hauptschulen nur noch sehr selten separat, meist im Verbund mit Realschulen oder eben als Zweig einer Gesamtschule.

5 Eine Darstellung der Sozialdaten würde zu weit führen, auf eine kartenmäßige Darstellung mußte aus Platzgründen verzichtet werden. Die Entfernung von Kassel, dem Oberzentrum der Region, betrug bis zu 120 km.

6 Es gibt Schulformvergleiche in der jüngeren Literatur, z.B. v. Borries, Lehmann, Dähn: »Geschichtsbewußtsein Hamburger Schülerinnen und Schüler 1988«, in Geschichtsbewußtsein empirisch, a.a.O.; dazu auch Nachfolgeveröffentlichungen.

7 Sie hat mit einer AGS im Norden vergleichbaren Strukturmerkmalen wie Jahrgangsbreite, Einzugsbebiet, z.T. aus der Großstadt einpendelnde Lehrkräfte.

8 Leider wurden nur zwei Klassen zur Verfügung gestellt (n=46), was andererseits die Proportionen wahren half.

9 Auf eine nähere Benennung wird auf Wunsch der Schule verzichtet.

10 Dies ist insgesamt nur dreimal aus formalen Gründen geschehen.

11 Ob dies mit Qualität zusammenhängt, ist noch nicht geklärt. Immerhin ist die Nähe dieser Schulformen auch bei anderen Untersuchungsgesichtspunkten aufgefallen (vgl. unten).

12 Dergleichen läßt sich aus Anmerkungen im Untersuchungsprotokoll zum Befragungsklima, zu Gesprächsinhalten am Ende der Befragung ablesen.

13 Es wurden ca. 400 Bögen an FachkollegInnen verteilt, auf Fortbildungsveranstaltungen, am Ende einer Befragung in den Schulen der Untersuchung und schließlich über alle Studienseminare an die Ausbildungsschulen. Der Rücklauf von mehr als 100 Bögen ist noch nicht ausgewertet. Meine Gesprächsnotizen werden hier hinzuzuziehen sein.

14 Vgl. z.B. die Zusammenfassung bei W. Bergmann: »Die Reaktionen auf den Holocaust in Westdeutschland von 1945 bis 1989«, in:GWU 1992, S. 327-350.

15 Dabei ist zu bemerken, daß ein Viertel meines Samples in Geschichte am Ende der 10 noch nicht bei den Präsidialkabinetten ›angekommen‹ war, also den Stoff zumindest nicht im historischen Rahmen lernen werden (es sei denn in der Oberstufe/Berufsschule)!

16 Vgl. auch v. Borries: »Unkenntnis des Nationalsozialismus – Versagen des Geschichtsunterrichts?«, in: Gd 2 (1980), S. 109-126.

17 Einige Nennungen im Bereich der Methodenwünsche deuten den starken Einfluß dieser Projektwochen oder -tage an, wenn z.B. »selber etwas Herstellen« oder »Arbeiten und ein Ergebnis vorführen« genannt werden, was im zweistündigen Geschichtsunterricht doch eher Illusion ist.

18 In Gymnasien werden 81% des Unterrichts so erteilt, 14% allerdings integriert(!), nur 5% in Verbindung mit einem anderen Fach.

19 Die Klassenführung ist dann oft noch mit einem weiteren Fach verbunden.

20 Durch Einsicht in fast 80% der Klassenbücher, Gespräche mit SchülerInnen und LehrerInnen konnte dieser Trend ermittelt werden. Es zeigte sich allerdings auch, daß häufig z.B. Geschichte und Deutsch von einer Lehrkraft unterricht wird, hier inhaltliche Vernetzungen stattfinden. In einer Schule wird Geschichte sogar z.T. bilingual mit Französisch gekoppelt!

21 Vgl. dazu den Abriß der Forschungsgeschichte z.B. bei Rüsen et al. in: »Geschichtsbewußtsein empirisch«, a.a.O.,hier S. 246ff.

22 Vgl. z.B. für den Alterseinfluß G. Seelig: »Beliebtheit von Schulfächern«, Weinheim 1968, S. 257, für den des Geschlechts W. Küppers: »Zur Psychologie des Geschichtsunterrichts«, Bern-Stuttgart 1961, S. 93 (übrigens mit dem Untersuchungsfeld Kassel).

23 H. Müller:»Zur Effektivität des Geschichtsunterrichts«, Stuttgart 1972, S. 60f.

24 mündliche Erläuterung: ». . . Bedenkt bitte, daß bei voller Zustimmung u.U. Mathe oder Englisch die freigewordenen Stunden bekommen; 2 und 4 anzukreuzen heißt: Ihr wollt die Bedingungen diskutieren!«

25 Mittelwert: 3,072 Varianz 1,579 ; eine flache, leicht in Richung Ablehnung hin verschobene Kurve.

26 Die Angabe erfolgt in % ohne die Ausfälle, die aber weit unter 1% liegen.

27 Das könnte – schulisch gedacht – schlicht bedeuten: Trotz Desinteresse muß gelernt werden, weil sonst Sitzenbleiben droht. Diese Gruppe ist sehr klein (n=35), die mit 1 sind immerhin 114. Durch T-Test wurde allerdings die Validität bestätigt.

28 Während jene mit schlechteren Noten nicht gleich zu Kategorie 1 = ›auf jeden Fall abschaffen‹, sondern eher zu 2 = ›Abschaffen positiv diskutieren‹ neigen – Ausdruck des Wunsches verschiedene ›abschaffungswürdige‹ Fächer zu vergleichen? – ,steigt der Rigorismus mit besserer Note, allerdings wird auch der Gesamtanteil der Abschaffungswilligen geringer.

29 So wurden vor allem Rangfolgen der Fächer erstellt, die Geschichte einen mittleren Platz zuwiesen (z.B.: Küppers, Seelig, Filser, Marienfeld, Urban).

30 Vgl. zu ähnlichen Ergebnissen: Marienfeld in Filser.

31 Mittelwerte, durch T-Test abgesichert.

32 Eine interessante Ausnahmen: Bei der IGS hat die volle Ablehnung beim Statement »Abschaffen« den höchsten Wert.

33 Bei der Hauptschule liegt der höchste Wert für des Statements »Abschaffen« bei der Kategorie 3=»unentschlossen«! Das drückt allerdings eher Unsicherheit aus.

34 Für die Bundesrepublik verbindet z.B. Roth dieses »Desinteresse« mit seinem Plädoyer für personalisierend-narrativen Unterricht. Aber selbst Lehmann/Mirow (in: Geschichtsbewußtsein empirisch) stellen fest: »An erster Stelle steht das Geschlecht« (S. 116).

35 Hans Müller:»Zur Effektivität des Geschichtsunterrichts, Stuttgart 1972, hier S. 60f.

36 Ebenda, S. 61. Im nächsten Satz grenzt er sich allerdings von Roths Schlußfolgerung »Personalisierung« ab, sieht mangelndes Interesse in schlechten Noten begründet. Ja er bringt sogar den Nachweis: »Ausgerechnet jene Schüler, die sich entsprechend den Vorstellungen der Geschichtsdidaktiker <jener Zeit> äußerten und spannende Geschichte bevorzugten, hatten am Geschichtsunterricht am wenigsten Interesse.« (ebenda, S. 62).

37 Ebenda, S. 61

38 B. v. Borries: »Frauen in Schulgeschichtsbüchern«, in:WPB 27 (1975), S. 601-618, hier S. 612; Er sieht *einen* Hebel zur Veränderung in anderer Schwerpunktsetzung bei den Unterrichtsinhalten und Büchern, was dann auch zum Schwerpunkt der Gruppe um die Zeitschrift »Geschichtsdidaktik« wurde.

39 Was nicht unbedingt mit dem Befund Anwanders zu tun haben muß, aber kann: »Schülerinnen beurteilen der Tendenz nach den Nutzen von Geschichte und Geschichtsunterricht besser als Schüler.« (»Geschichtliches Interesse und politische Bildung Jugendlicher«, München 1974, hier S. 121)

40 Vgl. genauer bei »Stoffoption«; Jungen nennen Geschichte der Emanzipation mit nur 10%.

41 W. Hug: »Geschichtsunterricht in der Praxis der Sekundarstufe I, Frankfurt/M. 1977 (Erste Ergebnisse wurden im Rahmen der Nürnberger Tagung zur Gechichtsdidaktik veröffentlicht. Es geht um verschiedene Stoffgebiete, die gleich im Auswertungsteil gelistet sind. Im LehrerInnenbogen ist diese Erweiterung nicht existent, da ich hier eine reale Replikation anstrebe.

42 Dies war bei den Lehrenden in Hugs Umfrage mit 6% marginal, dürfte heute nicht anders sein: Also Interesse trotz geringen Unterrichtsanteils – oder deswegen?

43 Bei Hug 11%.

44 Vgl. schon Roth, Küppers etc.

45 Bei Hugs LehrerInnen ergaben sich stattliche 47%.

46 Dabei könnten »andere Kulturen« ja durchaus auch, zumal in jener psychologischen Denkstruktur der 50er Jahre argumentierend, als abenteuerlich für Jungen erscheinen, es sich also bei dem Kernbegriff »Kultur« um ein mißverstehbares Lexem handeln.

47 So wird es bei Roth, Küppers, Gehrke etc. immer wieder behauptet, vielleicht damals ja zutreffend.

48 Ob die mit Zuschreibung eigener Handlungsperspektiven zu tun hat, wird über weitere Fragenbereiche zu messen versucht.

49 Geschichte eigenständig, mit anderem Fach der Gesellschaftslehre in einer Hand, oder als Gesellschaftslehre (Gl) im Plan.

50 In IGS *nur* Gl, im Gymnasium fast nur eigenständige Geschichte. Zu bedenken ist allerdings die häufige Vernetzung mit anderen Fächern, so Deutsch oder gar bilingualer Geschichtsunterricht in einem der untersuchten Gymnasien.

51 Bei I: 47,3%, bei II 47,5%.

52 Detailanalysen sind im einzelnen leistbar und im Anhang der Dissertation abgedruckt, da beim Gruppierungsprozeß die speziellen Nennungen nicht verloren gingen. Sie werden zur Typenbildung hergezogen.

53 Hier wird nicht der komplexe Begriff »Industrielle Revolution« verwendet, vielmehr bewußt »Industralisierung« benutzt, mit »take-off« etc., weil er so in den Antworten auftaucht.

54 Vgl. Anmerkung 52: Die Gruppierungen sind inhaltlich gestaltet, fassen zugleich bei einem der beiden Komplexe auch große Prozentanteile zusammen.

55 Zur Person Hitlers müßten hier längere Ausführungen eingeschoben werden, die die Rolle einer kollektiven Entschuldung ebenso berücksichtigen, wie die Frage der Informationsquellen.

56 Schulform und Geschlechtervergleich folgen.

57 Der Bereich »Alltagsleben« wären in der didaktischen Setzung schon deshalb weiter auszubauen, weil er ja als Wunsch an 2. Stelle rangiert, nur eben offenbar nicht eingelöst wird. Daß die französische Geschichte so stark vertreten ist, liegt z.T. auch an den 9.Klassen, die hier gerade Unterricht hatten.

58 Nur neun SchülerInnen nennen dieses Thema als »Wunsch», aber 100, also fast 3%, fanden es spannend.

59 Sicher weist schon Roth (Kind und Geschichte, München 1954) darauf hin, daß Kinder und Jugendliche sich mit Zeitreihen beschäftigen (S. 60), zeitgeschichtliche Überreste sammeln und ordnen (S. 79), dies zum gegenseitigen Austausch und damit zu angeflogenem Zeitbewußtsein führt, dennoch wird dieser Bereich nicht wirklich erforscht. In meinem Pretest wurde die Frage nach der Rolle von »Geschichtswerkstätten« so selten verstanden, selbst nach Erklärungen, daß sie in der Hauptuntersuchung unter »Sonstiges« subsumiert werden mußte.

60 Hier sind Napoleon und Ludwig XIV. oft genannt.

61 Der Bereich ist gebildet als Schnittmenge der Großbereiche aus: 2.Weltkrieg, NS-Zeit, Verfolgung im NS und Hitler.

62 Die Hess. Verfassung bezieht sogar explizit Stellung gegen die Behandlung von Kriegen und Feldherren (Art. 56, 4).

Historische (Re-)Konstruktion, moralisches Urteil und bemerkter Wandel

Zum Zusammenhang von Gegenwartswahrnehmungen und Vergangenheitsvorstellungen in einer Pilotierung 1991

*Bodo von Borries**

Über historische Sozialisationsprozesse liegen in der Bundesrepublik nur verhältnismäßig wenige empirische Untersuchungen vor; schon deshalb verbietet sich ein genereller Überblick über den Forschungsstand. Besonderes Interesse verdienen die Entwicklungslogik des Geschichtsbewußtseins sowie das Verhältnis zwischen kognitiven, motivationalen, moralischen und affektiven Komponenten beim Geschichtslernen. Eine große Untersuchung mittels eines geschlossenen Fragebogens an fast 2.000 Befragten aus 6., 9. und 12. Schuljahren in Ost- und Westdeutschland 1990 ist hier nur zu erwähnen (vgl. v. Borries 1992). Einige wichtige Ergebnisse sind:

1. Motivationale, kognitive, moralische und emotionale Reaktionen lassen sich als vier Dimensionen identifizieren und einigermaßen getrennt messen.
2. Kognitive Unterschiede werden weitgehend durch Alter, Schulform und Fachnote erklärt, moralische zu einem erheblichen Teil durch Geschlecht, Parteipräferenz und Gegenwartseinstellungen. Motivationale und emotionale Differenzen sind im wesentlichen von den Sozialdaten unabhängig. Motivation und Wissen korrelieren nur schwach.
3. Das herausragende Ergebnis des gesamten (schulischen und außerschulischen) historischen Lernprozesses scheint eine »Grundwerteorientierung« zu sein, d.h. die Internalisierung von »Menschen- und Bürgerrechten«. Diese wird jedoch wahrscheinlich weniger an geschichtlichen Gegenständen gelernt als unmittelbar aus den obersten Normen der Gesellschaft übernommen und auf vergangene Konflikte angewandt.
4. Eine historische Rekonstruktion abweichender zeitgenössischer Handlungsbedingungen und -logiken findet kaum statt. Gegenwartsbezogene Moralurteile ersetzen geschichtliche Analysen; Fremdverstehen bleibt auf der Strecke.
5. Besonders unklar und inkonsistent sind die Befunde zu Genese, Entwicklung, Wandel und Fortschritt. Wahrscheinlich sind die Lernergebnisse der Befragten selbst hier vage und unreflektiert.
6. Die Unterschiede zwischen Ost- und Westdeutschland sind auf der Oberfläche (Erscheinungsebene) beträchtlich, in einer Zwischenschicht (Skalen) gering und in der Tiefendimension (Strukturen) nicht nachweisbar. Das galt

* In Zusammenarbeit mit zahlreichen Kolleginnen und Kollegen.

jedenfalls für die euphorische Situation im Sommer 1990; bis 1992 können neue Differenzen aufgetreten sein.

Im folgenden sollen weiterführende Ergebnisse einer zusätzlichen Pilotuntersuchung von Ende 1991 berichtet werden, die in Zusammenarbeit mit mehreren Kolleg(inn)en aus alten und neuen Bundesländern stattfand. Besonders gedankt sei Frau Möhring und Herrn Wollschläger (Leipzig), Frau Kappler und Herrn Szalai (Dresden) sowie Herrn Fröhlich (Bochum) und Herrn Jauer und Herrn Rüsen (Bielefeld), außerdem Frau Grzeskowiak und Frau Weidemann aus Hamburg für Datenauswertung. In drei Bundesländern (Hamburg, Nordrhein-Westfalen und Sachsen) wurden mit drei verschiedenen, sich jedoch in wichtigen Teilen überschneidenden Fragebögen insgesamt fast 1.000 Schülerinnen und Schüler aus aus 6., 9. und 12. Klassen verschiedener Schulformen befragt. Bei den meisten Items waren Einschätzungen auf fünfstufigen Likert-Skalen vorzunehmen. Trotz der ziemlich kleinen Samples (Hamburg = 423, Nordrhein-Westfalen = 317 und Sachsen = 253) und teilweise unausgewogener Quoten der Schulformen dürfen die Befunde als sehr einleuchtend und teils neuartig gelten. Die drei Teiluntersuchungen stützen sich gegenseitig, können aber rein rechentechnisch nicht gemeinsam verarbeitet werden, sind also nur argumentativ aufeinander zu beziehen.

Die Fragestellungen gehen deutlich über die Untersuchung von 1990 hinaus, da u.a. auch Medienvariablen und Sozialisationspraktiken erkundet werden (vgl. v. Borries 1993, 1994). Im folgenden soll der Zusammenhang von historischer Rekonstruktion vergangener Handlungslogik (also einer anspruchsvolleren kognitiven Operation des Geschichtsbewußtseins), moralischer Entscheidung (also einer Anwendung menschenrechtlicher Maßstäbe auf vergangene Gesellschaften), allgemeiner Fortschrittsvorstellungen (also einer herausragenden Deutungskategorie für fundamentale Wandlungsprozesse) und mentaler Operationen des Geschichtserkennens beleuchtet werden.

1 Kreuzzug

Den Hamburger Probanden wurde 1991 u.a. ein ausführlicher Text zum Ersten Kreuzzug und zur Eroberung der Stadt Jerusalem im Jahre 1099 vorgelegt. In einem langen Quellenzitat war z.B. das Blutbad unter den Einwohnern der Stadt intensiv geschildert. Reaktionen der Befragten wurden durch mehrere Fragegruppen auf verschiedenen Ebenen abgerufen. Zunächst ging es um korrekte Erfassung und Wiedergabe des Textes. Mit acht (von zehn) Items wird nur eine ganz bescheidene Konsistenz der Skala *»Texterfassung Kreuzzug«* (Cronbachs Alpha: = .54) erreicht; die mäßige Korrelation mit den allgemeinen »chronologischen Kenntnissen« (r = .39) sichert immerhin einen zureichenden Anhaltspunkt oder Näherungswert für die kognitive Leistung elementarer Art.

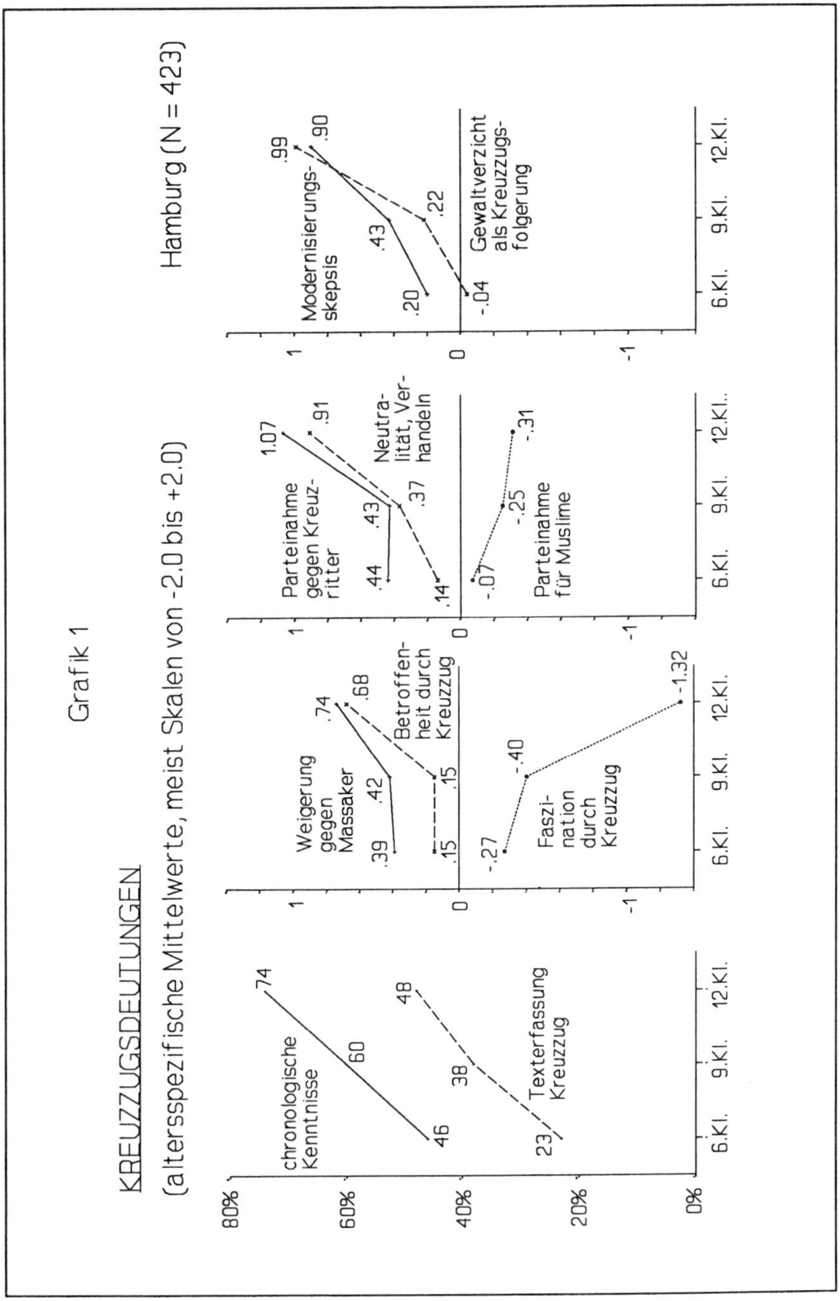
Grafik 1
KREUZZUGSDEUTUNGEN
(altersspezifische Mittelwerte, meist Skalen von -2.0 bis +2.0)
Hamburg (N = 423)
80%
60%
40%
20%
0%
chronologische Kenntnisse
46
60
74
Texterfassung Kreuzzug
23
38
48
6.Kl.
9.Kl.
12.Kl.
1
0
-1
Weigerung gegen Massaker
.39
.42
.74
Betroffenheit durch Kreuzzug
.15
.15
.68
Faszination durch Kreuzzug
-.27
-.40
-1.32
Parteinahme gegen Kreuzritter
.44
.43
1.07
Neutralität, Verhandeln
.14
.37
.91
Parteinahme für Muslime
-.07
-.25
-.31
Modernisierungsskepsis
.20
.43
.90
Gewaltverzicht als Kreuzzugsfolgerung
-.04
.22
.99

Als wichtiger erweist sich die Frage nach den Emotionen: »Was empfindest Du beim Lesen der Texte (. . .)?«. Die sechzehn Antworten zerfallen sehr klar in zwei Gruppen. Die Gefühle der Trauer und der Schuld, z.B. »Mitgefühl mit dem Leid der Muslime«, »Scham über die Verbrechen von europäischen Christen« und »Empörung über die unchristliche Predigt des Papstes«, schließen sich eng zusammen. Acht Items bilden eine gut reliable Skala *»Betroffenheit über Kreuzzug«* (α = .81). Die Mittelwerte für die drei Altersgruppen auf der Skala (vgl. Grafik 1) machen deutlich, daß diese negativen Emotionen von Anfang an vorherrschend sind und mit steigendem Alter (und übrigens auch Bildungsstand) immer stärker ausgeprägt werden.

Demgegenüber gehören auch die positiven Gefühle enger zusammen: »Erregung über abenteuerliche Reisen und spannende Kämpfe«, »Stolz auf die Tapferkeit und Überlegenheit der christlichen Ritter« und »Hochachtung für die klare Glaubensentscheidung der Pilger« z.B. bilden eine Skala *»Faszination durch Kreuzzüge«*, die wegen ihrer Kürze (vier Items) weniger konsistent ausfällt (α = .64). Der niedrige Zusammenhang mit der »Betroffenheit« (r = -.15) deutet an, daß es sich hier tatsächlich um ein eigenes, im wesentlichen unabhängiges Konstrukt handelt. Die »Faszination« ist stark (negativ) altersabhängig. Positive Affekte bei Abenteuer, Exotik und Gewaltanwendung werden von Anfang an eher zurückgewiesen, mit steigendem Alter allerdings immer lebhafter. Offenbar wird nicht nur »Betroffenheit« gelernt, sondern – davon unabhängig – auch »Faszination« verlernt, ausgelöscht (vgl. Grafik 1; in Tabelle 1 daher recodiert als »Faszinationsverzicht«).

Nach den Empfindungen wurden drittens auch die Parteinahmen erfragt: »Mit welcher Partei hältst Du im beschriebenen Konflikt? Für wen nimmst Du Stellung?«. Die fünf Argumente für die Kreuzritter messen parallel und bilden eine recht reliable Skala »Parteinahme für Kreuzritter« (α = .78). Alle Altersgruppen zeigen auf dieser Skala merklich negative, mit dem Sozialisationsverlauf noch zugespitzte Werte (vgl. Grafik 1). Daher wird die gestürzte (recodierte) Fassung *»Parteinahme gegen Kreuzritter«* verwendet. Die Berufung auf die eigenen Vorfahren zählt also so wenig wie die auf Tapferkeit oder die auf die damaligen Moralmaßstäbe. Die Wendung gegen die Christen ist angesichts des Massakers in Jerusalem zwar unmittelbar verständlich, sie wäre aber wahrscheinlich vor dreißig Jahren nicht so eindeutig ausgefallen, als noch »ethnozentrische« prochristliche Kreuzzugsballaden voll Vergnügen gelesen und auswendig gelernt wurden.

Auch die fünf Items zugunsten der Muslime ergaben eine konsistente Skala *»Parteinahme für Muslime«* (α = .77), d.h. die recht verschiedenartigen Argumente (z.B. damalige Toleranz, Defensive, Heimatrecht, Unterlegenheit) werden einheitlich und gemeinsam gebraucht. Die »Parteinahme für Muslime« zeigt im Mittel schon ab der 6. Klasse negative Werte. Die Abneigung, sich mit den Muslimen zu solidarisieren, nimmt im Lauf der Sozialisation noch zu, wenn auch weniger stark als gegenüber den Christen. Die gleichzeitige Distanzierung von beiden Konfliktseiten überrascht zunächst. Offenbar verhält sich die Sympathie ganz und gar nicht klappsymmetrisch oder spiegelbildlich.

Eine Erklärung des zunächst merkwürdigen Ergebnisses liefern die beiden Neutralitätsitems. Die Befragten bestreiten zwar mit steigendem Alter immer heftiger Parteinahme »für keine Seite, weil ein so lange vergangener, überflüssiger Streit mich ziemlich kalt läßt«, d.h. sie betonen ihre Motivation. Aber sie bejahen in höheren Klassenstufen umso stärker Parteinahme »für keine Seite, weil durch Verhandeln Krieg und Blutbad zu vermeiden gewesen wären« (vgl. Grafik 1). Anders gesagt, die Entscheidung der Befragten – besonders der Älteren – ist nicht durch Identifikation mit den eigenen Ahnen und der eigenen kulturellen Tradition bestimmt, aber auch nicht durch nostalgische und mitleidige Einfühlung in die Opfer der Geschichte gesteuert, und schon gar nicht durch Desinteresse und Ekel. Ein rationales und moralisches Kalkül läßt sie eher ihre Solidarität in diesem Konflikt überhaupt verweigern: sie sprechen sich für Vernunft, Toleranz und Frieden aus, für die – ihrer Meinung nach – 1099 weder Christen noch Muslime einstanden.

Diese These kann durch Betrachtung der Schlußfolgerungen aus dem Kreuzzugsgeschehen leicht belegt werden. Fast alle Verallgemeinerungen und Änderungswahrnehmungen schließen sich zu einer reliablen Skala *»Gewaltverzicht als Kreuzugsfolgerung«* (α = .76) zusammen. Dazu gehören z.B. die Feststellungen: »Menschenrechte sind wichtiger als christliche Mission« und »Religiöse Toleranz und Glaubensfreiheit sind erst spät entstanden; sie müssen bewahrt und ausgebaut werden«. Insgesamt sind die Konsequenzen und Wertungen erstaunlich einheitlich und eindeutig. Die Kleinen (6. Klasse) stehen zum Gewaltverzicht noch neutral, die Mittleren (9. Klasse) und erst recht die Großen (12. Klasse) befürworten ihn im Mittel entschieden (vgl. Grafik 1). Das oben zitierte Neutralitätsitem (»Verhandeln«) würde konsequenterweise durchaus in die Skala passen (r = .35).

Die erwähnten menschenrechtlich getönten Schlußfolgerungen sind als aktualitätsbezogene Urteile begreiflich, sogar erwünscht (wenn auch nicht für alle Konflikte der Gegenwart realistisch). Anders allerdings könnten (ja müßten) die Urteile aus zeitgenössischer Sicht ausfallen. Daher wurden die Befragten aufgefordert: »Versetze Dich in die Lage eines Kreuzritters beim Sturm auf Jerusalem nach langer, entbehrungsreicher Fahrt und verlustreicher Belagerung. Hättest Du wohl am Gemetzel teilgenommen?«. Danach waren 14 befürwortende bzw. ablehnende Argumente einzuschätzen, z.B. »Der Papst als Stellvertreter Gottes hat es ausdrücklich erlaubt. Also feste drauf!« und »Mord an Frauen und Kindern kann niemals gerechtfertigt werden. Also Schwert weg!«.

Die Befragten unterscheiden kaum Argumente mit zeitgenössischer Triftigkeit von anachronistischen Statements. Vielmehr ergeben alle vierzehn Äußerungen eine hoch reliable Skala *»Weigerung gegen Massaker«* (α = .92), wobei natürlich die Befürwortungen recodiert (gestürzt) sind. Schon die jüngeren Befragten vollziehen (trotz ausdrücklicher Aufforderung!) nicht die zeitspezifischen Handlungsspielräume und -muster nach, sondern wenden sich im Mittel »kontrafaktisch« gegen den historischen Verlauf. Mit steigendem Alter und Bildungsstand nimmt

Tabelle 1: **Kreuzzugsdeutungen** (Ladungen von Faktoren auf Factor-Scores)

HAMBURG (N = 423) Faktoren:	Motivation	Moral	Kognition
Texterfassung Kreuzzug	.05	-.10	.51
Gewaltverzicht als Kreuzzugsfolger.	.17	.27	.68
Faszinationsverzicht ang. Kreuzzug	-.05	.41	.49
Parteinahme gegen Kreuzritter	.00	.56	.37
Betroffenheit ang. Kreuzzug	.21	.59	.26
Weigerung bei Massaker	.20	.67	.18
Parteinahme für Muslime	.13	.54	-.15

die Entschiedenheit dieser Wertung noch zu (vgl. Grafik 1). Hier handelt es sich – wie noch genauer zu belegen ist – nicht um eine fachgerechte historische Rekonstruktion, sondern um eine rein moralische Bewertung.
Eine Faktorenanalyse über alle Skalen der Pilotuntersuchung in Hamburg zeigt nämlich drei Faktoren, auf denen die Kreuzzugskonstrukte unterschiedlich laden (vgl. Tabelle 1): Neben der »Texterfassung Kreuzzug« lädt auch der »Gewaltverzicht« ganz überwiegend auf *»Kognition«* bei einer mäßigen moralischen Einfärbung. »Faszinationsverlust« und »Parteinahme gegen die Kreuzritter« sind etwa gleichermaßen kognitiv und moralisch bestimmt. Beide sind eigentlich *negative* Leistungen (nämlich Verwerfung von Abenteuerlichkeit und Ablehnung von Identifikation mit den »eigenen« Leuten); insofern ist es auch kaum ein Zufall, daß allein diese Skalen auf der motivationalen Dimension neutral oder gar negativ laden.

Die altersspezifischen Mittelwerte (vgl. Grafik 1) bestätigen frühere Befunde (vgl. v.Borries/Lehmann 1991, v. Borries 1992), daß Schulbuchtexte – mindestens in Testsituationen – nur unzureichend aufgenommen und wiedergegeben werden können. In diesem Falle bezeichneten selbst viele Gymnasiasten und Realschüler der 9. Klasse (mit Zustimmung ihrer Lehrer!) den vorgelegten Auszug – aus einem Haupt- und Realschulbuch für die 6. Klasse! – als viel zu schwierig. Die Resultate signalisieren tatsächlich eine ernste kognitive und/oder motivationale Überforderung, besonders der jeweils leistungsschwächeren Befragten. Auf fachdidaktische Deutungen und Konsequenzen für Schulbuchgestaltung insgesamt kann hier nicht weiter eingegangen werden.

»Betroffenheit durch Kreuzzug« und »Weigerung gegen Massaker« sind ganz überwiegend *moralische* Maßstäbe mit leichter kognitiver und motivationaler Nebenladung. Dabei bedeutet »moralisch« eine Anerkennung von Altruismus und Universalismus (Gruppenaltruismus) im Gegensatz zu Egoismus und Ethnozentrismus (Gruppenegoismus). Die »Parteinahme gegen Muslime« erscheint ebenfalls als vorwiegend ethisch motiviert bei leicht negativem Zusammenhang mit Kognition. Es ist wahrscheinlich, daß hier ein zusätzlicher Faktor *»Emotionalität«* (Abenteuer, Projektion) im Spiel ist.

Die gefundenen rotierten Factor-Scores können nachträglich mit den Sozialdaten korreliert werden. Die »Kognition« ist erwartungsgemäß hoch von der Klassenstufe abhängig, daneben niedriger von der Schulform und vom soziokulturellen Hintergrund, dagegen kaum vom Geschlecht (Jungen wissen etwas mehr) und nicht von der Parteipräferenz. Der motivationale Faktor zeigt viel niedrigere Erklärungsbeiträge der Sozialdaten; nur Mädchen und Jüngere sind etwas weniger am Fach interessiert. Die Dimension der moralischen Entscheidung ist von der Klassenstufe so gut wie unabhängig, ebenso von Schulform und Sozialschicht. Dagegen besteht ein recht starker Zusammenhang mit weiblichem Geschlecht und linker Parteipräferenz.

2 Ambivalenz

Die erwähnten Ergebnisse können als sehr zuverlässig gelten, obwohl das Konvenienzsample (N = 423) ziemlich klein und nicht ideal zusammengesetzt ist. denn im Kern handelt es sich um eine Replikation:

- 1990 waren an 2.000 Befragten bei mehreren Dilemmata (Besetzung Schlesiens 1740, Opiumkrieg 1840, Amerikanischer Bürgerkrieg 1861/65, frühneuzeitliche Hexenverfolgung) ganz analoge Ergebnisse erzielt worden.
- 1991 zeigen sich in Nordrhein-Westfalen (N = 317) beim Amerikanischen Bürgerkrieg und in Sachsen (N = 253) bei der frühneuzeitlichen Hexenverfolgung erneut recht ähnliche Befunde.

Mithin spricht alles für die Generalisierbarkeit des Tatbestandes. An vielen herausfordernden historisch-politisch-moralischen Dilemmata lassen sich einigermaßen sauber getrennt kognitive, moralische, emotionale (nostalgische) und kognitiv-moralisch-kombinierte Reaktionen abgreifen. Dagegen gelingt die Abtestung von historistischer Rekonstruktion, von Fremdverstehen und Empathie, nicht. Wie in der ersten Aufklärung um 1750 scheinen die Befragten heute (in der »zweiten Aufklärung«) vorweg und unentrinnbar, undistanziert aus Gegenwartsmaßstäben zu urteilen. Das Moralisieren steht dem Erklären im Wege. Gerade der Auftrag des

Rekonstruierens und Sich-Hineinversetzens wird von den Befragten bewußt oder unbewußt, aus kognitiver Unfähigkeit oder moralischer Mißbilligung, abgewiesen. Statt dessen fällen sie weit ausschließlicher moralische Entscheidungen als z.B. bei gegenwartsbezogenen Schlußfolgerungen zum gleichen Konflikt. Das ist – unbeschadet der Tatsache, daß »Fremdverstehen« mit zeitlichem und kulturellem Abstand stets schwieriger wird – ein Paradox, eine auffällige Überkreuzung:

- Ausdrücklich auch gegenwartsbezogene Aufträge führen zu Antworten aus einer Mischung von Wissen und menschenrechtlicher Moral.
- Ausdrücklich nur vergangenheitsbezogene Aufträge werden mit rein moralischen Entscheidungen unterlaufen.

Hierfür kann die persönliche Ansprache mitverantwortlich sein. Die Befragten hören vielleicht stärker, daß es um *ihre* Wertung geht, als daß die zeitgenössischen Bedingungen bedacht werden sollen. Eine Übersetzung in die dritte Person mag die Reaktion merklich ändern: »Versetze Dich in die Lage eines Kreuzritters (. . .). Wie mag er wohl gedacht und entschieden haben?«. Aber: Das auch politisch wichtige Lernziel »Fremdverstehen« schließt gerade den Perspektivwechsel ein, setzt voraus, in der Ich-Form von einer anderen Person aus zu denken und von sich abzusehen. Insofern ist Einübung von experimentellem Rollenhandeln und probeweiser Rollenübernahme ausdrücklich gefordert. Dies leisten die Befragten nicht; mit steigendem Alter erweisen sie sich dazu als eher weniger fähig bzw. willens.

Schon hier soll betont werden, daß das Erlernen »menschenrechtlich-universalistischer Moral« an Geschichte und die Internalisierung und Realisierung solcher Maßstäbe selbstverständlich eine hohe Leistung und durchaus erwünscht sind. Bürgerkriege und Pogrome der Gegenwart zeigen zur Genüge, daß solche Verhaltensweisen in vielen Bevölkerungen (auch in der deutschen) nicht zu fest, sondern zu schwach fundiert sind. Gerade im historischen Bereich dürfen darüber aber die früher anders gearteten Bedingungen und Denkweisen nicht vergessen werden. Die Schülerinnen und Schüler neigen offenbar zu den Primitivformeln »Die waren damals eben alle Verbrecher/Dummköpfe« oder »Die waren eben noch nicht so weit wie wir«; sie vernachlässigen selbst die alternativen Primitivformeln »Damals war eben alles anders« oder »Andere Zeiten – andere Sitten«.

Was verloren geht, ist eine angemessene historische Erklärung und Einsicht, die ja gerade aus der Rekonstruktion und der Differenzerfahrung bestehen muß. Wenn Geschichte ein »Dialog von Vergangenheit und Gegenwart im Hinblick auf die Zukunft« ist, wenn Geschichtsbewußtsein als »komplexer Zusammenhang von gedeuteter Vergangenheit, wahrgenommener Gegenwart und erwarteter Zukunft« definiert wird, dann sind Empathie, Rollenübernahme und Perspektivenwechsel in damaliger Zeitebene (wiewohl nicht perfekt möglich!) ebenso unerläßlich wie Bezugnahme zum Heute und damit zu gegenwartsorientierten Moralmaßstäben. Das ist nicht nur eine erkentnislogische und normative Forderung des Faches, sondern betrifft ganz elementar auch den aktuell-pragmatischen und politischen Wert des Geschichtslernens. Denn wer nicht mittels Fremdverstehen die Handlungslogik seiner »seltsamen« Vorfahren rekonstruieren kann, der muß auch bei Wahrnehmung abweichend denkender Partner im heutigen Weltspiel versagen.

Tatsächlich haben deutsche Betrachter (nicht nur Jugendliche!) weitgehend die Golfkriege, die Jugoslawien-Massaker, den SU-Zerfall und die Anti-Europa-Stimmungen nicht begreifen können. Unfähigkeit zum Eindringen in anderer Menschen Handlungslogiken bedeutet Realitätsverlust und Wirklichkeitsverleugnung zugunsten illusionärer universalistischer Prinzipien, deren Historizität und begrenzte Geltung nicht zureichend wahrgenommen wird. Die Psychologie mit ihren spieltheoretischen Ansätzen zur Erforschung von Kommunikation (z.B. Gefangenen-Dilemma) hat aber klar belegt, daß in Interaktionen der iterative Regreß auf antizipierte Aktionen und Reaktionen nötig ist (»Ich denke, daß er denkt, daß ich denke, daß er denkt. . .«). Ziel ist dabei eine gegenseitige Balance der Interessen. (Für Zyniker sei noch gesagt: In solchen Situationen ist der im Vorteil, der den anderen besser kennt und versteht. Fremdverstehen ist also nicht in erster Linie ein Verzicht, eine Entäußerung, sondern durchaus auch ein pragmatischer Gewinn für mögliche egoistische Ziele).

Dazu kommt, daß fehlendes Fremdverstehen auch defizitäre Selbstdefinition einschließt. Wer glaubt, er habe niemals wie ein Kreuzritter morden können, der täuscht sich über sich selbst, über Verführbarkeit durch »edle« Ziele, über die eigene Triebausstattung und über die Dünne der zivilisatorisch-kultivierten Rindenschicht menschlichen Verhaltens. So entsteht leicht falsche Selbstsicherheit, ja Überlegenheitsdünkel über andere. Tatsächlich erklärte bei einer Befragung vor einigen Jahren die überwältigenede Mehrheit befragter Jugendlicher, daß sie selbst im Nationalsozialismus in den aktiven Widerstand gegangen wären. So erfreulich die darin sichtbare antifaschistische Wertung sein mag, so bedenklich ist die erkennbare illusionäre Selbstüberschätzung. Nur wer einräumt, daß er persönlich in Not und Verblendung zum willfährigen Werkzeug des Massenmordes geeignet sein könnte, dürfte einigermassen zuverlässig gegen Wiederholungen geimpft und immunisiert sein.

Das Verhältnis ist – gerade die ausländerfeindlichen und rassistischen Umtriebe und die hilflose Reaktion darauf zeigen dies – komplex, um nicht zu sagen dialektisch. Wer menschenrechtlich-universalistische Moral für überzeitlich selbstverständlich und quasi natürlich gesichert hält, versteht in Konfliktfällen weder andere noch sich selbst. Wer Menschenrechte als späte Frucht langer Erkenntnis- und Gesellschaftsprozesse, als stets gefährdet und unvollendet begreift, kann den Krisensituationen leichter mit einer Mischung von Geduld, Toleranz und Festigkeit gegenübertreten. Er wird auch eher in der Lage sein, den Einwand gegen die Menschenrechte als »ethnozentrische europäische Stammesmoral« zu widerlegen. Denn es besteht tatsächlich eine tiefe Spannung (Aporie?) zwischen kultureller Verschiedenheit und Authenzität der Kulturen einerseits und universellem Geltungsanspruch der Menschenrechte andererseits, die prozeßhaft auszuhalten und auszugleichen ist.

Heutige Jugendliche in Deutschland definieren ihre Identität nicht ethnozentrisch; das gilt unbeschadet der neuen Welle von Rechtsradikalismus und Ausländerfeindlichkeit. Deutsche Nation, weiße Rasse, europäische Kultur, erfolgreiche Durchsetzung sind für die Mehrheit keineswegs selbstverständliche, quasi-natürliche Werte, sondern eher durch Ideologiekritik und Selbstreflexion verdächtig geworden. Diese distanzierte Haltung könnte, wenn sie zuverlässig lebensweltlich fundiert und nicht bloß »sozial erwünschte Antwort« wäre, eine neue Identitätsform sein. Der moralische Schock des Nationalsozialismus dürfte dabei ausschlaggebende Bedeutung haben. Von ihm ausgehend wird generalisiert, kritisiert und geurteilt.

3 Fortschritt

Die Befragten handeln wohl, so wurde festgestellt, mehr nach dem Interpretationsschema »Die waren eben damals noch nicht so weit« als nach der Feststellung »Andere Zeiten – andere Sitten«. Wenn diese Vermutung richtig ist, müßte die Haltung sich in der Stellung zum Fortschrittsgedanken spiegeln. Hier gilt es allerdings, manifeste und latente Überzeugungen sowie Rückblicke und Prognosen sorgfältig zu scheiden. Wenn man den Fortschritt direkt anspricht, lehnen die Befragten ihn sehr deutlich ab.

Ziemlich direkt wurden Fortschrittskonzepte in einer Reihe von Items der Pilotuntersuchung in Hamburg Ende 1991 (N = 423) angesprochen. Zehn Statements zu Umweltgeschichte, Wandel und Fortschritt lassen sich bündeln, z.B. »Fortschritt ist eine Art Augentäuschung: jeder Vorteil wird durch einen Rückschritt in einem anderen Lebensbereich oder in einem anderen Land bezahlt.« und »Fortschritt ist ein wenig sinnvoller Begriff, es gibt nur Wandel: bei allem Wachstum von Freizeit und Konsum scheinen die Menschen eher depressiver und einsamer zu werden, statt glücklicher.« Daraus ergibt sich eine reliable Skala *»Modernisierungsskepsis«* (α = .72), deren Ausprägung offenkundig alters- und bildungsabhängig ist (Grafik 2).

Auf der anderen Seite lassen sich eine Reihe von Assoziationen zu früheren Epochen, besonders zum Mittelalter und zur Industrialisierung (z.B. Mittelalter als »finsterer Aberglaube und blutige Hexenverfolgung« und »bäuerliche Leibeigenschaft und rücksichtslose Adelsherrschaft« sowie Industrialisierung als »Verelendung der Lohnabhängigen« und »Zusammenballung von Riesenstädten«) zu einem konsistenten Konstrukt *»Vergangenheitskritik«* (oder »Vergangenheitselend«, vgl. Grafik 2) zusammenfassen (α = .72). Wer vergangene Epochen so klar negativ kommentiert und wertet, der nimmt offenbar auch Fortschritt wahr. Tatsächlich gehört ein Item »Vor der Industrialisierung verlief der Fortschritt langsam, aber seitdem beschleunigt er sich von Jahrzehnt zu Jahrzehnt« zur Skala »Vergangenheitskritik«. Die Ausprägung ist ebenfalls vom Alter und Bildungsstand abhängig (Grafik 2), übrigens auch spezifisch männlich.

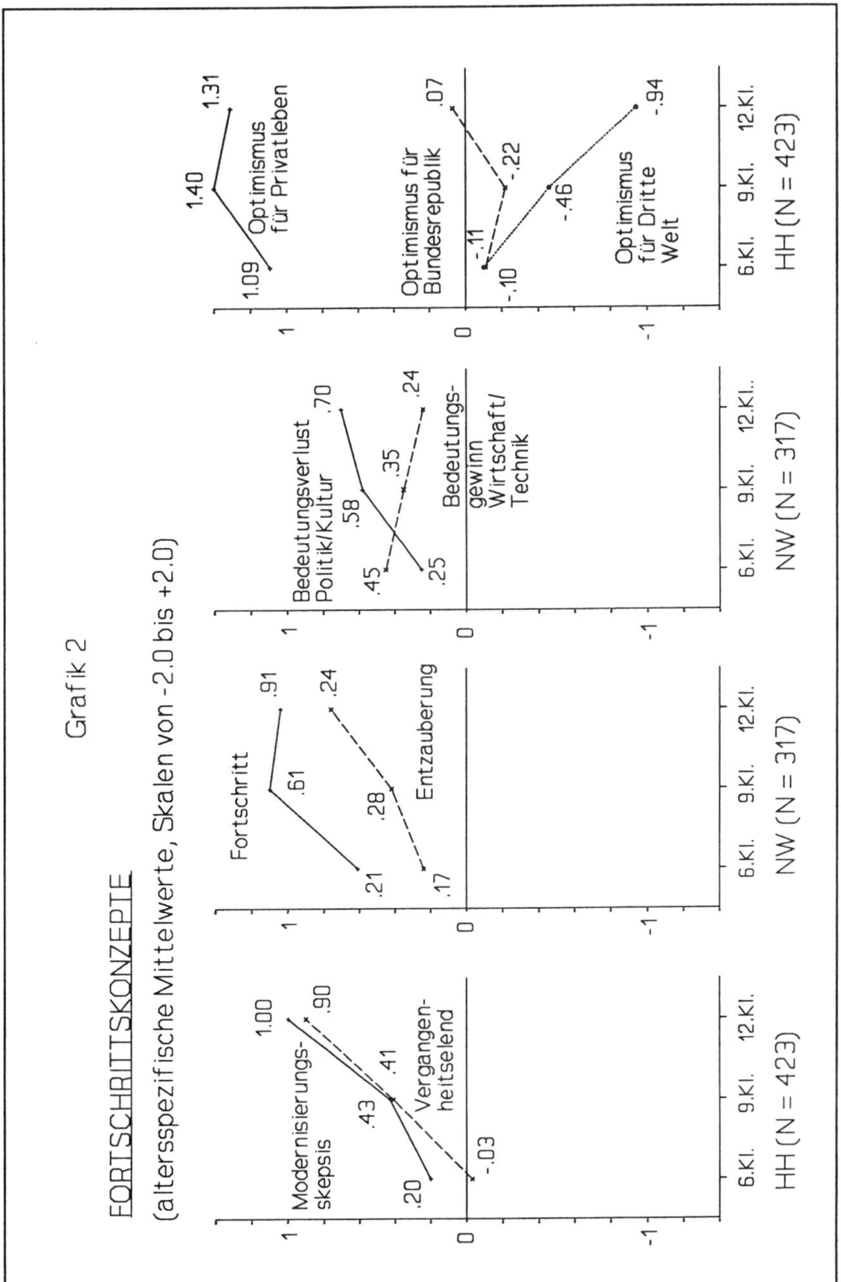
Grafik 2
FORTSCHRITTSKONZEPTE
(altersspezifische Mittelwerte, Skalen von -2.0 bis +2.0)
Modernisierungs-skepsis
Vergangen-heitselend
.20
.43
1.00
-.03
.41
.90
HH (N = 423)
Fortschritt
Entzauberung
.21
.61
.91
.17
.28
.24
NW (N = 317)
Bedeutungsverlust Politik/Kultur
Bedeutungs-gewinn Wirtschaft/Technik
.25
.58
.70
.45
.35
.24
NW (N = 317)
Optimismus für Privatleben
1.09
1.40
1.31
Optimismus für Bundesrepublik
-.11
-.22
.07
Optimismus für Dritte Welt
-.10
-.46
-.94
HH (N = 423)
6.Kl.
9.Kl.
12.Kl.
1
0
-1

Eigenartigerweise sind »Modernisierungsskepsis« und »Vergangenheitskritik« auch untereinander nicht neutral oder negativ, sondern hoch positiv korreliert (r = .39). Beide Konstrukte sind nicht nur maßgeblich von kognitiven Leistungen mitbestimmt, sondern erweisen sich als untereinander durchaus verwandt, obwohl der Fortschritt beide Male eine recht abweichende Rolle spielt. Vielleicht ist das negative Urteil einmal über die fernere Vergangenheit, einmal über die Gegenwart dafür verantwortlich. Eine Schlüsselstellung in der »Modernisierungsskepsis« nimmt das Statement ein: »Irgendwann in den letzten Jahrzehnten sind die Vorteile von Wirtschaftswachstum und Verwissenschaftlichung in den Verlust an Lebensqualität umgeschlagen: Lärm, Naturzerstörung, Streß, Isolation, Kälte.« Es überrascht nicht, daß Fortschrittsanerkennung und Fortschrittsmißtrauen an dieser Stelle zusammentreffen, und daß beide von den besser Informierten und Älteren vertreten werden.

In einer Faktorenanalyse über alle Konstrukte (vgl. Tabelle 2) laden »Modernisierungsskepsis« und »Vergangenheitskritik« gemeinsam hoch auf *»Kognition«* und niedrig auf *»Motivation«*. Nur bei *»Moral«* ist die Ladung gegenläufig; »Modernisierungsskepsis« erscheint leicht moralisch getönt, »Vergangenheitskritik« eher ein bißchen unmoralisch. Auch hier werden Glück und Erfolg also ethisch verdächtig. Anders gesagt: »Modernisierungsskepsis« geht eher mit Altruismus und Universalismus, »Vergangenheitskritik« geringfügig mit Egoismus und Ethnozentrismus einher.

Merklich anders reagierten die 317 Befragten in Nordrhein-Westfalen Ende 1991, als sie indirekt befragt wurden. »Welche der folgenden Wörter treffen Deiner Meinung nach mehr oder weniger für die VERGANGENHEIT zu?« Danach waren Begriffe, wie »finster« und »grausam«, aber auch »prächtig« und »demokratisch« zu skalieren. Kurz darauf folgte die gleiche Itemgruppe mit der Aufforderung: »Welche der folgenden Wörter treffen Deiner Meinung nach mehr oder weniger für die GEGENWART zu?« Für jedes Doppelitem kann die Differenz gebildet werden; die Wahrnehmungen der Veränderung zwischen Vergangenheit und Gegenwart haben zwar einen vergrößerten Meßfehler, doch schwindet dieser methodische Einwand angesichts der Klarheit der Ergebnisse.

Zwangslos ergibt sich eine Skala *Fortschrittswahrnehmung* (α = .88), in die Zuwächse bei fast sämtlichen positiven Merkmalen eingehen, außerdem die Rückgänge bei fast allen negativen gestürzt (recodiert). Die Befragten nehmen nämlich ziemlich konsistent die Vergangenheit mehr als »finster«, »grausam«, »schlecht«, »elend« usw., die Gegenwart mehr als »gesund«, »frei«, »sozial«, »demokratisch« usw. wahr. Nur wenige Items erweisen sich als gegenläufig. Die Befragten empfinden die Gegenwart als weniger »edel«, »fromm«, »naturverbunden« und »prächtig«. Obwohl die Reliabilität der daraus gebildeten Skala (aus den vier Differenzen) niedrig ausfällt (α = .49), ist das Ergebnis theoriekonform und interpretierbar. Hier handelt es sich – mit Max Weber gesprochen – um die *»Entzauberungswahrnehmung«*, um die leicht nostalgische Klage über den Verlust von Schönheit, Ordnung,

Tabelle 2: **Fortschrittskonzepte** (Ladungen der Skalen auf Factor-Scores)

HAMBURG (N = 423) Faktoren:	Motivation	Moral	Kognition
Assoziationen/Statements			
Modernisierungsskepsis	.10	.26	.57
Vergangenheitskritik	.27	-.08	.67
Optimismus			
Privatleben	.12	-.28	.18
Bundesrepublik	.10	-.28	.04
Dritte Welt	.11	-.06	-.51
NORDRHEIN-WESTFALEN (N = 317) Faktoren:	Motivation	Moral	Kognition
Wahrnehmungen			
Fortschritt	-.06	-.19	.49
Entzauberung	.17	.20	.19
Bedeutungsverlust Politik/Kultur	.03	.01	.49
Bedeutungsgewinn Wirtschaft/Technik	-.02	.00	-.13

Bindung und Sinn. Beide Unterscheidungen von Vergangenheit und Gegenwart, »Fortschritt« und »Entzauberung« hängen nur geringfügig zusammen (r = .17).
Bevor diese Befunde abschließend diskutiert werden, sollen weitere Fragegruppen differenzierend herangezogen werden. Mit ähnlicher Technik wurde versucht, die Überzeugungen der Befragten über Gestaltungskräfte der Geschichte zu ermitteln: »Welche Faktoren und Ursachen waren Deiner Meinung nach mehr oder weniger

wichtig für die historische Entwicklung in der VERGANGENHEIT?«. Die darauf folgende Liste, z.B. »der Egoismus des Menschen«, »die Industrie«, »Kriege«, »Klassenkämpfe« und »die Abrüstung«, wird später in gleicher Form zum zweiten Mal als »Faktoren und Ursachen (. . .) für die historische Entwicklung in der ZUKUNFT« abgerufen.

Auch hier ergeben sich recht klare Verhältnisse. Da ist zum einen eine Skala *»Bedeutungsverlust von Politik und Kultur«* aus 14 Items ($\alpha = .72$), z.B. mit »Feldherren und Kriegshelden«, »Seuchen und Krankheiten«, »politischen Reformen«, »das Streben der Menschen nach Grundrechten« und »Klassenkampf«. Ereignis- und Strukturgeschichte kommen hier in eine Gruppe, soweit sie eher *traditionelle* Gestaltungsfaktoren betreffen. Die Älteren betonen diesen Wandel mehr als die Jüngeren.

Auf der anderen Seite erscheinen, wenn auch weniger reliabel ($\alpha = .62$) Anzeichen für *»Bedeutungsgewinn von Wirtschaft und Technik«*; es handelt sich zwar nur um vier Items, die aber klar zusammenhängen: »Industrie«, »wirtschaftliche Interessen«, »Maschinen und technische Geräte« und schließlich »naturwissenschaftliche und technische Erkenntnisse«. Das sind die *modernen* Gestaltungskräfte. Offenkundig werden also für die Zukunft Technokratie und Wirtschaftsdominanz erwartet. Dabei ist ein Automatismus weiterer Entwicklung (als »Fortschritt« wird sie ja nicht angesehen) unterstellt, wie ihn auch Rüsens Gruppe (1991) gefunden hat. Die Bedeutungszunahme der modernen Gestaltungskräfte wird allerdings von den Älteren ein wenig eingeschränkt.

Umgekehrt bedeutet die – nach Schülermeinung – sinkende Bedeutung herkömmlicher Geschichtsgestalter einen Gewinn an Regelhaftigkeit (personale Zufälle entfallen) und an Sicherheit (Kriege und Konflikte treten zurück). Auch hier deutet sich ein Fortschrittsvertrauen an, das nur bei indirekter Befragung erkennbar wird. Dem technisch-wirtschaftlich-organisatorischen Fortschritt in Gegenwart und Zukunft entspricht allerdings kein kultureller, ästhetischer oder moralischer Gewinn. Wichtig ist die Ergänzung, daß die Wahrnehmungen von »Bedeutungsverlust« und »Bedeutungsgewinn« nichts miteinander zu tun haben ($r = .04$).

Nähere Analysen zeigen, daß die Wahrnehmungen vergangener und künftiger Einflußfaktoren sowie vergangener und gegenwärtiger Gesellschaftsmerkmale kaum vom Alter, von der Schulform, vom Geschlecht und von der Parteipräferenz abhängig sind. Ältere und Gebildetere betonen etwas mehr Fortschritt, Entzauberung und Bedeutungsverlust (nicht aber Bedeutungsgewinn), Mädchen erkennen überdurchschnittlich die Entzauberung und unterdurchnittlich den Fortschritt an. Dasselbe gilt für die Anhänger eher linker Parteien. Insgesamt allerdings sind die Beiträge aller vier Skalen zur Erklärung des Geschichtsbewußtseins bescheiden.

Eine Faktorenanalyse über alle Indikatoren bzw. Konstrukte, also auch die aus anderen Fragegruppen (vgl. Tabelle 2), ergibt klar drei Dimensionen, zunächst die *»Motiation«*. Ihr gegenüber sind die Verknüpfungen von Vergangenheit, Gegenwart und Zukunft fast neutral, nur »Entzauberungswahrnehmung« lädt auf diesem

Faktor niedrig positiv. Der *moralische Faktor* ist mit allen vier Änderungswahrnehmungen fast unverbunden; doch erscheint Fortschrittswahrnehmung als leicht »unmoralisch« Entzauberungswahrnehmung« als etwas »moralisch«. Die wichtigsten Ladungen liegen auf dem *kognitiven Faktor*. »Bedeutungsverlust von Politik und Kultur« und »Fortschrittswahrnehmung« erweisen sich als kognitiv hoch positive Merkmale, dagegen fällt »Entzauberungswahrnehmung« stark ab und »Bedeutungsgewinn von Wirtschaft und Technik« geht sogar mit leicht unterdurchschnittlicher Information einher.

Die latente Fortschrittswahrnehmung paßt also zu leicht egoistischer Haltung, aber zu überlegener Information (das gilt für Hamburg wie für Nordrhein-Westfalen), während die manifeste Fortschrittsablehnung wie die Entzauberungswahrnehmung leicht altruistisch, aber ebenfalls hoch kognitiv geladen ist. Das ist scheinbar ein Widerspruch, klärt sich aber teilweise dadurch auf, daß rückwärts (seit der Vergangenheit) Fortschritt beobachtet wird, während vorwärts (in die Zukunft) Fortschrittsskepsis herrscht. Damit rückt die Gegenwart – oder eher die jüngste Vergangenheit – zum Höhepunkt der Geschichte auf. Die Befragung im Hamburg 1991 macht allerdings ganz klar, daß es einen *generellen* Zukunftsoptimismus oder -pessimismus unter den Jugendlichen nicht gibt. Schon die Fragegruppe nach der »Prognose für das Privatleben«, der »Prognose für die Bundesrepublik« und der »Prognose für die Dritte Welt« wies recht verschiedene Mittelwerte auf und brachte drei konsistente Konstrukte, die untereinander praktisch nullkorreliert waren (vgl. Grafik 2).

Die Erwartung für das Ich ist hoch positiv und wenig altersabhängig, die für Deutschland ebenfalls mäßig günstig und wenig altersspezifisch. Die Entwicklungsländer werden – zu Recht – pessimistisch eingeschätzt, und zwar mit steigendem Alter immer skeptischer. Die Ladungen der Zukunftsprognosen auf den Dimensionen »Motivation«, »Moral« und »Kognition« zeigt Tabelle 2. Knapp gesagt: Optimismus für sich selbst und Deutschland ist etwas unmoralisch, nämlich »egoistisch« und »ethnozentrisch« getönt, Optimismus für die Dritte Welt stellt sich einfach als töricht dar.

Resümierend gilt: Der Befund starken Moralisierens im Geschichtsdenken der Schüler legt die Frage nach dem Fortschrittskonzept, insbesondere die Wahrnehmung »moralischen Fortschritts«, nahe. Die Analyse kann hier nicht in allen Details vorgeführt werden. Es zeigt sich:

- Manifest (d.h. in direkter Befragung) findet sich eine starke »Fortschrittsskepsis«, die sich besonders auf die Zukunft (u.a. der Dritten Welt) aber auch auf wichtige Merkmale der jüngsten Vergangenheit bezieht. Latent (z.B. in indirekter Erhebung) zeigt sich dagegen eine starke, ungebrochene »Fortschrittsanerkennung«, so für die Entwicklung seit Mittelalter, Absolutismus und Industrialisierung.
- »Fortschrittsskepsis« und »Fortschrittsanerkennung« sind beide gemeinsam vorwiegend kognitiv getönt, d.h. die Älteren und Informierteren weisen eine stärkere Ausprägung auf. Dagegen verbindet sich die »Fortschrittsanerkennung« (für

die Vergangenheit) mit etwas mehr »Egoismus« und »Gruppenegoismus« (»Ethnozentrismus«), während die »Fortschrittsskepsis« (für Gegenwart und Zukunft) leicht »altruistisch« und »gruppenaltruistisch« (»universalistisch«) geladen ist. Doch sind diese »moralische« Anteile bescheiden.

Das ist ein bedeutsames Ergebnis für eine zentrale Dimension der historischen Sinnbildung, allerdings wahrscheinlich nicht Erklärung, sondern eher Ausfluß der Grundtendenzen des Geschichtsbewußtseins. Das Ergebnis von 1990 (v.Borries 1992) muß in wichtigen Punkten korrigiert bzw. kann ergänzt werden. Es ist offenkundig nicht so, daß die Schülermeinungen über Genese, Entwicklung, Wandel und Fortschritt keinerlei Strukturen besitzen. Stattdessen handelt es sich um ein verhältnismäßig kompliziertes Feld mit einer Reihe von Teilstrukturen, die noch nicht vollständig sicher zusammengefügt werden können. Die Fortschrittsskepsis der deutschen Befragten scheint übrigens keine deutsche Besonderheit zu sein; eine europäische Studie in neun Ländern 1992 (allerdings nur mit 900 Befragten) zeigt nur bei 8% eine Interpretation der Geschichte als Fortschritt, dagegen bei 17% als Niedergang (Rest »Statik«, »Wiederkehr« oder »Richtungslosigkeit«). Das Fortschrittsvertrauen ist mit Geschichtsinteresse, Informationsstand, Kritikneigung und Ethnozentrismus praktisch nullkorreliert.

4 Erkenntnisoperationen

Nach den bisherigen Befunden gilt einerseits, daß gerade für die älteren und klügeren Jugendlichen moralische Urteile historische Analyse ersetzen, und andererseits, daß die (manifeste) Fortschrittsskepsis und die (latente) Fortschrittswahrnehmung im wesentlichen nur mit Kognition zu tun haben. Das läßt die Frage interessant werden, worin denn nach Schülermeinung spezifische *Erkenntnisweisen und Erkenntnisbeiträge der Historie für das Leben* bestehen. In Nordrhein-Westfalen wurde u.a. gefragt: »Welche der folgenden Aussagen treffen Deiner Ansicht nach mehr oder weniger auf einen *geschichtsbewußten* Menschen zu? Ein geschichtsbewußter Mensch. . .«. Es folgten typische Operationen wie »engagiert sich in der Politik« oder »kennt die ›Eckdaten‹ der Geschichte«, die auf Likert-Skalen einzuschätzen waren.

Statt hochkonsistenter Skalen wurden in diesem Falle Paare eng verwandter Tätigkeiten benutzt. Intensiv bejaht werden *»Informationssammlung«*, aber auch *»Gegenwartsbezug«* und *»Rekonstruktionswunsch«*, viel weniger das *»Spannungsmotiv«* (vgl. Grafik 3). Abgelehnt als typische Merkmale geschichtsbewußten Verhaltens werden Konservatismus, Ethnozentrismus, Neuerungssucht und tendenziell auch politisches Engagement. In der Faktorenanalyse stellt sich heraus, daß bei den Befragten die Hervorhebung der diversen Operationen von recht verschiedenen Leistungen abhängt: Informationssammlung und Rekonstruktionsversuch als Kennzeichen des Geschichtsbewußten sind motivational und kognitiv leicht positiv, Gegenwartsbezug wird auch moralisch als positiv angese-

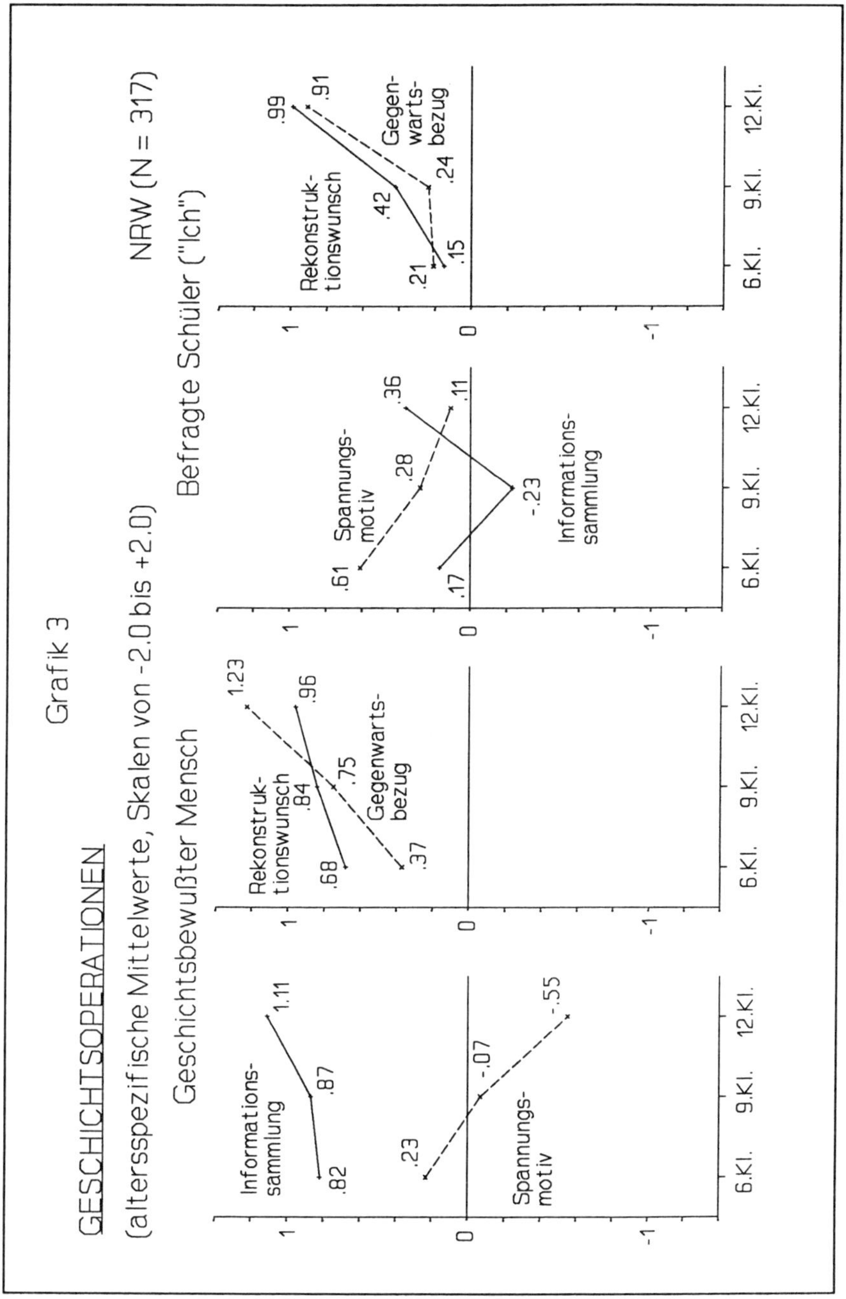
Grafik 3
GESCHICHTSOPERATIONEN
(altersspezifische Mittelwerte, Skalen von -2.0 bis +2.0)
NRW (N = 317)
Geschichtsbewußter Mensch
Befragte Schüler ("Ich")
Informations-
sammlung
1.11
.87
.82
Spannungs-
motiv
.23
-.07
-.55
Rekonstruk-
tionswunsch
.68
.84
.96
Gegenwarts-
bezug
.37
.75
1.23
Spannungs-
motiv
.61
.28
.11
Informations-
sammlung
.17
-.23
.36
Rekonstruk-
tionswunsch
.15
.42
.99
Gegen-
warts-
bezug
.21
.24
.91
1
0
-1
6.Kl.
9.Kl.
12.Kl.

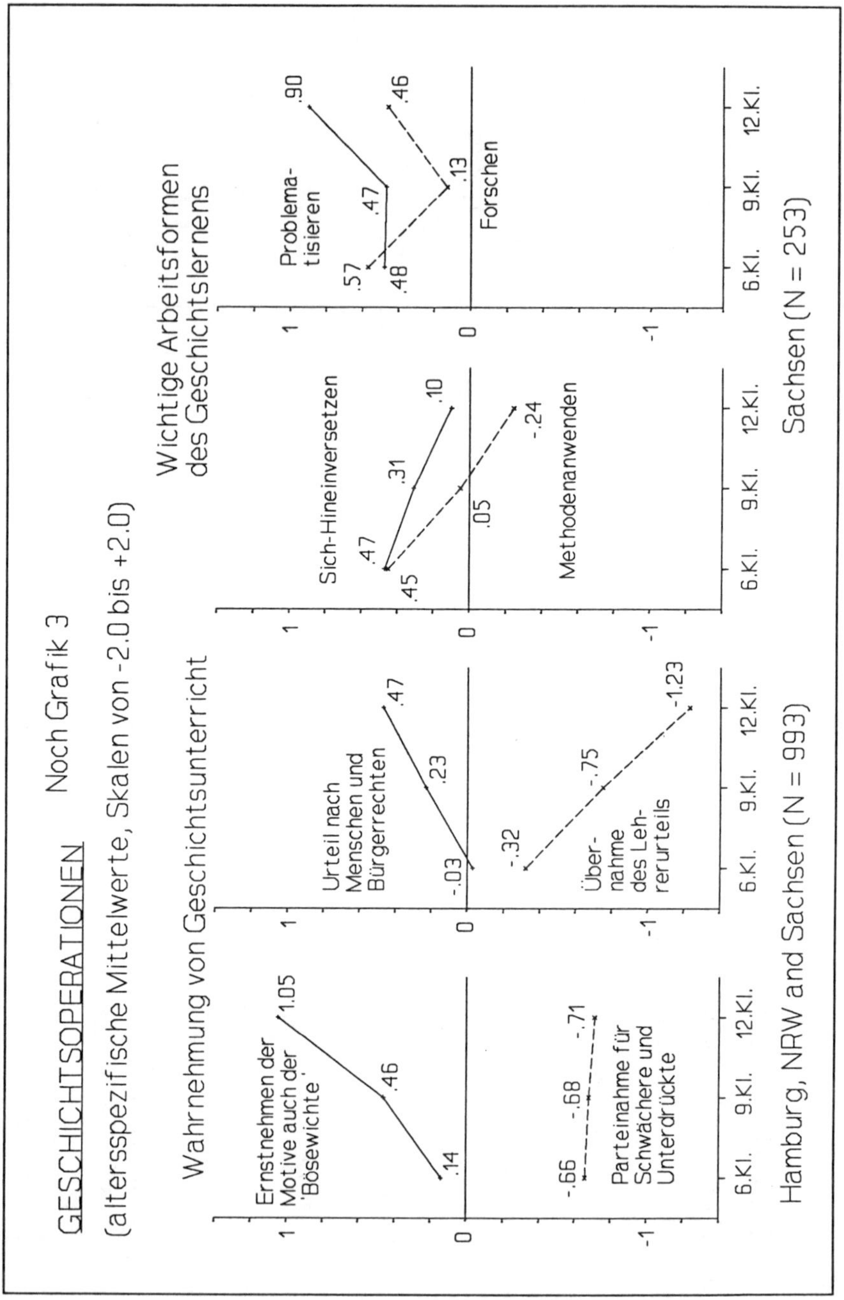
GESCHICHTSOPERATIONEN
Noch Grafik 3
(altersspezifische Mittelwerte, Skalen von -2.0 bis +2.0)
Wahrnehmung von Geschichtsunterricht
Wichtige Arbeitsformen des Geschichtslernens
Ernstnehmen der Motive auch der 'Bösewichte'
.14
.46
1.05
Parteinahme für Schwächere und Unterdrückte
-.66
-.68
-.71
Urteil nach Menschen und Bürgerrechten
-.03
.23
.47
Übernahme des Lehrerurteils
-.32
-.75
-1.23
Sich-Hineinversetzen
.47
.31
.10
Methodenanwenden
.45
.05
-.24
Problematisieren
.57
.47
.90
Forschen
.48
.13
.46
1
0
-1
6.Kl.
9.Kl.
12.Kl.
Hamburg, NRW and Sachsen (N = 993)
Sachsen (N = 253)

Tabelle 3: **Geschichtsoperationen** (Ladungen von Skalen auf Factor-Scores)

NORDRHEIN-WESTFALEN (N = 317) Faktoren:	Motivation	Moral	Kognition
Geschichtsbewußter Mensch			
Informationssammlung	.17	-.01	.40
Gegenwartsbezug	.25	.24	.51
Rekonstruktionswunsch	.22	-.06	.44
Spannungsmotiv	.10	-.36	-.32
Befragte Schüler			
Informationssammlung	.65	.01	.14
Gegenwartsbezug	.54	.22	.31
Rekonstruktionswunsch	.46	.02	.46
Spannungsmotiv	.26	-.41	-.16
SACHSEN (N = 253) Faktoren:	Motivation	Moral	Kognition
Interessenrichtung			
Macht	.55	-.34	.28
Alltag	.64	.34	.04
Arbeitsformen			
Methodenanwenden	.36	.02	-.62
Sich-Hineinversetzen	.35	.29	-.43
Forschen	.66	.11	-.30
Problematisieren	.58	.14	.05

hen, dagegen lädt das Spannungsmotiv auf *»Motivation«* neutral und auf *»Moral«* wie *»Kognition«* negativ (vgl. Tabelle 3). Geschichte als ästhetisch-abenteuerliche Veranstaltung ist den Schülern suspekt. Anders ausgedrückt: Die weniger Informierten und weniger altruistisch-universalistisch Urteilenden betonen das Spannungsmotiv stärker.

Freilich lauten die Selbsteinschätzungen etwas abweichend. Sie wurden durch die Frage hervorgerufen: »Welche der folgenden Aussagen treffen auf Dich zu, wenn Du Dich außerhalb des Geschichtsunterrichts mit Geschichte beschäftigst?«. Dann waren genau die gleichen Operationen einzuschätzen. Die Schüler sehen sich selbst als deutlich mehr auf Spannung ausgerichtet, politisch desinteressierter und national distanzierter, dafür aber auch viel weniger informiert, weniger gegenwartsbezogen, erklärungsfähig und neugierig. Bildet man die gleichen Kurzskalen wie bei dem »geschichtsbewußten Menschen«, dann zeigt sich eine recht andere Bedeutung: Informationssammlung und Gegenwartsbezug der Befragten selbst sind in erster Linie eine Motivations-, nicht eine Kognitionssache. Der Rekonstruktionswunsch erscheint kognitiv und motivational gleichermaßen positiver. Das Spannungsmotiv bei den Befragten selbst geht vor allem mit weniger Altruismus (»egoistisch«) und auch weniger Information (»töricht«) einher, wie die Ladungen auf dem Factor-Scores (vgl. Tabelle 3) belegen.

Nach dem *»Moralisieren«* als Operation des Historikers wurde leider nur in je einem Item direkt gefragt: »Ich möchte vor allem beurteilen können, ob die Taten der Menschen in der Geschichte gut oder böse waren« (parallel dazu beim »geschichtsbewußten Menschen«). Beide Items (beachtlich korreliert, r = .36) werden im Mittel neutral beurteilt, von den Jüngeren ein klein wenig anerkannt, von den Älteren eher ein bißchen abgelehnt. Es ergibt sich eine schwache negative Ladung auf dem Faktor »Kognition«, keine auf »Motivation« und eine sehr schwache negative auf »Moral«. Anders gesagt: Die plakative Forderung nach moralisierender Geschichtsbetrachtung wird in jeder Hinsicht neutralisiert. Die Befragten moralisieren in der Praxis, in der Theorie haben sie kaum eine Meinung dazu.

Die sächsischen Daten von 1991 (N = 253) erlauben auch hier eine gewisse Kontrolle. Dort ergaben sich z.B. für die thematischen Vorlieben zwei Schwerpunkte. Das *»Machtinteresse«* (bei Jungen stärker ausgeprägt) erscheint als eher »unmoralisch« im Sinne der bisherigen Auswertung, aber »informiert«; das Interesse an *»Alltag«* dagegen (stärker bei den Mädchen vertreten) erweist sich als zwar universalistisch-moralisch orientiert, aber kognitiv neutral (vgl. Tabelle 3). Verständlicherweise sind beide Konstrukte in erster Linie Maße für die Geschichtsmotivation.

Auf die Geschichtsoperationen zielte auch die Frage in Sachsen: »Was ist Dir am Geschichtslernen besonders wichtig?« Hier lassen sich klar die Subskalen *»Methodenanwenden«*, *»Forschen«*, *»Problematisieren«* und *»Sich-Hineinversetzen«* herausarbeiten. Methodenanwenden und Sich-Hineinversetzen sind besonders bei den Jüngeren beliebt, Problematisieren bei den Älteren (vgl. Grafik 3). Alle vier Operationen sind im hohem Maße Indikatoren für *»Motivation«*, jedoch kaum für *»Moral«* und *»Kognition«*. »Sich-Hineinversetzen«, also ein wichtiger Teil der eigentlich *historischen Operation* (Rollenübernahme aus Innensicht, Rekonstruktion der Handlungsdeterminanten), erweist sich als etwas »moralisch«, aber zugleich »töricht«. Als kognitiv negativ werden auch »Methoden-Anwenden« und »Forschen« ausgewiesen, d.h. deren hohe Ausprägung findet sich im Mittel bei schlechter informierten Befragten. Das wird Befürwortern des »forschenden Lernens« wenig gefallen.

Direkt befragt, beteuern die Schülerinnen und Schüler in allen drei Ländern für ihren Geschichtsunterricht: »Wir nehmen die Motive und Rechtfertigungen aller Beteiligten, auch der ›Bösewichte‹, bei der Beurteilung ernst« (vgl. Grafik 3). Dieser Anspruch auf historistisches Erkennen steigt mit dem Alter und wird durch Zurückweisung von Lehrerindoktrination (»Wir hören vom Lehrer/von der Lehrerin, was gut und richtig war und mit welcher Seite wir halten sollen.«) und Mitleidsmoral (»Wir nehmen in Streitfällen für die damals schwächere oder unterdrückte Seite Partei.«) deutlich unterstrichen. Schon auf der normativen Ebene findet die Rekonstruktion aus zeitgenössischen Bedingungen allerdings eine Relativierung; mit steigendem Alter wird stärker (wenn auch weniger entschieden als die Gerechtigkeit für die »Bösewichte«) betont: »Wir beurteilen die besprochenen geschichtlichen Konflikte nach dem Maßstab der Menschen- und Bürgerrechte.«

Das plakative Programm, die internalisierte Methodennorm, wird aber nicht praktisch umgesetzt, sonst wären die Antworten zum Kreuzzugsdilemma nicht erklärbar. In Hamburg gibt es zwischen dem Item über die »Bösewichte« und den moralischen Konstrukten (»Weigerung gegen Massaker«, »Betroffenheit über Kreuzzug«, »Parteinahme für Muslime«) praktisch nur Nullkorrelationen, ähnlich in Nordrhein-Westfalen. Andererseits ist der (theoretische) Einsatz für die Berücksichtigung von »Motiven der Bösewichte« wie der für die »Menschen- und Bürgerrechte als Maßstab« kognitiv positiv, d.h. eine Eigenart der Älteren, Gebildeteren und Informierteren. Die Indizien für historistische Erkenntnisoperationen als folgenlose Programmatik ließen sich häufen.

Wir finden damit wiederholt einen ganz ähnlichen Widerspruch. Bei bewußtem und explizitem Sprechen werden Fortschrittskonzeption, moralisierende Geschichtsbetrachtung, Ethnozentrismus und Faszination über Abenteuergeschichte strikt zurückgewiesen. Die verstärkte Ausprägung dieser Negativ-Wertungen bei den Älteren und schulisch Anspruchsvolleren legt es nahe, darin einen Lernprozeß, d.h. die Internalisierung der plakativen Werte der Gesellschaft, zu erblicken. Berücksichtigt man das tatsächliche Verhalten und die Antwortmuster bei mehr indirekter Erhebung, dann sind mindestens der Fortschrittsgedanke und die moralische Geschichtsbetrachtung weithin ungebrochen, wenn auch unbewußt und unreflektiert. Bei der Verherrlichung der Eigengruppe und der Nutzung fiktional-projektiver Historie, die jüngeren Kindern noch selbstverständlich sind, scheint die gleiche Figur wahrscheinlich. Die Gründe dieser Schere von Theorie und Praxis, Anspruch und Einlösung, Illusion und Wirklichkeit müssen dringend untersucht werden.

Einen kleinen Hinweis liefert die Lehrerbegleitbefragung der Pilotstudie 1991, obwohl die Zahlen für sichere Aussagen viel zu gering sind (N = 60, bei einigen Fragegruppen N = 32). Während die Schüler beim Kreuzzug überhaupt nicht systematisch zwischen »Betroffenheit über Kreuzzug«, »Parteinahme für Muslime« und »Weigerung gegen Massaker« sowie zwischen »Faszinationsverlust«, »Parteinahme gegen Kreuzritter« und »Gewaltverzicht als Kreuzzugskonsequenz« zu unterscheiden vermögen oder wünschen, zeigen sich bei den Lehrern größere Differenzen. Für sie sind tatsächlich »Parteinahme«, »Schlußfolgerung« und »Rekonstruktion« analytisch getrennt. Bei Parteinahme und Schlußfolgerung entscheiden sie (zu recht) weit stärker moralisch als bei der Rekonstruktion der vergangenen Situation. Gleichwohl ist ihre Empathie ebenso moralistisch geprägt wie die der Schüler; nur geraten bei den Lehrern Parteinahme und Schlußfolgerung viel entschiedener, rigoroser. Ihre historische Rekonstruktion fällt also ebenso moralistisch wie die der Schüler, ihre aktualisierende Schlußfolgerung noch weit moralisierender als bei den Schülern aus.

Gleichzeitig befürworten die befragten Lehrer in großer Intensität ein historistisches Vorgehen im Unterricht und lehnen Verurteilung der Vergangenheit strikt ab. Es sieht also ganz so aus, als wenn die gespaltene Haltung (Historismus als Norm, Antihistorismus als Praxis) auch eine Eigenart der Lehrer wäre, ja als wenn die Doppelung im Verlauf der Sozialisation erworben, internalisiert würde. Sieht man historische und politische Sendungen im Fernsehen sowie Artikel in Zeitungen und Illustrierten an, dann muß man vermuten: es handelt sich wohl um eine generelle kulturelle Eigenart, nicht um ein Spezifikum von Lehrern und Schule. Die moralisierende Grundtendenz war z.B. im Kolumbusjahr 1992 bei der Betrachtung der Entdeckungen unübersehbar.

Es wird eine besonders wichtige Gegenkontrolle sein, zu untersuchen, ob dies ein speziell deutsches oder ein allgemein europäisches Phänomen ist. Die kulturvergleichende Pilotstudie in neun europäischen Ländern (N = 900) von 1992 gibt hier *keine ganz kurze und eindeutige* Antwort, da die Dimension der moralischen Parteinahme (im Sinne von Altruismus versus Egoismus) nicht direkt gemessen wurde. Insgesamt jedoch zeigt die Untersuchung Deutschland oft *nicht* in einer herausragenden Sonderrolle, sondern bei den meisten Fragen – so wohl auch beim Ethnozentrismus – im europäischen Mittel (vgl. v. Borries/Rüsen 1994, 13-77).

1992/93 steht die Hamburger Gruppe daher nicht weniger als 1988 oder 1990 mitten in explorativen Studien. Jede Runde Datenerhebung und Datenanalyse (1988 Hamburg; 1990 Hamburg, Schleswig-Holstein, Dresden; 1991 Hamburg, Nordrhein-Westfalen, Sachsen; 1992 neun europäische Länder; 1992 Ost-, West- und Süddeutschland) hat nicht nur jeweils Bestätigungen früherer Annahmen und Ergebnisse gezeigt, sondern auch völlig neue Phänomene ans Licht gebracht, die dringend der Überprüfung und Replikation bedürfen. Die Pilotierung 1992 hat den moralisierenden Grundzug des Geschichtsbewußtseins erhärtet und zugleich die bisher ziemlich unklaren Bereiche der Sozialisationsfaktoren (v. Borries 1993b), der Denkoperationen und der Änderungswahrnehmungen soweit exploriert, daß –

in Zusammenarbeit mit zahlreichen Kolleg(inn)en aus alten und neuen Bundesländern – um repräsentative Befragung von 6.000 Kindern und Jugendlichen in Ost-, Süd- und Westdeutschland zu verantworten war (vgl. v. Borries 1995).

Literatur

Borries, Bodo v. unter Mitarbeit von Dähn, Susanne, Körber, Andreas und Lehmann, Rainer H.: Kindlich-jugendliche Geschichtsverarbeitung in West- und Ostdeutschland 1990. Ein empirischer Vergleich; Pfaffenweiler (Centaurus) 1992.

Borries, Bodo v.: Ein Ost-West-Vergleich zum Geschichtsbewußtsein von Schülerinnen und Schülern im vereinten Deutschland 1991. Untersuchungsstrategien und Teilergebnisse, in: Schwarz, Angela (Hrsg.): Politische Sozialisation und Geschichte; Hagen (M. Rottmann) 1993, 229-245 (= Beiträge zur Geschichtskultur, 8) (in Prod.).

Borries, Bodo v.: Altertum und Geschichtsbuch in Schülersicht und Lernprozeß, in: Pingel, Falk (Hrsg.): Antike im Schulbuch; Frankfurt/M. (Diesterweg) 1994 (= Studien zur internationalen Schulbuchforschung) (angenommen).

Borries, Bodo v. und Lehmann, Rainer H.: Geschichtsbewußtsein Hamburger Schülerinnen und Schüler 1988. Empirische Befunde einer quantitativen Pilotstudie, in: Borries, Bodo v., Pandel, Hans-Jürgen, und Rüsen, Jörn (Hrsg.): Geschichtsbewußtsein empirisch; Pfaffenweiler Centaurus) 1991, 121-220.

Borries, Bodo v. unter Mitarbeit von Weidemann, Sigrid, Baeck, Oliver, Grzeskowiak, Sylwia und Körber, Andreas: Das Geschichtsbewußtsein Jugendlicher. Erste repräsentative Untersuchung über Vergangenheitsdeutungen, Gegenwartswahrnehmungen und Zukunftserwartungen in Ost- und Westdeutschland; Weinheim/München (Juventa) 1995 (im Druck).

Borries, Bodo v., Rüsen, Jörn u.a.: Geschichtsbewußtsein im interkulturellen Vergleich. Zwei empirische Pilotstudien; Pfaffenweiler (Centaurus) 1994.

Rüsen, Jörn, Fröhlich, Klaus, Horstkötter, Herbert und Schmidt, Hans Günther: Untersuchungen zum Geschichtsbewußtsein von Abiturienten im Ruhrgebiet, in: Borries, Bodo v., Pandel, Hans-Jürgen, und Rüsen, Jörn (Hrsg.): Geschichtsbewußtsein empirisch; Pfaffenweiler (Centaurus) 1991, 221-344.

* In Zusammenarbeit mit zahlreichen Kolleginnen und Kollegen.